国家出版基金项目
NATIONAL PUBLICATION FOUNDATION

新技术法学研究丛书

丛书主编：张保生 郑飞

数字市场与合并控制

臧俊恒 —— 著

中国政法大学出版社

2024·北京

图书在版编目（CIP）数据

数字市场与合并控制 / 臧俊恒著. -- 北京：中国政法大学出版社, 2024. 6. -- ISBN 978-7-5764-1708-1

Ⅰ. D922.174

中国国家版本馆 CIP 数据核字第 2024M79Q40 号

书　名	数字市场与合并控制 SHUZI SHICHANG YU HEBING KONGZHI
出版者	中国政法大学出版社
地　址	北京市海淀区西土城路 25 号
邮　箱	bianjishi07public@163.com
网　址	http://www.cuplpress.com (网络实名：中国政法大学出版社)
电　话	010-58908466(第七编辑部) 010-58908334(邮购部)
承　印	固安华明印业有限公司
开　本	720mm×960mm　1/16
印　张	18
字　数	260 千字
版　次	2024 年 6 月第 1 版
印　次	2024 年 6 月第 1 次印刷
定　价	85.00 元

总　序

　　21 世纪以来，科技迅猛发展，人类社会进入了新技术"大爆发"的时代。互联网、大数据、人工智能、区块链、元宇宙等数字技术为我们展现了一个全新的虚拟世界；基因工程、脑机接口、克隆技术等生物技术正在重塑我们的生物机体；火箭、航天器、星链等空天技术助力我们探索更宽阔的宇宙空间。这些新技术极大地拓展了人类的活动空间和认知领域，丰富了我们的物质世界和精神世界，不断地改变着人类社会生活的面貌。正如罗素所言，通过科学了解和掌握事物，可以战胜对于未知事物的恐惧。

　　然而，科学技术本身是一柄"双刃剑"。诺伯特·维纳在《控制论》序言中说，科学技术的发展具有为善和作恶的巨大可能性。斯蒂芬·霍金则警告，技术"大爆炸"会带来一个充满未知风险的时代。的确，数字技术使信息数量和传播速度呈指数级增长，在给人类生产和生活带来信息革命的同时，也催生出诸如隐私泄露、网络犯罪、新闻造假等问题。克隆技术、基因编辑等生物技术在助力人类攻克不治之症、提高生活质量的同时，也带来了诸如病毒传播、基因突变的风险，并给社会伦理带来巨大挑战。

　　奥马尔·布拉德利说："如果我们继续在不够明智和审慎的情况下发展技术，我们的佣人可能最终成为我们的刽子手。"在享受新技术带来的便利和机遇的同时，提高风险防范和应对能力是题中应有之义。我们需要完善立法来保护隐私和知识产权，需要通过技术伦理审查确保新技术的研发和应用符合人类价值观和道德规范。尤为重要的是，当新技术被积极地应用于司法领域时，我们更要保持清醒的头脑，不要为其表面的科学性和查明事实真相方面的精确性所诱，陷入工具崇拜的泥潭，而要坚持相关性与可靠性相结合的科学证据采信标准，坚守法治思维和司法文明的理念，严守司法的底线，不能让新技术成为践踏人权的手段和工具。

不驰于空想，不骛于虚声。在这样一个机遇与挑战并存的时代，我们应以开放的胸襟和创新的精神迎接新技术带来的机遇，也需要以法治理念和公序良俗应对新技术带来的挑战。弗里德里奇·哈耶克曾反思道："我们这一代人的巨大不幸是，自然科学令人称奇的进步所导致的人类对支配的兴趣，并没有让人们认识到这一点，即人不过是一个更大过程的一部分，也没有让人类认识到，在不对这个过程进行支配，也不必服从他人命令的情形下，每一个人都可以为着共同的福祉做出贡献。"因此，在新技术"大爆发"的新时代，我们需要明确新技术的应用价值、应用风险和风险规制方式。本丛书的宗旨就在于从微观、中观和宏观角度"究新技术法理，铸未来法基石"。阿尔伯特·爱因斯坦说过："人类精神必须置于技术之上。"只有良法善治，新技术才能真正被用于为人类谋福祉。

2023 年 12 月

前　言

　　科技对产业的渗透，是过去全球最重要的经济现象。在数字化浪潮中扮演关键角色的平台，成为数字经济的领导者。网络外部性、注意力市场、规模经济、零边际生产成本等特性，使数字产业的竞争不同于传统市场，即进入壁垒的来源、竞争要素、产品差异性均不同，甚至不同于双边市场为企业形态的产业。科技巨头利用资本从事并购的频率和效率的迅速提升，引发了诸多竞争问题，不仅欧盟频频对此予以巨额罚款，连一向被认为对数字市场较为放任的美国，也对此进行了一系列查处。与此同时，科技巨头从事的多项并购行为却很少接受审查，使合并控制的有效性受到质疑。

　　双边市场理论有助于对数字平台企业进行研究。数字平台不断扩张市场，彼此竞争的市场范围与日俱增，通常认为科技巨头在较小的市场看似所向披靡，却面临同等规模平台的竞争压力，对科技巨头的并购行为，一般采取包容审慎的政策。具体而言，平台经济的主要特征是动态竞争：由创新而生的经营者很快对既有科技巨头产生竞争压力，后者近年来均已走出核心市场，不断扩张营业项目，发展成产品生态圈。虽然各自的核心市场与产品不同，生态圈却互有重叠，科技巨头彼此竞争的市场范围与数量均有与日俱增的趋势，彼此成为越来越强的竞争对手。但是，他们也利用市场力量损害消费者和竞争对手的利益。双边市场的企业形态对传统合并控制制度的各个层面，从相关市场界定到竞争损害评估，都带来了挑战，而根据传统审查方法进行评估，该合并却都能轻易获得批准。于是，各国针对科技巨头颁布了更严格的反垄断法规。规制科技巨头在各国被认为政治正确，有许多原因。有产业结构、法制背景和历史差异等多方面原因，不完全与竞争秩序有关。目前各种规制措施也未必都值得学习，但这并不代表放弃对科技巨头规制更好的方案，因此，持续关注平台经济的发展趋势是必要的。

目前执法机关聚焦于科技巨头是否滥用市场支配地位，合并控制制度发挥的作用不大，由此衍生了以下三个问题。

第一，数字平台在市场上固然是竞争者，却也是非常具有创造性的企业，而且创新并未因企业规模的扩张而减损。其之所以不断收购，究竟是因其滥用市场力量的手段，还是单纯因为其产品质量更好，不容易作出判断。投诉其从事垄断行为的竞争对手，究竟是言之有理，还是利用公权力提高对手成本？

第二，科技巨头虽然各自在不同的市场占据支配地位，初看相互之间不存在竞争关系，事实上彼此却是最大的竞争对手，尽管在各自的核心产品市场缺乏竞争对手，只是因为他们竞争的市场同时横跨多个领域，其核心产品往往为一个或多个平台，形成了互相嵌套的平台生态系统。以上凸显了一个核心问题：需要分析数字经济对产业、市场结构与竞争的影响。

第三，各国执法机关过度依赖企业行为，而轻视市场结构。企业合并在本质上是结构控制，不以特定行为为规范对象。合并控制的产生演化成以事前控制为主，基于其在市场结构恶化后才调整经营者的行为，不如事先避免市场结构的恶化。对企业合并的事前审查成了最符合比例原则的手段。拆分之类的事后结构性救济，实施的难度与成本均较高，应尽可能避免。对重大合并案件的事前审查，成了最符合比例原则的手段。那么，为何近年来平台合并很少受到挑战？往往等到事过境迁，才后悔当初合并审查时不应轻易放行。主要是合并控制的重点是同一市场内的横向合并，对相关市场的界定又以假定垄断者测试的最小市场为原则。但数字平台以双边市场为主的经营模式，将消费者端售价降为零，致使相关市场界定和竞争影响评估困难。因此，需要分析数字经济对传统合并控制框架带来的挑战。

数字经济对合并控制带来了诸多挑战，其根源在于建立在以价格竞争为核心的芝加哥学派，远离竞争过程与市场结构，使合并控制的有效性受到质疑。新布兰迪斯学派作为反垄断法重构的提倡者，扭转芝加哥学派对科技巨头的放任态度，表现出新结构主义的变革，规制目的将实现从效率结果转向竞争过程，损害理论将从价格中心走向结构与过程，从事后救济转向严格的事前监管。然而，新布兰迪斯学派主张以规则为基础具有诱惑力，也同样存在问题，结构性推定因其自身的内在不合逻辑、与反竞争效应的经济分析的冲突，并且没有提供一个有用的法律框架，拆分科技巨头也并非标准答案。因此，规制数字平台合并，需要取代目前的结构性推定方法，直接使用适当分析方法，而不是将其仅作为市场界定的输入。

目　录

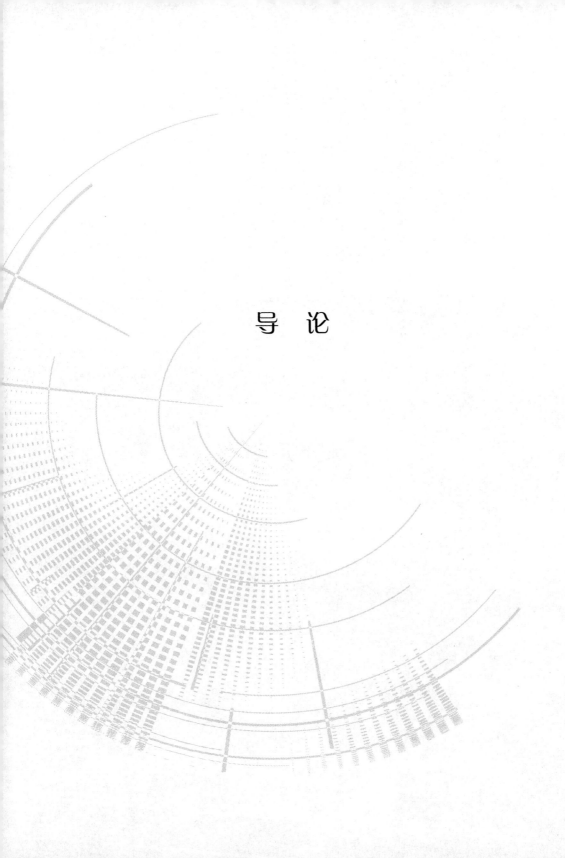

导　论

一、研究背景

党的十九届五中全会提出，建设数字中国的目标，坚持创新驱动数字化发展，打造具有国际竞争力的数字产业集群。数据化的生产要素成为数据资本，对经济增长产生直接影响和溢出效应。[1]中央政治局会议和中央经济工作会议均明确要求强化反垄断和防止资本无序扩张，得到了社会的热烈反响和广泛支持。其中平台经济领域的反垄断问题成为关系全局的紧迫议题。生产要素形态随着经济发展不断演进，数据提升了其他要素的利用效率，数据要素市场与各产业深度融合，成为催生战略性新兴产业增长的引擎。数字平台作为数据流量入口，需要科技将数据要素最大限度地聚合、转化和利用，同时也要防止大型数字平台限制市场竞争。

数字平台对市场竞争的影响较实体产业更加广泛迅速。数据集中在大型数字平台导致市场缺乏有效竞争，潜在市场进入者无法获得充足的数据，这降低了其市场进入的意愿，无法实际发挥竞争效能。为了让数字平台在反垄断法中得到有效规制，需要在价格竞争之外加入其他非传统的反垄断考量因素，重构既有的反垄断分析框架，体系化的构建有助于规制数字市场的竞争损害行为，以求贴近数字市场竞争的全貌。欧盟在 2022 年 10 月正式公布的《数字服务法》（Digital Service Act）和《数字市场法》（Digital Market Act），旨在遏制大型数字平台的垄断行为。我国平台经济领域的反垄断法治建设亦在积极加速应对。2021 年 2 月 7 日，国务院反垄断委员会印发《关于平台经济领域的反垄断指南》，为平台经济领域反垄断监管提供了针对性规则，有利于预防和制止平台经济领域的垄断行为。《禁止网络不正当竞争行为规定（公开征求意见稿）》《关于适用〈中华人民共和国反不正当竞争法〉若干问题的解释（征求意见稿）》等有关法律法规、司法解释不断细化完善，同年 10 月 19 日，《反垄断法（修正草

---

[1] 参见徐翔、赵墨非：《数据资本与经济增长路径》，载《经济研究》2020 年第 10 期。

案）》提请全国人民代表大会常务委员会初次审议，为强化反垄断和防止资本无序扩张提供法律依据和制度保障，同年 11 月 18 日，国家反垄断局正式挂牌成立，增设反垄断人员编制和司局，为我国规范数字平台行为提供了支撑。2022 年 6 月 24 日，第十三届全国人民代表大会常务委员会第三十五次会议通过修改《反垄断法》[1]的决定，对平台、数据、算法元素制定了具体条款，回应平台经济对反垄断分析框架和权衡因素带来的挑战，有效增强了执法机关规制大型数字平台实施垄断行为的可操作性和可预期性，同时也标志着《反垄断法》设置数字经济条款的时机成熟。《反垄断法》之所以是全世界第一个官方出台的专门针对互联网平台经济的监管指南，主要是因为我国平台经济走在了世界前列，从增量竞争阶段已经到了存量竞争阶段，从多家小平台原子竞争到大平台寡头垄断，平台之间的竞争方式、行为策略以及对市场竞争损害与多家小平台竞争有着很大区别。

数字平台作为数字经济时代的新组织，本质上是流量入口的数据集合体，它以数据生产要素为核心，通过各类算法设计与操作创造多元动态的市场价值，驱动平台、数据、算法三维结构的市场竞争新格局。Amazon、Apple、Facebook、Google、Microsoft 等国际大型数字平台正在持续接受世界主要国家的反垄断调查和处罚。在我国，"今日头条与腾讯大战""阿里巴巴实施二选一行为滥用市场支配地位""斗鱼虎牙合并""携程大数据杀熟""微信断开飞书链接"等热点案件均昭示着，数字经济领域的竞争正在演变为平台间的竞争。美国以信息安全为由强制下架了抖音国际版 Tik-Tok，标志着数字平台竞争上升到了国家战略层面，同时反映出数字平台面临的竞争是多维的，价格、质量、隐私、创新、安全等因素都成为重要评估因素。数字平台的市场地位可以将其是否拥有竞争力数据作为评估标准，使数据对市场地位的影响在反垄断法上产生直接的价值。我们需要在有效把握数据在平台的生命周期的基础上，更准确地认识数据在数字经济中扮演的角色，关注数据的动态运行过程，分析不同性质的数据在不同环

---

〔1〕 为了行文方便，本书中涉及的我国法律法规名称均省略"中华人民共和国"字样，如《中华人民共和国反垄断法》简称为《反垄断法》。

节影响数字市场的竞争优势。[1]

目前，整个市场已经不可逆地处于以自由、开放为导向的持续变迁中，数据驱动的竞争行为导致相关的案件数量呈现不断攀升的趋势。紧随平台经济的演进，不同类型的案件呈现出阶段性、时令性变化的特点。[2]将数据纠纷诉诸反不正当竞争法进行处理是目前实践中常用的方法，[3]其弥补了保护性法律缺位情形下私法损害赔偿不足的缺陷。然而，对于数据的规制处于个案的、散乱的不确定状态，[4]国家试图建立一套完备的法律规范，通过严格执法和司法重塑平台经济的竞争格局和秩序。但是，这种构建却是双向的、相互作用的。垄断竞争高度激烈化的结果，常常也是不正当竞争追求的目标和必然结果，同时，不正当竞争行为恶化竞争环境，进而产生垄断。[5]被省略的往往和被强调的细节一样重要，如果某个市场上不存在反垄断，并不意味着该市场上的竞争是健康的，更可能的情况是该市场上的企业正在谋求垄断。数据作为平台经济时代的生产要素，数字平台基于数据集合体地位，借助算法利用分析能力，日渐壮大与巩固其在市场竞争的优势及地位。

平台经济的反垄断案件则是凤毛麟角，直到 2020 年 12 月 14 日，国家市场监督管理总局公布了阿里巴巴、腾讯、丰巢三起未依法申报违法实施集中案的行政处罚决定书，向社会释放了加强平台经济领域反垄断监管的积极信号，产生了一定的威慑效果。国家市场监督管理总局于 2023 年 3 月

---

〔1〕Coyle Diane, "Practical Competition Policy Implications of Digital Platforms", Antitrust Law Journal, Vol. 82, No. 3 (2019).

〔2〕《国家市场监管总局就〈禁止垄断协议暂行规定〉〈禁止滥用市场支配地位行为暂行规定〉〈制止滥用行政权力排除、限制竞争行为暂行规定〉三部〈反垄断法〉配套规章有关情况举办专题新闻发布会》，载 http://www.samr.gov.cn/xw/xwfbt/201908/t20190830_306428.html，最后访问日期：2020 年 9 月 9 日。

〔3〕华为与腾讯的数据之争、顺丰与菜鸟接口门之争、新浪诉脉脉、大众点评诉百度、"今日头条与腾讯大战"等不正当竞争纠纷案，各方所争议的核心问题都是数据。

〔4〕参见梅夏英：《在分享和控制之间　数据保护的私法局限和公共秩序构建》，载《中外法学》2019 年第 4 期。

〔5〕参见张世明、胡洁：《反垄断法与反不正当竞争法关系论》，载《内蒙古师范大学学报（哲学社会科学汉文版）》2015 年第 2 期。

公布了《经营者集中审查规定》，对完善我国反垄断法律制度体系，规范经营者集中反垄断审查工作，引导经营者依法申报具有重要意义。然而，该规定尚未对数字市场合并产生的系列问题予以专门回应。为此，《关于平台经济领域的反垄断指南》明确了平台经济领域的企业合并的申报标准、主动调查、考量因素、救济措施四个方面的内容，但是该指南依然是在现行反垄断法的框架内的修补路径，从申报、审查、抗辩与救济环节来看，都预留了考量空间，需要在《反垄断法》修改后积极采取措施，调整合并控制损害理论，考虑动态反事实以及对潜在竞争和创新影响，以确保《反垄断法》在数字市场上的合并控制的有效性。近年来，数据驱动型企业合并频繁发生，其独有的产业经济特征使企业市场地位的取得和维持不同于传统产业，对现有企业合并反垄断规制的申报体系、审查体系、抗辩体系、救济体系之有效运行提出了挑战。

对于平台经济的垄断问题，自产生以来就成为执法和司法机关的短板、软肋。对数据市场反垄断束手无策，是否意味着现行《反垄断法》还有完善的空间？一枚硬币总有两面。一方面是反垄断对平台经济的弱执法，另一方面却是平台市场力量的过度集中，市场价格信号、供需关系扭曲带来市场自身难以克服的风险，如果反垄断执法继续长期缺位，那么平台经济领域"看上去很热闹的竞争"是否有朝一日会被平台寡头操纵？从问题产生和运行机理来讲，平台经济难以被价格中心型的垄断理论所涵盖，对平台竞争的规制场景没有发生大的变动时，规制模式也就自然稳定了。但是，以数据为驱动的平台竞争，打破了时空界限，问题的背景也就陡然发生了变化。

二、选题意义

市场经济从来不是封闭的，平台经济的全球化推动了竞争问题趋向国际化。如果放宽视野可以发现平台竞争在各国经济发展过程中具有一定的普遍性。Amazon、Apple、Facebook、Google、Microsoft 等掌握数据及其运用的大型数字平台已经被各国反垄断执法机关调查和处罚。在平台经济发展环境下，数字平台凭借其作为数据集合体的中心，利用算法技术将海量数据快速联结与分析，而得以在相关市场当中产生或增强竞争优势甚至占据支配地位。[1]关于平台滥用市场力量的案例，其中欧盟连续处罚 Google 案最为引人注目。[2]数据对平台竞争的影响，近年来国际执法中以合并案之发生居多，[3]在过去十年中，Amazon、Apple、Facebook、Google、Microsoft，已经在全球范围内进行了 560 多项合并，其中一些合并的交易额非常高。[4]然而，执法机关仅对少数合并进行了审查且未禁止，[5]不禁会使人怀疑执法机关是否能够平衡执法不足和过度执法的风险？[6]数字市场竞争的性质，会改变假阴性错误和假阳性错误之间传统的权衡关系。这些正是世界上许多国家政府和学者正在努力解决的问题，如果不执行，其背后原因是什么，它是否

---

〔1〕　数字平台滥用市场力量，其影响层面较实体产业而言更广泛而迅速，能够采用的手段及资源更加多元而复杂。当大部分具备竞争价值的数据被市场上少数平台持有，或仅有少数大型数字平台有能力获取足够快速而多元的数据时，应适时调整市场决策或提出创新以符合市场期待的服务等。如此一来，相关市场内缺乏有效竞争的经营者，潜在市场参与者在无法取得充足的有效竞争数据的背景下，将降低进入市场的意愿，或即便进入，亦无法实际发生竞争的效能。

〔2〕　Case AT. 39740 Google Search (Shopping)；Case AT. 40099-Google Android；Case AT. 40411-Google Search (AdSense).

〔3〕　Ex-post Assessment of Merger Control Decisions in Digital Markets Final report，Document prepared by Lear for the CMA，9 May 2019. 数字市场的某些特征为竞争政策带来了挑战，网络效应也普遍存在。Case No. COMP/M. 4731 - Google/ DoubleClick；Google/DoubleClick FTC File No. 071-0170；CASE M. 8228-FACEBOOK / WHATSAPP；Case No. COMP/M. 5727-MICROSOFT/ YAHOO! SEARCH BUSINESS；Case No. COMP/M. 6281-MICROSOFT/SKYPE；Case M. 8124-Microsoft/LinkedIn；Case No. COMP/M. 4854-TOMTOM/TELE ATLAS.

〔4〕　数字市场的平台合并非常活跃。2008 年至 2018 年，Google 收购了 168 家公司，Facebook 收购了 71 家公司，Amazon 收购了 60 家公司，即 3 家企业每年平均分别为大概 15 起、6 起和 5 起交易。被收购的目标公司涵盖广泛的经济行业，其产品和服务通常与收购方提供的产品和服务具有互补性。这凸显了数字企业追求的商业模式的复杂性，因为一些活动似乎进入了它们的生产过程。通过分析收购发生时目标企业的成立期限发现，近 60%的交易中收购目标是才成立 4 年或不足 4 年的公司。然而，在评估合并一家公司所带来的竞争影响方面，存在很大的困难。因为在这些企业处于生命周期的初期阶段，其发展仍然具有不确定性，很难确定目标企业日后是否会成长为一股重要的竞争力量。

〔5〕　Competition in the digital age：reflecting on digital merger investigations，A speech delivered by Andrea Coscelli to the OECD/G7 conference on competition and the digital economy，https://www. gov. uk/government/speeches/competition-in-the-digital-age-reflecting-on-digital-merger-investigations，Last vist，2019/6/3.

〔6〕　Competition in the digital age：reflecting on digital merger investigations，A speech delivered by Andrea Coscelli to the OECD/G7 conference on competition and the digital economy，https://www. gov. uk/government/speeches/competition-in-the-digital-age-reflecting-on-digital-merger-investigations，Last vist，2019/6/3.

反映了反垄断分析范式的局限性，还是应该根据我们已有的工具重新分析，我们应该考虑合并评估工具的演化，以有效地处理数字市场中的合并。[1]

平台经济的市场特性，使得数据驱动型合并在反垄断法的适用上产生了一定的疑问，也引发国际组织及部分国家对于该问题展开探讨，通过个案的累积，逐步进行法律层面的修订。2018 年 5 月 25 日，欧盟《一般数据保护条例》（GDPR）正式实施，世界数据治理元年正式开启，全面规范个人数据收集、储存与适用。鉴于隐私保护与数据安全在平台竞争层面之影响，德国依据欧盟隐私保护相关规范，对 Facebook 的剥削性滥用行为进行处罚。为了使反垄断法适应数字化时代的发展，《德国反对限制竞争法》（第九修正案）新增了一系列针对数字市场的反垄断法规则，即"数字市场反垄断法条款"，德国成为世界上首个拥有数字市场反垄断法明文规定的国家。[2] 该法第 18 条（3a）项，针对网络多边市场之市场地位评估，增加了五项考虑因素：直接与间接的网络效应；用户同时使用多种服务及其转换的成本；网络效应相关的规模经济；获取与竞争相关的数据；创新驱动的竞争压力。如此一来，未来在德国境内已充分运营而能影响市场竞争的企业，即使营业额未达到 500 万欧元，但其受合并的整体价值已超过 4 亿欧元（如已具活动力的新创平台，虽提供免费服务，但已占有影响竞争的地位），仍应被认定为具备影响市场竞争性的企业。[3]

---

［1］ Digital comparison tools market study Final report, 26 September 2017. 然而，握有海量数据的平台，未必即可取得数据而对市场竞争产生影响。数据收集对市场发生的影响，仍需通过以下条件进行个案评估：数据的独特性与可替代性、数据的排他性、相关市场上竞争/潜在竞争服务之存在与否、数据收集与利用的限制。

［2］ 参见周万里：《〈德国反限制竞争法〉的第九次修订》，载《德国研究》2018 年第 4 期。

［3］ 针对企业合并，除原第 35 条第 1 项所规定的全球营业额总计超过 5 亿欧元且国内至少一家合并企业的营业额超过 2500 万欧元，同时，另一个参与企业的营业额超过 500 万欧元的门槛外，合并控制亦适用于以下情况：（1）达到第 35 条第 1 项第 1 款的全球整体总营业额 5 亿欧元门槛；（2）就合并前在德国境内的上一个财政年度至少一家合并企业之营业额达 2500 万欧元，其他参与公司营业额未达 500 万欧元；（3）合并的交易价值超过 4 亿欧元；（4）符合本项第 2 款的合并企业在德国境内已具备相当程度的经营时，亦纳入合并控制范围。其中第 3 款合并交易价值的规定，让审查门槛不再以营业额为基础，使得尚未取得高营业额，但在市场上已经具备发展潜力或其他竞争价值，而由其他企业并购的案件，以合并价值超过 4 亿欧元为门槛，纳入审查范围。除此之外，另于第 4 款以合并企业在国内已有充分的经营作为纳入审查的补充条件。

　　德国联邦经济事务和能源部成立竞争法 4.0 委员会，推动落实《数字经济竞争法框架 4.0》，使竞争规则适应数字经济、基于平台的商业模式和跨市场数字生态系统，通过用户数据、市场主导平台的明确行为规则，提高消费者的实际有效利用率。[1]在 2017 年《德国反对限制竞争法》（第九修正案）施行后，BMWi 在 2018 年委托 Heike Schweitzer 等多位学者针对大型数字平台滥用市场力量法制现代化问题加以研讨，对反限制竞争法的修改提出意见。[2]德国联邦卡特尔局连续发布《大数据与竞争》《创新：反垄断审查实践的新挑战》《平台与网络的市场力量》[3]三个报告，其提出在数字市场，企业收购其他初创或有潜在威胁的竞争者，可以扩大、重整各自拥有的数据，产生协调效应。而经营者合并后有能力使上游或下游经营者变得难以获得数据或拒绝提供数据，则会发生单方效应和封锁效应。然而，对创新问题进行合并审查，既存在"过度干预"的风险，也存在"干预不足"的风险。执法机关需要审慎地决定是否需要进行干预。[4]此外，德国联邦卡特尔局与法国竞争管理局在 2016 年联合发布《竞争法与数据》，指出数据收集、分析及利用是形成市场力量的来源。[5]两机关在 2019 年继续发布《算法与竞争》报告，阐述了算法的不同类型与应用

---

　　[1]　Ein neuer Wettbewerbsrahmen für die Digitalwirtschaft, Bericht der Kommission Wettbewerbsrecht 4. 0, BMWi, September 2019.

　　[2]　Modernisierung der Missbrauchsaufsicht für marktmächtige Unternehmen, Projekt im Auftrag des Bundesministeriums für Wirtschaft und Energie（BMWi）, Projekt Nr. 66/17, 29. August 2018.

　　[3]　Big Data und Wettbewerb, 2017. Innovationen——Herausforderungen für die Kartellrechtspraxis, 2017. Marktmacht von Plattformen und Netzwerken, Juni 2016.

　　[4]　（1）基于损害理论，在高度集中的市场上消除竞争会阻碍创新。在哪种结构中不会发生这种情况？依据什么指数可以在实践中识别上述结构？（2）用什么方法能够既评价经营者集中或者合作对竞争产生的静态影响又评价动态影响？如何恰当地衡量由此产生的相反的静态或者动态竞争影响？（3）在什么情况下限制竞争的创新可以被认定为是有效率的？（4）创新投入是否高效？（5）在附条件经营者集中案件审查中，应如何将创新纳入长期影响分析中？（6）产品的微小改进与创新之间的界限非常不清晰，依据何种标准界定？（7）如何确定现有的创新活动是否促成企业市场优势地位的形成或者它是否会被某个计划或者行为限制？（8）在创新驱动的市场环境中，企业的市场力量一般很难维持较长的时间，那么，以渐进创新为特征的市场环境中是否也存在类似的情况。

　　[5]　Autorité de la concurrence & Bundeskartellamt（2016）, "Competition law and big data", 10th May 2016.

领域。该报告认为，对于调查算法合谋面临的困难，现行法律框架可以助力执法机关处理数字市场竞争问题。[1]

2020 年 1 月 24 日，《德国反对限制竞争法》第十次修正启动，进一步推动了数字经济背景下的竞争，该次修正很好地捕捉了数字经济特点，因此也被称为《GWB 数字化法案》（GWB-Digitalisierungsgesetz），很大程度上采纳了竞争法 4.0 委员会（Kommission Wettbewerbsrecht 4.0）的调研报告，针对《德国反对限制竞争法》（第九修正案）的内容提出了系统化的修订建议，并在草案中植入了新型的契合数字经济时代反垄断规制需求的规则与工具，虽然并未突破反垄断法框架的创新性规定，但是明显提高了监管密度和干预能力。2021 年 1 月 19 日，《德国反对限制竞争法》（第十修正案）正式生效。[2]

第一，市场力量监管现代化。

（1）修订必要设施原则。《德国反对限制竞争法》第 19 条第 2 款列举滥用行为第 4 项为基础设施原则（Essential facilities doctrine），禁止拥有市场支配地位的经营者拒绝其他经营者通过合理的对价进入自己拥有的网络或者其他基础设施，如果被拒绝的经营者出于事实或法律上的理由没有共同使用基础设施就不能在上游或者下游市场与拥有支配地位的经营者进行竞争。现行法律规定导致法律适用中对该原则的解释过于狭义，体现在基础设施更多地被理解为物理性的基础设施，与欧洲法院判例发展的"Foreclosure"判定规则脱节。因此，修订草案在"网络或者其他基础设施"外添加"数据"为基础设施之一，并把原来的禁止条件进行了修订，强调拒绝使用必要设施对市场有效竞争产生的影响。

（2）平台中介力量（Intermediationsmacht）。在《德国反对限制竞争法》第 18 条判定市场支配地位中新增第（3b）款。第（3a）款是第九修正案新增的针对多边市场的判定条件，第（3b）款是针对建立于多边市

---

[1] Autorité de la concurrence & Bundeskartellamt（2019），"Algorithms and Competition"，November 2019.

[2] Gesetz gegen Wettbewerbsbeschränkungen 2021Wichtige Änderungen durch das GWB-Digitalisierungsgesetz（10. GWBNovelle）—Konsolidierte Fassung（14. 1. 2021）

场上的"中介"。"中介"最为典型的代表就是数字平台，通过收集处理数据，为满足不同的用户群之间的供给和需求来提供媒介服务。考虑到扮演中介角色（Vermittler bzw. Intermediäre）的经营者在数字经济中的重要性越来越突出，有必要在法律中明确这类经营者和他们提供的产品和服务。

（3）跨市场支配地位。在《德国反对限制竞争法》第 19 条禁止市场支配地位滥用之后新增第（19a）款授权德国联邦卡特尔局规制拥有跨市场优势地位的经营者的滥用行为。第 1 款规定了联邦卡特尔局如何确定经营者对跨市场竞争有突出重要性意义，该经营者需满足在一个甚至多个市场有支配地位的条件，但不要求必须在涉及的每一个市场都有市场支配地位，在此基础上整体考察它对竞争的意义，如经营者在相关联的若干市场的市场行为和纵向整合情况，以及对其他经营者的商业行为的影响等。第 2 款列举规定了该经营者的五种排他性行为被禁止。

（4）修订禁止利用相对优势地位妨碍竞争者的行为。在《德国反对限制竞争法》第 20 条增加了提供多边平台中介服务的经营者为对象，还规定了对获取数据有依赖性的情况，其他经营者可以提出访问或获取数据的请求。在以多边市场和网络效应为特征的市场条件下，拥有相对优势地位的经营者，通过策略性的排他性行为，达到"市场颠覆"（market tipping）目的，同样为禁止行列。市场颠覆通常发生于网络效应的市场中，从有多个供应者市场迅速演变成垄断高度集中的市场，通常是市场出现颠覆性的创新产品、服务或商业模式引起的效能竞争。

第二，在合并审查方面，提高申报门槛，较低营业额标准由 500 万欧元提升到 1000 万欧元，预计未来年申报量会因此减少 20%。[1]

第三，由于数字市场动态性很强，反垄断执法的时效性也应当相应提高，简化临时措施的程序限制，执法机关对排挤竞争对手的行为进行及时

---

〔1〕 涉及小型市场的合并也需要预先申报。同时，即使合并会严重阻碍小型市场的竞争，也拥有不禁止该项合并的自由裁量权。小型市场规定适用于，存在至少 5 年，而且在德国的年度总营业额不足 2000 万欧元的市场。对特定企业在某一行业未来发生的所有收购施加一般通知义务。

干预，制止违法行为。

2023 年 11 月 7 日，《德国反对限制竞争法》（第十一修正案）正式生效，重构企业合并规制制度的监管范围，控制在较小型区域市场形成的具有威胁性的市场集中度的提升趋势。

针对数字平台企业合并案件的特殊性，需要正确应对的必要性有所提高。日本公平交易委员会修订《企业合并指南》，针对多边市场、网络效应、转换成本等特点，对于数字市场横向合并的实质性限制，数据作为生产要素在市场可交易的情况下对非横向合并的实质性限制，以及数字市场的市场界定等问题作出了最新规定。[1]其他国家根据现行法律，提出执法原则的补充或维持现行法的方案。[2] 2020 年 11 月 17 日，英国竞争与市场管理局也公布了《合并评估指南》草案并公开征求意见，将实质竞争损害、非价格竞争、双边市场、潜在竞争与创新等新元素纳入合并评估中，以有效应对数字技术对平台市场合并评估带来的挑战，维护消费者权益。[3]

2020 年《美国纵向合并指南》对平台经济合并政策进行一定的回应。[4]但 2021 年 9 月，美国联邦贸易委员会又将其撤回，认为新版的指南采用了有缺陷的经济理论，导致对纵向合并的正面效益过度乐观，为避免执法机关误用，故决定撤回。近年来，数字市场合并行为十分活跃，绝大多数却不属于横向合并，纵向合并审查的重要性日益提升，但增加的实质内容却不多，同时对数字产业也未能准确把握。2023 年 12 月 18 日，两大执法机构颁布了最新的合并指南，以反映现代经济复杂性的方式保护竞争。该指南代替了之前的 2010 年《美国横向合并指南》和 2020 年《美国

---

〔1〕 公正取引委員会「企業結合審査に関する独占禁止法の運用指針」2019 年。

〔2〕 例如，美国联邦贸易委员会和司法部反托拉斯局、欧盟竞争委员会、德国联邦卡特尔局、法国竞争管理局、英国竞争与市场管理局、日本公平交易委员会、澳大利亚竞争与消费者委员会、荷兰经济事务部、加拿大竞争局、金砖国家（BRICS）数字经济竞争管理机关工作组、世界经济论坛、欧洲监管中心以及经济合作与发展组织（OECD）等皆已着手对于数字经济引发的反垄断执法及适用问题进行研究，由此衍生相关的研究内涵。

〔3〕 Draft revised guidance：Merger assessment guidelines，CMA，2020.

〔4〕 Vertical Merger Guidelines（2020）.

纵向合并指南》。合并指南支持更具干预性的合并执法，在某种程度上更接近布兰迪斯学派的目标。

而经济合作与发展组织（OECD）连续发布《数据驱动型创新：大数据带来经济增长和福祉》《大数据：在数字时代引入竞争政策》《算法与合谋》《对多边平台反垄断规制工具的再思考》四个官方报告，引领全球探讨平台经济对反垄断法以及执法工具影响示范。[1]执法机关需要评估跨平台网络效应，考量效率抗辩的范围，分析企业所主张的效率规模以及特有性。欧盟发布官方研究报告《数字时代的竞争政策》，[2]致力于解决平台、数据和算法三元要素对竞争政策带来的挑战，在保持欧盟竞争规则的基本框架下，继续为数字经济时代的竞争提供法治保障。[3]在实体评估上，竞争分析需要延伸到强化了的平台生态系统，在"混合"损害理论中加入横向因素，[4]从而对数字平台生态系统对新创平台的合并加以严格控制，将其作为一种数字平台提高用户转换成本的策略性行为。

在2019年，英国竞争与市场管理局发布《解锁数字竞争》的最终报告，就英国平台经济竞争框架的变化提出建议。第一，为了维护和促进数字市场的有效竞争，政府应成立推动竞争的数字市场部，确保数字市场的竞争、创新以及维护消费者和企业利益。第二，数字市场的合并评估需重新修订，优先审查数字市场通过降低未来创新与竞争水平从而损害消费者福利的合并，密切关注交易对创新的危害以及对潜在竞争的影响，要求那

---

〔1〕 OECD (2015), Data-driven innovation: big data for growth and well-being, OECD Publishing, Paris; OECD (2016), Big data: bringing competition policy to the digital era; OECD (2017), Algorithms and Collusion: Competition Policy in the Digital Age; OECD (2018), Rethinking Antitrust Tools for Multi-Sided Platforms.

〔2〕 Jacques Crémer Yves-Alexandre de Montjoye Heike Schweitzer, Competition Policy for the digital era Final report, European Union, 2019.

〔3〕 Report on Competition Policy 2018, Brussels, 15. 7. 2019SWD (2019) 297 final.

〔4〕 混合合并（Conglomerate Merger），是指合并厂商既无横向的现有或潜在竞争关系，亦无纵向的供应或顾客关系，此种合并行为对竞争而言，经常被视为正向或中性效果，但如果该合并产生组合力量（Portfolio Power），将有反竞争效果（Anticompetitive Effects）之风险。收购方是否受益于网络效应或数据使用相关的市场进入壁垒？收购目标是否在技术/用户空间或生态系统方面构成潜在或实际的竞争约束？这种竞争约束的消除是否能通过提升市场进入壁垒，促使收购方市场力量的显著提升？如果是这样，并购能否成功进行效率抗辩？

些被确定拥有战略性市场地位的数字企业向英国竞争与市场管理局报告其预期收购计划，英国《合并评估指南》应该更新和有效发挥反竞争行为的执法工具，通过采用损害平衡法，在涉及潜在竞争以及创新损害的合并案件中考虑损害的规模及可能性，以反映现代数字市场的特点及发展动态，提升效率并解决数字市场执法不力的问题。第三，英国竞争与市场管理局应继续监控机器学习算法和人工智能的使用情况，针对平台经济的价值链展开市场研究，评估竞争是否有效。第四，鼓励竞争执法部门之间更紧密的跨境合作，就跨境数字市场问题拟定共同的协调处理方法。[1]2019年7月3日，英国竞争与市场管理局还推出了数字市场战略，制定了以下战略目标：通过建立平台经济的知识和技能，研究如何更好地进行反垄断执法，将市场研究定位于数字市场，根据平台经济挑战的需要调整或提出适应性的工具，改变数字市场新监管结构的需求和选择，提出未来数字市场的潜在救济措施。[2]

　　2019年，英国竞争与市场管理局还对数字市场过去的合并决定进行了回溯分析。审查执法机关通常如何评估数字合并中潜在的竞争损害理论，[3]对合并许可决定中的评估是否合理以及评估这些合并后的市场发展，提出了发展建议。网络效应提升了数字市场的集中度，确定合并的反事实假设十分复杂，当合并一方是新创平台时尤其如此，执法机关需要对在线广告市场进行全面研究，数字市场合并的交易额可以帮助执法机关筛选识别交

---

〔1〕　Unlocking digital Competition：Report of the Digital Competition Expert Panel，March 2019.

〔2〕　The CMA's Digital Markets Strategy，July 2019.

〔3〕　过去十年中，执法机关适用的横向损害理论，是指网络效应被视为市场进入的障碍，对合并后的企业带来很大程度的市场优势，加剧合并方之间竞争丧失后产生的反竞争效果。相互竞争用户注意力的企业之间的合并，即使合并方提供给消费者的服务不同且彼此不具有可替代性，合并也可提升合并后企业在广告市场中滥用市场地位的能力。即使交易时合并双方并无明显的相互约束，执法机关也会调查它们将来是否会相互约束，评估合并一方将来成为有效竞争力量的可能性，是否存在足够数量的既有或潜在竞争对手维持竞争压力。当合并涉及两个重要创新平台的合并，或者涉及收购一家拥有非常有前景的在研产品的企业时，执法机关需要评估交易是否会降低合并后的创新动力。执法机关适用的纵向损害理论，是指网络效应会提升封锁的可能性，从而加剧合并后企业实施的排他性行为的反竞争效果；企业合并产生的更大或更多样化的数据集，从而具有竞争优势去封锁其竞争对手。

易影响的程度,执法机关需要接受反事实假设中更多的不确定性。[1]2023年12月14日,英国竞争与市场管理局发布《数字市场趋势报告》,该报告对十个数字市场趋势对竞争和消费者的潜在影响提出了探索性思考。

荷兰经济事务部2017年发布《大数据与竞争报告》,并未对大数据进行精准界定,认为应当从动态角度把握大数据,没有必要区分数据与大数据,刻意割裂二者之间的联系。报告专门就数据相关的竞争损害原理进行了系统的分析,基于数据的使用而产生的市场力量大小,主要受排他性、学习效应、同一网络各方互动的整合、互补性资产以及竞争性商业模式等因素的影响。该报告认为,荷兰和欧盟现行竞争法规仍然可以适用于数字市场。数字经济的发展并非要求竞争规则作出修订,但需要执法机关在适用规则时作出变通,反垄断法也通常并非处理隐私以及数据保护问题的优先选择。[2]不过值得注意的是,该报告强调合并申报门槛是例外,有关企业合并之前是否需要申报,不应当仅仅以相关企业的营业额为标准,还应当考虑交易额。

与此同时,欧盟《数字市场法》是对欧盟反垄断法重构的尝试,针对"看门人"施加额外义务,不断强化执法机构对其市场竞争行为的监管。[3]传统反垄断法生根并发展于工业经济时代,其规则体系和分析框架已经不能适应依托平台经济形成的新的社会关系,欧盟此举意在就大型数字平台的规制舍弃传统的反垄断分析框架,直接以"看门人"制度的引入来代替传统反垄断法的执行。而"看门人"制度注重恢复自由市场竞争和打击垄断行为,因此,可以将"看门人"制度视为欧盟对其反垄断法进行的重构之举。于是,传统反垄断法在解决平台经济难题时出现的相关市场边界模糊、市场力量无法确定、损害效果无法认定的情况都可无须再深入讨论。

日本公平交易委员会发布官方报告《大数据与竞争政策报告》,提出在隐私保护为竞争核心的数字平台合并时,须将隐私保护纳入合并审查;

---

〔1〕 Ex-post Assessment of Merger Control Decisions in Digital Markets Final report,Document prepared by Lear for the CMA,9 May 2019.

〔2〕 Big data and competition,Rotterdam,13 June 2017.

〔3〕 Digital Markets Ac,Brussels,15.12.2020 COM(2020)842 final 2020/0374.

涉及需利用数据进行研发的市场，应将利用该数据或数据集建立市场地位的风险纳入考虑；而以算法为基础的产品，通过免费服务收集海量数据，应关注涉及网络效应的数据收集及机器学习，是否产生因数据建立的市场地位；数据作为生产要素时，企业合并如果产生数据集中将强化市场力量。数据本身为交易客体而有影响市场竞争的行为时，为独占禁止法的适用范围。[1]

澳大利亚竞争与消费者委员会在 2019 年 6 月发布了《数字平台调研最终报告》，关注平台、业务模型以及收集的数据的重要性，其表明无论地理位置如何，数字平台都会对市场竞争产生巨大而广泛的影响。2010 年《竞争和消费者法案》第 50（3）条确定了在评估合并过程中产生竞争影响时应考虑的因素，增加了两个相关因素，合并将导致消除潜在竞争者的可能性，以及收购方因合并获得的数据的数量和性质。同时要求大型数字平台针对澳大利亚开展业务的企业的任何收购都要提前进行申报，并提供足够的时间来全面审查拟议收购产生的竞争影响。[2]

此外，乔治斯蒂格勒国家经济研究中心发布报告——《数字平台的市场结构》，该报告讨论了大型数字平台的独特属性组合，以及它们走向稳固市场力量的趋势，建议成立一个专业的监管机关，即数字监管局（Digital Authority）。该监管机关的任务是创造有利于竞争的一般性条件，数字监管局可以实施并行的并购审查权力，且并购审查应融入必要的反垄断改革内容与现代化标准。[3]《数字经济中的金砖国家：竞争政策实践》报告认为，总体而言，现有的法律框架已具备足够的空间以适应数字经济。另外，也需要修改现有法律框架来解决实质性和程序性挑战。[4]然而，世界经济论坛发布的《经济全球化、数字化背景下的竞争政策》白皮书有不同的思

---

〔1〕 公正取引委员会『データと競争政策に関する検討会報告書』競争政策研究センター、2017 年。

〔2〕 ACCC Digital Platforms Inquiry Final Report, 26 July 2019.

〔3〕 Committee for the Study of Digital Platforms Market Structure and Antitrust Subcommittee Report, 15 May 2019.

〔4〕 Digital Era Competition: A Brics View 2019.

路，对许多数字实践的竞争性评估缺乏共识，这提醒人们不要进行根本性的颠覆性变革，在制定新规则时，应避免依赖模棱两可或正在发展的概念。[1]加拿大竞争局发布官方报告《大数据与创新：加拿大竞争政策的关键主题》，也提出"数据"并不是一个全新的现象，竞争执法框架在数字经济领域仍然有效，合并控制分析框架需要坚持该原则，即当所有权的合并或支配企业的反竞争行为导致竞争的实质性减少时，执法是适当的。[2]

平台经济迫切需要新的监管框架来保障用户更安全地享受平台服务。[3]扭转这样的态势是国家的担当，需要依法加强平台经济领域竞争监管，为新经济行业持续健康发展创造公平竞争的市场环境。[4]由于数字平台竞争环境不断变动，各国执法机关对于平台经济的发展在反垄断法的回应仍处于持续研究阶段。2023年11月8日，七国集团（G7）竞争主管部门和政策制定者峰会在日本东京举行，峰会就数字转型对竞争带来的影响，及如何利用竞争政策与法制解决相关问题进行讨论，并就数字市场特性引发的竞争问题进行关注，最后发布联合声明。反垄断执法机关主张，应采取积极主动的方法推动数字市场竞争，确保采取全球一致的做法，并表示日后将持续推动规划，着眼于未来在数字市场领域的合作与协调信息。各国在数字经济关于反垄断法适用的讨论、研究范围及采取的做法不尽相同。德国直接修订法律，其他国家主要以评估执法原则的调整为方向，以现行法适用解释为基础。但是，各国基本形成了一致的观点，颠覆既定的反垄断法框架需要强有力的证据。[5]

现代信息技术支撑的平台经济产生的一系列新的问题，是否需要产生新规则，以此适应新变化，改变传统工业经济背景下法律规范不完整、不

---

〔1〕 World Economic Forum, Competition Policy in a Globalized, Digitalized Economy：Platform for Shaping the Future of Trade and Global Economic Interdependence, December 2019.

〔2〕 Big data and innovation：key themes for competition policy in Canada. 2018-02-19.

〔3〕 Online harms white paper（8 April 2019）.

〔4〕 张茅：《保护公平竞争　促进社会主义市场经济健康发展》，载《人民日报》2018年8月1日，第10版。

〔5〕 World Economic Forum, Competition Policy in a Globalized, Digitalized Economy：Platform for Shaping the Future of Trade and Global Economic Interdependence, December 2019.

细致或者操作性不强的问题。然而从数据出发，探讨数据在平台竞争环境中扮演的角色，平台竞争数据驱动型市场竞争产生的影响以及反垄断法的规范适用上产生的冲击等问题，只有理解了数据驱动这一底层逻辑，平台竞争的很多维度特征才能得到有效的解释。平台自身是没有移动的，但平台竞争却是跨行业的，各个平台并非同一市场，数据是否颠覆了平台竞争的时空维度。平台竞争经由数据自然流露出的特征，与其他市场的变化一道融合成为平台经济时代的总图景，我们也需要在这个背景下理解平台竞争，回应平台经济对反垄断法带来的挑战。[1]

在平台经济发展的背景之下，针对反垄断法的实施过程的研究则具有特殊意义。作为后发外生型现代化国家，法律制度与平台经济之间并非天然吻合，反垄断法的制度要求与平台经济的实践状态之间存在偏差，以实践逻辑探讨形成这种差距的复杂原因，探讨平台经济中法律制度运行的主要特征和内在机制，研究转型期反垄断法律的实践机制。平台经济的驱动力是创新，它颠覆了人们对未来技术形态的预期。我们需要阐明平台经济是如何维持和加强这种动态的、创新的不可预测性，并且在不确定条件下，以制定适应和促进有效竞争的针对措施，在不断变化的市场中创造稳定的可预测性。同时，也需要具体问题具体分析，提前展开促进竞争的市场救济措施，这将更加清楚地说明什么是不可接受的反竞争行为以及明确、可行的措施，反垄断分析框架仍然可以适用，但是数据驱动型企业合并的分析框架需要灵活性，即使具体环境发生变化，所实现的分析结果也应该类似。由于垄断内含价格这一前提，因此当规制的问题场景没有发生大的变动时，规制模式也就自然稳定。但是，以数据为驱动的平台竞争，打破了时空界限，问题背景也就陡然发生了变化。

三、学术发展

数据收集、利用、分析和储存等环节带动的数据驱动型合并，企业得

---

〔1〕 参见时建中：《反垄断法十周年：实施成效与强化方向》，载《光明日报》2018年7月29日，第7版。

以改善商品质量，提供给用户更多元的选择，创造经济利益与生活便利。[1]然而，平台也会以各类竞争手段，试图比竞争对手更早取得数据，或让竞争对手无法取得关键数据。[2]据此所实施的竞争手段可能产生不利于市场竞争的影响。

（一）数据驱动型企业合并的双重效应

随着平台经济的发展，数据驱动型企业合并所产生的影响大多同时具有正反面的竞争效果，但事实上大多数企业合并是合法的。[3]这是最典型的市场解释，在平台经济时代，数据收集渠道多元且成本低，数字平台可以从用户那里收集数据，存储和分析的数据都可以从第三方来源接入。数据可以被各类不同规模的企业利用，小型平台对数据的创新性应用可造成对大型平台的挑战，平台也可以收集不同类型的数据。[4]另外，收集数据的成本很低，数字平台都可以在经营过程中收集海量数据。平台多归属（multi-homing）使用户利用多个平台以获得相同或相似服务，这些平台可以同时取得同一用户的数据，多归属性有助于约束平台市场力量。[5]数字平台对用户数据没有明确或事实上的排他性。[6]数据货币化为用户提供免费商品的补贴。作为一种生产要素，平台利用数据改善商品以提升质量和创新能力。将数字产品和服务免费提供给用户，在注意力市场中以广告收入的方式获取对价。注意力作为一种稀缺资源，通过广告实现货币化。广告主愿意为注意力支付更多的费用。平台不仅关心其客户的规模，还关心其客户的组成结构，执法机关需要评估平台之间的合并将如何影响客户规模和结构。

〔1〕　Lerner, Andres V., The Role of Big Data in Online Platform Competition（August 26, 2014）.

〔2〕　Zachary Abrahamson, "Essential Data", Yale Law Journal, Vol. 124, No. 3（2014）.

〔3〕　[美]欧内斯特·盖尔霍恩、威廉姆·科瓦契奇、斯蒂芬·卡尔金斯：《反垄断法与经济学》，任勇、邓志松、尹建平译，法律出版社 2009 年版，第 325 页。

〔4〕　Liran Einav, Jonathan Levin, Economics in the age of big data, Science, Vol. 346, No. 6210（2014）.

〔5〕　Bamberger, Kenneth A., and Orly Lobel, "Platform Market Power", Berkeley Technology Law Journal, Vol. 32, No. 3（2017）.

〔6〕　参见殷继国：《大数据市场反垄断规制的理论逻辑与基本路径》，载《政治与法律》2019 年第 10 期。

　　基于不同的特征产生不同的单边效果，在产品无差异化的市场，合并后企业取得了较大的市场份额，甚至占据市场支配地位，如果忽略其他因素，此种地位有利于企业单方限制产出，提升商品价格，却不必考虑竞争对手或用户的感受。此外，占有较高市场份额的企业通过收购创新能力很强的小企业，以减少创新竞争。[1]当平台建立在收集数据的基础上时，平台可以通过数据趋势来识别潜在的竞争者并制定策略，快速消除潜在竞争者的能力，较小的竞争对手无法收集必要数据，小型平台创新的动力和能力就会降低。[2]当然，这种对趋势的辨别也有利于竞争，迫使大型平台进一步投资创新。数字平台在收集数据上的差异会导致其提供的商品质量下降，数据量的差异意味着用户通常无法感知商品质量的小幅度下降。这种损害理论还引发了一个问题，即使没有利润最大化，平台是否有义务提供绝对最优质的产品，而且，由于质量是相对的，那么执法机关将如何衡量平台的"最佳质量结果"？

　　随着时间的推移，与数据相关的合并案件的数量也在增加。用户无法约束数字平台收集和利用数据的方式，有些数字平台为寻求更多在线用户的隐私，而发展以提供隐私作为核心价值力的社交软件，包括 Backchat，Whisper，Ask. fm 和 Snap Chat 等。这些平台都相对较新，尽管像 Facebook、X（原 Twitter）和 Google 这样的社交软件与搜索引擎的规模很大，能够通过提供更多的匿名性作为其社交媒体产品的属性，已经能够快速吸引大量的用户。[3]

　　数据驱动型企业合并将数据的控制权，转给用户不愿意与之共享的平台，或允许合并后的平台获得用户的新数据，[4]违背其在收集数据时对用户作出的承诺，从而使数据质量下降、用户选择减少或进入壁垒提高。隐

　　〔1〕 Bamberger, Kenneth A., and Orly Lobel, "Platform Market Power", Berkeley Technology Law Journal, Vol. 32, No. 3 (2017).

　　〔2〕 参见曲创、刘重阳：《平台厂商市场势力测度研究——以搜索引擎市场为例》，载《中国工业经济》2016 年第 2 期。

　　〔3〕 Lina M. Khan, "Amazon's Antitrust Paradox", Yale Law Journal, Vol. 126, No. 3 (2017).

　　〔4〕 参见王利明：《数据共享与个人信息保护》，载《现代法学》2019 年第 1 期。

私问题可以在合并审查中发挥一定作用，但必须与反垄断的目标相一致，而不是解决其他类型的损害。网络效应使数字市场结构相当集中，进入壁垒提高，因为在先平台所享有的数据禀赋提供了竞争优势，挑战这些优势变得更加困难。即数字市场的某些特征证明合并评估方式需要改变。反垄断法更多的是提供间接方法来保护人们的隐私。试图统一反垄断法和消费者权益保护法会使平台经济产生不必要的风险，动摇反垄断分析框架的现有共识，再次使其脱离过去几十年发展起来的严谨、科学的方法，回到主观非竞争因素的影响。[1]

数据驱动型合并通过两种反馈循环方式实现规模经济。"用户反馈循环"为平台争取更多用户后可以收集更多数据，从而分析消费者及其需求，提高服务质量以吸引更多用户。"货币化反馈循环"为，随着数字平台收集更多用户数据，可以投放针对性广告，实现数据货币化并获得可用于提高服务质量的收入。[2]

除反馈循环外，数字平台合并还发挥了明显的网络效应。[3]例如，社交平台随着用户不断增加，同时提高了该平台对其他用户及广告主的价值，同时形成直接和间接的网络效应。[4]然而，间接网络效应的存在不一定对用户产生相对的价值提升关系，而有正向效应与负向效应的区分。在社交平台上，用户数量的提升对广告商是有价值的，但平台吸引太多广告主参与或售卖太多广告空间，未必会提高用户对平台价值的认定。[5]当用户从商品中获得的价值取决于使用相同产品的其他用户数量时，市场倾向于出现集中化的市场结构，这意味着"争夺市场的竞争"往往是约束数字

　〔1〕　Maureen K. Ohlhausen, Alexander P. Okuliar, "Competition, Consumer Protection, and the Right (Approach) to Privacy", Antitrust Law Journal, Vol. 80, No. 1 (2015).
　〔2〕　OECD (2016), Big data: bringing competition policy to the digital era.
　〔3〕　Patrick R. Ward, "Testing for Multisided Platform Effects in Antitrust Market Definition", The University of Chicago Law Review, Vol. 84, No. 3 (2017).
　〔4〕　Michael L. Katz and Carl Shapiro, "Network Externalities, Competition, and Compatibility", The American Economic Review, Vol. 75, No. 3 (1985).
　〔5〕　参见韩伟：《数字经济时代中国〈反垄断法〉的修订与完善》，载《竞争政策研究》2018 年第 4 期。

市场中的企业滥用市场力量的主要机制。在这种环境下，在位企业有动机进行"先发制人式收购"（pre-emptive buyouts），即收购市场进入者以减少潜在的未来竞争。

数字平台利用数据的关键在于如何创造平台参与者之间的互动连接。能产生有效的网络效应从而促进竞争力提升就是必要数据。其他潜在进入者如果希望能够进入相关市场，可以借助竞争对手建立网络效应的必要数据。如果相关数据的收集分享受到限制，潜在竞争者难以复制相同的数据，数字平台掌握并利用得以促进或强化网络效应的数据，则有助于降低平台多归属性发生的概率及影响，并形成潜在市场进入门槛。就已存在的竞争者而言，由于网络用户具备平台多归属的特性，亦即在类似服务并存、选择多样的前提下，用户往往同时享受多个平台的服务。平台必须有效分析多元数据，以不断改善与提供最适合用户需求的服务，提高用户对该平台服务的使用率及黏性，方能强化网络效应。因此，数据收集、分析与利用在提高平台网络效应上十分重要，也是影响竞争的重要因素。

虽然进入壁垒在不同行业之间有所不同，并且随着时间的推移而变化，数据驱动型合并的规模经济和网络效应导致"赢者通吃"的结果，并且带来难以逾越的准入壁垒。[1]采用斯蒂格勒的方法，可以帮助我们更好地了解市场结构与符合社会利益的市场进入之间的关系，但是反垄断分析框架更常采用的是贝恩的定义，这种倾向不需要进行何为"符合社会利益的市场进入"的价值判断。在企业合并案件中，规模经济、产品差异、原始投资、纵向一体化以及政府管制等都可以视为进入壁垒。[2]规模经济是

---

〔1〕 Katz, Michael, and J. Sallet, "Multisided Platforms and Antitrust Enforcement", Yale Law Journal, Vol. 127, No. 7 (2018).

〔2〕 参见［美］赫伯特·霍温坎普：《联邦反托拉斯政策：竞争法律及其实践》，许光耀、江山、王晨译，法律出版社2009年版，第43页。乔贝恩认为，进入壁垒是指那些使得该市场上的现有企业获得垄断利润，而又阻碍市场外的企业进入该市场的因素，从长期来看，现有企业可以在多大程度将其价格提高到其最低平均生产销售成本之上，而又不会导致潜在进入者进入这一行业。然而，许多人更愿意接受斯蒂格勒的定义，即打算进入者在进入时或进入后必须发生，而该市场上的现有企业在进入时却不必发生的那些成本。两种定义之间的差异是很大的，按照乔贝恩的定义，规模经济构成进入壁垒，而斯蒂格勒则认为规模经济不一定构成进入壁垒。

一种重要的进入壁垒。由于规模经济，打算进入的企业不仅要考虑其生产成本，而且要考虑得付出多少成本才能获得足够的销售额，从而使其进入行为是有利可图的。如果规模经济很大，则潜在进入者就会考虑，在将自己的进入算进来以后，该市场上的价格将会如何。在数字市场上，由于兼容性是必不可少的，因而如果安装基数大，则构成巨大的进入壁垒。例如，即使将来会出现某个操作系统，其技术比微软的 Windows 更高，但是它的发展会有一个巨大的障碍，即它很难让其他软件开发商为它专门开发应用程序。[1]在潜在进入者的计算中，一个重要因素是风险有多大，但是没有理由认为，投资高本身会阻碍进入，问题不在于它必须投资多少，而在于如果该投资失败，它会损失多少。可见，沉没成本十分重要。[2]

政府管制、许可和进入限制是最大的、最有效的进入壁垒之一。政府管制是斯蒂格勒意义上的进入壁垒，授予垄断权会造成进入壁垒，影响市场效率。但在管制效率与其制造进入壁垒的作用之间，并无必然的联系。一项为纠正真正的市场失灵而适当制定的管制措施是有效率的，却会限制进入，或会提高新进入者的成本、风险或最低规模效率。[3]而无效的管制政策却使企业能够自由进入。法律规范在某种程度上限制了平台拥有数据集之可能性。欧盟《一般数据保护条例》（GDPR）已于 2018 年正式施行，赋予个人对自身数据有更强大的控制权，平台需要遵守欧盟《一般数据保护条例》（GDPR）的要求，而对于持有之个人数据有更多的应用限制。数字市场通常存在进入壁垒，反过来又有在数字市场中创造持久的市场力量，或作为从事非竞争行为的基础。[4]为此，要认识到数据驱动型企业

---

〔1〕　Werden, Gregory J., "Network Effects and Conditions of Entry: Lessons from the Microsoft Case", Antitrust Law Journal, Vol. 69, No. 1（2001）.

〔2〕　参见李怀、高良谋：《新经济的冲击与竞争性垄断市场结构的出现——观察微软案例的一个理论框架》，载《经济研究》2001 年第 10 期。

〔3〕　参见李剑：《制度成本与规范化的反垄断法——当然违法原则的回归》，载《中外法学》2019 年第 4 期。

〔4〕　Hal R. Varian, "Recent Trends in Concentration, Competition, and Entry", Antitrust Law Journal, Vol. 82, No. 3（2019）.

合并在经济上的复杂性，避免陷入过于简单化的监管理念。在布局变动、纷繁复杂的经济背景下，不可简单地认为政府或者市场具有更好的社会组织和调节能力，旨在消除过于简单化的监管理念，转而追求更加有效的监管策略，监管措施必须不断调整，从而在动态经济发展中保持良好的激励作用。

（二）是否规制数据驱动型企业合并

大概没有其他的主题能如此鲜明地划分法律学者，一边是那些以公平和正义为理由的支持规制的学者，另一边则认为规制是不必要的、无益的、不切实际的。如何在这两个极端间确定规制的最优干预度，寻找恰当的平衡点？[1]数据驱动型企业合并不完全是虚假的，涉及用于矫正不公平的市场干预，产生了不确定性和无可避免的适得其反，然而这并不能成为认定规制无益的根据。真正的问题反而是法律在发展检验标准时，在其规制中遭遇了合法性和准确性的危机，这种规制不必然会适得其反，恰恰相反，有很多市场中遵守的成本并不能传递到受保护的群体。法律所设计的开放性结构规则擅长处理复杂问题，尽管在特殊的市场部门中无疑有空间进行特定的公共规制，从而获得量身定做、恰如其分的规制，以及更多的资源来执行标准。因此，既有研究可以分为两种进路与范式：市场解释与政府解释。当然也有不少表面强调政府角色，本质仍为市场解释的研究。

任何法律的制定和实施都会考虑成本与效率之间的关系，但是要将法律毫无偏差地分配给真正有需要的人往往很难实现，因此，由于规范文本中的法律与社会实践中的法律总是存在差距，法律实施也就必然存在偏差。[2]由于实践中存在大量的不确定性因素和实施成本限制，实施偏差是普遍现象。法律评估和研究需要在社会实践的结果中展开，而不是寻求理

---

〔1〕 参见［美］维托·坦茨：《政府与市场：变革中的政府职能》，王宇等译，商务印书馆2014年版，第77页。

〔2〕 Roscoe Pound, "The Scope and Purpose of Sociological Jurisprudence", Harvard Law Review, Vol. 25, No. 2 (1912).

想模型。[1]作为理性的国家机关，可行的路径是进行制度选择来降低社会总成本。[2]任何模型的价值，并不在于它的因素是否能与现实世界精确符合，而在于模型能作出有用的预测，以及更重要的是，它能为我们观察到的东西提供有意义的文字说明。反垄断分析所运用的经济模型，一般只限于那些没有争议的模型。在这些领域，次最优分析被忽略是适当的，除非在一个领域实施反垄断法会在另一个领域产生负面效果。在一个市场对垄断进行纠正，却在另一个市场增加了不确定性，因而引起普遍的效率损失。

1. 规制的适得其反

错误成本分析框架很好地解释了市场中假阴性更多还是假阳性更多的问题。伊斯布鲁克认为，绝大多数的经济行为是有益的，或者人们的既有理性和经验暂时无法辨别是有益还是有害，错误的先例需要花费相较于市场力量更长的时间才能消散。[3]如果错误地规制对市场有益的行为，通过执法将失去该行为所带来的益处。市场自我矫正通常是容易的，企业即使在寡头垄断的反垄断案件中，新企业的进入或者现有企业的扩张通常会迅速地、自动地恢复市场竞争。[4]相反，执法机关经常无法作出法律所需的详细事实评价，以确定行为是损害竞争还是促进竞争。总之，"错放"会被市场力量纠正，而"错杀"则影响整个经济，也无法被市场力量修复或弥补。[5]在错误成本分析框架下，利用反垄断解决数据驱动型企业合并问题，会降低新产品的竞争力和创新力，对市场竞争产生损害。

---

〔1〕 参见［美］赫伯特·霍温坎普：《联邦反托拉斯政策：竞争法律及其实践》，许光耀、江山、王晨译，法律出版社 2009 年版，第 42 页。次最优分析很好地阐明了一件事情，完全实施模型只是一种抽象标准，而现实世界却不能完全满足其条件，在这一点上，法学与数学、物理学、化学并没有什么不同，科学中盛行的模型构建，都是对假设进行简化所做的抽象，正如现实世界中并没有百分之百得到实施的法律，也没有真正完全等边的等边三角形。不仅如此，如果某条直线或某个角不精确，那么也会有另一条直线或者另一个角也不精确。但是，工程师的不完全的三角形，在现实中却不妨碍它可以运行得很好。

〔2〕 参见李剑：《中国反垄断法实施中的体系冲突与化解》，载《中国法学》2014 年第 6 期。

〔3〕 Frank H. Easterbrook, "Limits of Antitrust", Texas Law Review, Vol. 63, No. 1 (1984).

〔4〕 The Antitrust Paradox: A Policy at War with Itself. By Robert H. Bork. New York, 1978.

〔5〕 参见丁茂中：《反垄断法实施中的"积极失误"与"消极失误"比较研究》，载《法学评论》2017 年第 3 期。

第一，通过市场进入实现自我矫正。市场是可以自我矫正的，如果市场进入容易，那么行使市场力量会促使新的竞争对手出现。由于限制竞争行为导致价格上涨，新进入者的出现会缓解甚至根除这一问题，从而"使得违法行为逃脱反垄断处罚成为一个可以自我矫正的问题"，[1]因此需要适用宽松的反垄断规则。如果市场上只有几个具有竞争力的经营者，即便缺乏市场进入威胁，通过自我矫正垄断市场结构，而不会导致严重的产量限制，其他经营者通过扩大产量或其他方式来行使市场力量，那么将会以更加激烈的竞争，快速回应以抵消或震慑任何行使市场力量的行为。斯蒂格勒认为，监管并没有多少价值，因为没有证据显示监管实际上是推动公共利益的，设计监管政策是用来向监管者和被监管企业提供利益的。[2]规制手段上要求平台开放数据，借此降低进入壁垒以促进竞争。[3]然而，在数据驱动型企业合并中，此举措导致平台无法回收为创新活动所投入的成本，从而降低投入创新。[4]强制平台开放他们的数据与反垄断法的一般原则存在紧张关系，这会抑制而不是鼓励竞争对手去开发自己的数据，小型平台会滥用数据共享要求，出现"搭便车"行为，市场无法实现效率化。如果数据被视为必要设施，那么市场的竞争动态将发生巨大变化。[5]同时，必要设施并不能提高消费者的福利，被强制开放时采用的价格，与不开放时对客户的垄断价格是一样的。[6]唯一可以避免的是，在强制交易的同时对其价格进行管制，然而，这种情况下就变成了公共物品。[7]

---

〔1〕 Posner, Richard A. , "The Chicago School of Antitrust Analysis", University of Pennsylvania Law Review, Vol. 127, No. 4 (1979).

〔2〕 Stigler, George J. , "The Theory of Economic Regulation", The Bell Journal of Economics and Management Science, Vol. 2, No. 1 (1971).

〔3〕 Lina M. Khan, "Amazon's Antitrust Paradox", Yale Law Journal, Vol. 126, No. 3 (2017).

〔4〕 Page, William H. and Seldon J. Childers, "Antitrust, Innovation, and Product Design in Platform Markets: Microsoft and Intel", Antitrust Law Journal, Vol. 78, No. 2 (2012).

〔5〕 Frischmann, Brett, and Spencer Weber Waller, "Revitalizing Essential Facilities", Antitrust Law Journal, Vol. 75, No. 1 (2008).

〔6〕 Verizon Comm. Inc. v. Law Offices of Curtis V. Trinko, LLP, 540 U. S. 398 (2004).

〔7〕 Areeda, Phillip, "Essential Facilities: An Epithet in Need of Limiting Principles", Antitrust Law Journal, Vol. 58, No. 4 (1990).

　　第二，垄断促进创新研发。寡头垄断通常比许多竞争对手更具创新性，市场机制会运行良好，拥有垄断力量并且伴随收取垄断高价，诱发了激励创新和经济增长的冒险行为。垄断是可以自我矫正的，推动市场发展。垄断具有的提高创新的激励，防止因垄断超高定价导致消费者损害。[1]大型平台比小型平台更有能力进行项目研发，凭借其先发制人的优势创新，这些投资将阻碍潜在竞争对手通过与垄断者竞争的方式进行创新，而且不会降低垄断者自身的创新动机，期望从新产品中获得比后进入者更多的收益，因此有更大的动机进行研发。欧盟在陶氏杜邦案的决定中适用了创新损害理论，而即便是静态效应良好的横向并购，也从动态角度被视为限制竞争，因为合并通常会扼杀创新。[2]合并对创新的影响的评估不会被武断的先验理念所偏袒，而是仰赖于开放和基于个案的事实。数字平台仅短暂获得或拥有市场力量，必须通过不断的创新努力以占据市场。即使数字产业中市场集中度高，但仍然可以确保创新的动机，即使发生假阳性错误，仍不阻碍创新研发，社会利益仍大于成本。[3]为保存创新的动机与诱因，避免不必要的限制而抑制创新，执法机关应主动说明市场开放以及协助创新者的必要，以促进社会整体利益。

　　第三，干预错误比行使市场力量更持久。错误的规制需要花费相较于市场力量更长的时间才能消散，干预错误施加了不必要的成本，导致有效率的行为受到处罚，然而这些案件通常是由低效率以及落后的竞争对手提起的。不适当的国家干预将导致规制失败。[4]对市场失灵的常规政治回应通常会使得问题变得更加糟糕，而我们的主要难题不是来自市场的困难，

　　[1]　Evans, David S. and K. N. Hylton, "The Lawful Acquisition and Exercise of Monopoly Power and Its Implications for the Objectives of Antitrust", Competition Policy International, Vol. 72, No. 1 (2008).

　　[2]　Case COMP/M. 7932 Dow/DuPont.

　　[3]　Page, William H. and Seldon J. Childers, "Antitrust, Innovation, and Product Design in Platform Markets: Microsoft and Intel", Antitrust Law Journal, Vol. 78, No. 2 (2012).

　　[4]　参见［美］兰迪·T. 西蒙斯:《政府为什么会失败》，张媛译，新华出版社 2017 年版，第 57 页。

而是来自政府干预。如果这类规制错误很普遍，[1]它们将面临系统性的违法。

政府干预经济的效果暂时无法消除不确定性。除适用反垄断法制止横向的固定价格或高度集中化生产中主要竞争者的合并之外，无法判断反垄断法适用于平台经济产生的效果。[2]然而，对平台经济中的排他行为零执法的策略是错误的，因为数字平台从事排他性行为是符合理性的利己主义的，而且，市场力量也不会及时地矫正这些行为。但是，显然执法机关依然秉持保守的不干预倾向。自由放任主义基于两大假设，法律体系和市场都是完美的。然而，即便在假设均满足的前提下，也不能推导出监管越少越好，自由放任主义的监管建议基于不切实际的假设之上，其核心假设只能在学术模型中成立。

第四，政府无法针对反垄断法所需事实去评价，以辨别行为是损害竞争还是促进竞争。[3]因为数字产品和服务的技术复杂性，法律与现实实践不相符，一个涉及平台经济的反垄断案件对该行业变化的情况也许会因为拖得太久，而变成了毫无关系或者没有效果。由于技术进步和社会变革，现在市场深度和广度都是过去无法比拟的。与今天的市场体系相比，早期的市场体系比较封闭。[4]早期的垄断不是由自由市场引起的，只是由政府对市场的干预造成的，在政府给予某些企业凌驾于其他企业的特权时，垄断就产生了。不要在缺乏根据的情况下谴责市场，而应驳斥并谴责建立在这种基础上的不合理的概念。[5]人们认为网络效应导致垄断力量，这是因为其造成转换成本导致锁定效应和路径依赖。转换成本仅仅是企业必须应

---

〔1〕 Kovacic, William E., "The Modern Evolution of U. S. Competition Policy Enforcement Norms", Antitrust Law Journal, Vol. 71, No. 2 (2003).

〔2〕 参见 [美] 理查德·A. 波斯纳：《反托拉斯法》，孙秋宁译，中国政法大学出版社 2003 年版，第 352 页。

〔3〕 Wright, Joshua D, "Abandoning Antitrust's Chicago Obsession: The Case for Evidence-Based Antitrust", Antitrust Law Journal, Vol. 78, No. 1 (2012).

〔4〕 参见 [美] 维托·坦茨：《政府与市场：变革中的政府职能》，王宇等译，商务印书馆 2014 年版，第 88 页。

〔5〕 参见 [美] 布里安·P. 辛普森：《市场没有失败》，齐安儒译，中央编译出版社 2012 年版，第 75 页。

对竞争过程的一部分，而不造成垄断力量。如果政府施加干涉帮助一家企业克服转换成本，这将会造成垄断。

在经济政策领域，新经济思维加强了对非干预主义立场的论证，使对垄断标准的修改更有利于支配企业的利益。这些企业将公开挑战反垄断执法的合法性，如果改变了立法动态，会鼓励执法机关专门推动反垄断法走向非干涉主义的倾向。监管的历史揭示了政府与市场关系的不同方式。政策制定者将改革原则与政策提议相联系，形成规制政策和满足被动员利益需求所必需的能力。尽管存在各个规制体制下规制原则的重大不同，但同样也存在着高度的延续性。[1]规制的复杂化迫使行政机关高度依赖于自然科学和社会科学，当这些学科规范和方法带入政策制定的过程时，它们将政策意图转化为其特定专业领域的高度专业化用语，而这种环绕规制政策的高度技术性用语，外行和来自其他专业的专家完全缺乏用于政策语言沟通的必要专业知识。简言之，复杂性造就了参与规制的巨大障碍。作为培育行政中立性和创造解决规制政策复杂性能力的工程的一部分，监管问题渐增的复杂性、执行中对分析的需求和政策制定者开始对规制采取更加综合的方法，专业知识在其中发挥了更大作用。到了当代，由于规制的整体复杂性，基本上所有的行政机关均依赖于自然科学或社会科学。

因此，反垄断法不适合规制数据驱动型企业合并。在执法机关能够将损害理论与特定事实情况相匹配，并展示出对用户的竞争损害之前，针对数据的反垄断案件的规制存在理论不足的问题。现有的损害理论与数据特性相冲突，执法机关需要谨慎干预。数据是数字平台提供服务的投入要素，由于数字平台倾向于自行生成这些数据，数据通常既不是反垄断意义上的商品，也不是一个市场，无法创建一个能够进行反垄断分析的市场，数据很少会产生限制竞争效应。[2]对数据驱动型企业合并的干预会适得其反，要得出任何值得信赖的预期，必须对市场的运作进行细致的考察。平

---

〔1〕 参见［美］马克·艾伦·艾斯纳：《规制政治的转轨》，尹灿译、钱俞均校，中国人民大学出版社2015年版，第15页。

〔2〕 Tucker, Darren S. and Wellford, Hill, "Big Mistakes Regarding Big Data", Antitrust Source, December（2014）.

台经济变化产生的不确定性，挑战已建立的惯例、权利与经济力量的分配。生产者、社会团体和精英们为保护因经济变化而危及的某些价值或利益，为经济活动而建立的程序，进而要求重新规制在经济中的角色，以处理该不确定性。

简单采取自由放任或"一刀切"式的干预都是不合适的，泛干预主义倾向会使我们设计复杂的制度，它在结构上几乎无异于那些在未经规制的市场中存活下来的市场行为。二者的区别仅仅是企业不得不承受巨大的成本从而符合规制的细节，而执法机关在规制成本上花费了大量资源。这些成本往往会传递给消费者，所以我们得到了价格的增加却没有获得更好的竞争条件。错误成本分析框架推动反垄断法朝向更少干预的方向前进，随着时间的推移，会威胁整个反垄断制度的合法性，并且影响通过保护竞争性市场所获得的社会收益。[1]在芝加哥学派时代崛起后，反托拉斯规则整体上看起来更像芝加哥学派博克、伊斯布鲁克、波斯纳所倡导的那样，[2]而不是他们所批评的那些规则。芝加哥学派的反垄断分析范式至此大部分是完整的，但是，现在有人呼吁进行实质性的变革以限制反垄断规则的适用，听起来好像自20世纪70年代后期以来，反垄断法律和经济都未变化，并且他们经常引入错误成本分析框架来证明他们的建议是合理的。[3]在分析反垄断规则时，作出了一系列错误的假设，这些假设共同导致了结论存在一种不干预的倾向。这些推论系统地夸大了假阳性的发生率和重要性，低估了假阴性的发生率和显著重要性，并且通过夸大他们的成本来低估各种规则的净收益。

2. 积极干预

根据政府的视角，需要对数据驱动型合并开展更加积极的执法。反垄断规制毫无疑问可以改善数字市场的竞争性，它可以打破平台垄断，阻止

---

〔1〕 Baker, Jonathan B. , "Preserving a Political Bargain: The Political Economy of the Non-Interventionist Challenge to Monopolization Enforcement", Antitrust Law Journal, Vol. 76, No. 3 (2010).

〔2〕 Baker, Jonathan B. , A Preface to Post-Chicago Antitrust. Available at SSRN: https://ssrn. com/abstract=296119 or http://dx. doi. org/10. 2139/ssrn. 296119.

〔3〕 Schlag, Pierre, "Rules and Standards", UCLA Law Review, Vol. 33, No. 2 (1985).

欺诈和误导性的交易行为，并施加强制性的披露义务而在市场的参与者之间更为公平地重新分配信息。[1]因此，即使适得其反是规制的必然结果，然而未经规制的市场并不总是可以促进市场竞争的。政府规制矫正由于市场和法律体系不完全带来的负面效果，由此催生了成千上万条监管规则。由于数据驱动型企业合并的影响及其对于反垄断法适用的冲击，反垄断执法上随同各类商业模式及技术的变化，相关案件会持续出现。作为芝加哥学派最具影响力的著作，博克在《反垄断法的悖论：论自我交战的政策》中指出，反垄断法应当改革并重点打击三类行为：赤裸裸的价格固定和分割市场的横向垄断协议、企图寡头垄断或垄断的横向合并以及有效的排他行为。[2]《反垄断法的悖论：论自我交战的政策》出版30多年后，反垄断保守主义学派继续鼓励博克的分析范式，然而，错误成本分析框架是基于对市场和制度的一系列错误假设的，这些假设系统性地夸大了假阳性的发生概率和严重程度，低估了假阴性的发生概率和严重程度。[3]

第一，通过市场进入实现自我矫正需要隐含前提。市场进入能够证明有能力在反垄断最为关注的寡头垄断结构矫正市场力量，或者至少被证明有能力以足够的频率矫正市场力量，达到足够的程度以及速度使得假阳性成本低于假阴性。[4]然而，没有理由相信市场进入可以频繁、有效和快速地解决市场支配地位的问题，以至于可以解除对假阴性的担忧。企业通过设置进入壁垒排除新的竞争对手，长期存在支配企业和卡特尔的例子，以及通过超越竞争价格吸引新的竞争对手，竞争对手却无法进入。[5]这清晰地表明行使持久的市场力量是严重的问题。数字平台特有的市场反馈与预测功能，通过数据优势传导有效连接不相关市场或未来市场，在纵向与横

---

〔1〕　参见［英〕休·柯林斯：《规制合同》，郭小莉译，中国人民大学出版社 2014 年版，第148 页。

〔2〕　The Antitrust Paradox: A Policy at War with Itself. By Robert H. Bork. New York, Basic Books, 1978.

〔3〕　Baker, Jonathan B., "Taking the Error out of Error Cost Analysis: What's Wrong with Antitrust's Right", Antitrust Law Journal, Vol. 80, No. 1 (2015).

〔4〕　参见叶卫平：《反垄断法分析模式的中国选择》，载《中国社会科学》2017 年第 3 期。

〔5〕　Baker, Jonathan B, "Responding to Developments in Economics and the Courts: Entry in the Merger Guidelines", Antitrust Law Journal, Vol. 71, No. 1 (2003).

向市场上的跨时空竞争优势，构成过高的进入壁垒。[1]

第二，一项旨在促进创新的反垄断执法将保护"赢者通吃"的市场竞争，可以预期其会有利于创新。创新如何在反垄断法中定位，面临着如何将创新纳入反垄断分析框架？[2]在数字市场上，如果反垄断法不及时干预将产生更大的假阴性错误，损害整体社会福利。数字市场的创新因素常见的特征为：其一，数据经济容易产生市场集中与独占的现象；其二，"赢者通吃"的市场集中效果。即使数字市场符合破坏式创新理论的情境，但取得市场力量的企业同时也有诱因破坏此种创新循环。如果反垄断执法机关无视企业如何收集或利用数据，企业又借此取得长久的市场地位，也为了维持之而采取干预创新的手段，导致创新受阻或延滞发展。如果市场存在高度的进入壁垒，使得潜在竞争者难以进入，此时对于市场既存者而言，创新诱因是否仍然存在？在数字市场，该环境中的数字平台往往为垄断者，当该市场中数据收集构成相当的沉没成本，而形成进入壁垒时，难以期待新进者进入市场。在此情况下，该垄断者是否会继续投入创新？考虑到企业最大化利润的目的与创新之比较下，似难肯定其必会从事创新。在创新竞争下，为确保创新的功能，反垄断法适时干预数据收集、分析和利用，将可达到此目的。[3]

第三，错误的先例不会在一夜之间消失，但卡特尔、企业滥用支配地位和集中也不会。美国最高法院花费了七年的时间默示推翻 Appalachian Coals 案，明确推翻 Schwinn 案花费了十年。但是，这些时间长度粗略地与被反垄断执法缩短的卡特尔持续时长相当。即使在动态竞争市场，占主导地位的平台在短期内也拥有垄断力量，特别是数字平台能够利用其地位来扩大其主导地位。平台领导者的核心地位对潜在竞争者和竞争对手有显著的影响。然而，面临数字市场的执法机关必须意识到竞争采取的形式，即

〔1〕 参见陈兵：《大数据的竞争法属性及规制意义》，载《法学》2018 年第 8 期。
〔2〕 参见韩伟：《创新在反垄断法中的定位分析》，载《中国物价》2019 年第 8 期。
〔3〕 Committee for the Study of Digital Platforms Market Structure and Antitrust Subcommittee Report, 15 May 2019.

使它们外表看起来相似。数字市场的竞争看起来像掠夺。[1]平台在改进其平台或保护平台完整性方面的合法行为,似乎只是为了保护其主导地位免受其补充者革命性创新的影响。例如,平台所有者通过设计选择来增强其平台力量,降低该功能的价格来损害潜在竞争者。数据驱动型合并的网络效应增加了假阴性错误的成本。企业将极力促进市场向对其有利的方向倾斜,如果执法机关判断错误,造成的损害不至于形成市场势力,而是形成垄断势力,单凭市场力量将难以迅速纠正。[2]

随着新产品或新技术的推出以及现有产品的推进,主导性平台会面临更多价值,然而垄断的存在具有持久性,即使在高科技产业。[3]没有任何理由认为,在下一个新产品出现之前,消费者就该忍受垄断滥用行为。限制竞争的数据驱动型企业合并造成竞争损害,不只是广告价格上涨,还会导致我们丧失选择、创新、隐私和自由,以及对市场经济的信任。[4]因此,对反垄断合法性的严峻挑战需要国家的政策调整,自由放任主义在旺盛的经济时期运行良好,但是在经济衰退或萧条时,对自由放任政策的自信会崩塌,维护企业间竞争的反垄断规则不再被用于从监管中屏蔽商业经济。[5]即使某些干预行为发生假阳性错误,但要求某些数字平台开放数据似乎仅是竞争的起点,创新竞争的市场本质仍会继续运转,创新的经济循环会重新开始。不干预产生的假阴性成本,却被垄断者阻碍创新循环。反垄断干预必然导致不利创新的结论尚显武断,适时干预数据亦可实现其维护创新的宗旨。平台经济的发展使既有法律规范对其难以进行有效涵盖和调整,既有规则逻辑的解释力日显困难,因此,必然会引发深度的法律变

---

〔1〕 Lina M. Khan, "Amazon's Antitrust Paradox", Yale Law Journal, Vol. 126, No. 3 (2017).

〔2〕 参见〔美〕莫里斯·E. 斯图克、艾伦·P. 格鲁内斯:《大数据与竞争政策》,兰磊译,法律出版社 2019 年版,第 266 页。

〔3〕 参见曲创、刘重阳:《平台竞争一定能提高信息匹配效率吗?——基于中国搜索引擎市场的分析》,载《经济研究》2019 年第 8 期。

〔4〕 参见万兴、杨晶:《互联网平台选择、纵向一体化与企业绩效》,载《中国工业经济》2017 年第 7 期。

〔5〕 Baker, Jonathan B, "Preserving a Political Bargain: The Political Economy of the Non-Interventionist Challenge to Monopolization Enforcement", Antitrust Law Journal, Vol. 76, No. 3 (2010).

革。作为新型垄断行为，我们的认知也要跟着问题做相应的升级。

（三）反垄断法体系的选择

追求展现短期成果使得规制者关注于那些即刻可测量的结果，而排斥长期性的方案目标，过度依赖于从科学、经济学或法律当中得出的、似乎客观的技术性数据，以之作为决策的正当化依据，虽然根本性的民主期望也要通过理性的正当化来获得合法性。

1. 现有的法律如何适用问题

由于反垄断法的不完备性，需要面临实施偏差与纠偏交织的复杂性实践。[1]法律实施通常会逐渐偏离立法者的预期，从而导致法律实施的结果与立法目的不一致。[2]实践中，法律制定和实施环节分离、偏差，甚至相互对立，立法者的意图在实施过程中会被具体的执行者注入不同的解释，采用不同的实施手段，因此实施结果也常常与立法初衷大相径庭，甚至适得其反。在颁布某个法律进行的争论与妥协过程中，各种不同利益集团常常相互冲突，对于某个条文的目的是什么，存在不同动机和看法，为了达成妥协，使法条措辞模糊，而让执法机关去确定哪种解释能够成立。

在反垄断法律体系下，独立的垄断化原则并不能得到有效实施。反垄断法的任务是识别出垄断行为并予以禁止，这是美国《谢尔曼反托拉斯法》（Sherman Antitrust Act，以下简称谢尔曼法）第 1 条的任务。然而，谢尔曼法的法律语言非常空泛，根本没有办法严格执行，该法自始就具有严重的不完备性。即便是逐渐完备仍然发现垄断行为不可阻止，每当经济技术上有任何变动、创新的变化就会导致法律滞后。随着时间的推移，虽然反垄断法的体系逐渐完备，但是具体到个案，即便后来通过的法律也无法应对崭新的案例和技术，只能适用最原始的谢尔曼法，退回到最原始的原则性的法律中寻求解决方案。反垄断法的概念和规则具有不确定性，对竞争存在不同程度的威胁，需要通过本身违法和合理原则确认垄断与垄断

---

〔1〕 参见刘杨：《执法能力的损耗与重建——以基层食药监执法为经验样本》，载《法学研究》2019 年第 1 期。

〔2〕 参见曹炜：《环境监管中的"规范执行偏离效应"研究》，载《中国法学》2018 年第 6 期。

行为是否违法，这是对法律术语的不确定性的梳理。因此，强调合理原则，势必会使反垄断法减弱语义逻辑性，加强经济性和事实性等因素的合理性分析，减弱反垄断法规则的体系性。[1]虽然通过解释在很大程度上消除了缺乏合理的反垄断成文法的鸿沟。现在的认识是，在判断行为合法与否时，都要求对竞争损害和潜在收益进行慎重衡量，也就是合理原则所给予的通常期待。事实并不完备，很多行为判断的标准变成了是否违反了合理原则，因此就需要颁布安全港规则。[2]

　　传统的反垄断分析原则并不会因数字市场的特殊性而无法适用，对于数字市场的合并行为，即使有必要就该类型市场中的双边或多边市场、网络效应等特性调整特定的分析方法与工具，但是执法机关仍围绕市场界定、市场力量及竞争效果等传统分析架构进行审查。[3]目前，反垄断分析框架可以适用于数据收集和使用引起的大部分限制竞争行为。[4]即使数据驱动型企业合并本身具有潜在限制竞争的效果，反垄断法已有成熟的分析架构，严格来说，这并非新的反垄断法议题，只需要回应数据相关的特性，调整反垄断法传统的分析工具即可。执法机关仍应以不改变现行反垄断法为原则，先以各国反垄断法规范检视，再评估是否进行配套规则的调整或补充。数字市场竞争影响是一个持续发展状态，国际案例与法治发展仍存在许多变数。尤其技术及市场预测将更有难度，对于涉及某些市场及技术发展的相关案例需要持续研究。因此，有关数据驱动型企业合并影响市场竞争的问题，虽然对反垄断法某些规则的适用有所疑问，但是仍不足以否定其存在的基础。[5]针对数字市场特性对反垄断法适用的影响，国际上已经进行了较多的讨论，但是实际上将相关讨论纳入法律修订的国家仍然屈指可数。

---

〔1〕　参见沈敏荣：《反垄断法的性质》，载《中国法学》1998 年第 4 期。

〔2〕　Posner, Richard A. , "The Rule of Reason and the Economic Approach: Reflections on the Sylvania Decision", University of Chicago Law Review, Vol. 45, No. 1 (1977).

〔3〕　Big data and innovation: key themes for competition policy in Canada. 2018-02-19.

〔4〕　公正取引委员会『データと競争政策に関する検討会報告書』競争政策研究センター、2017 年。

〔5〕　参见王晓晔：《我国〈反垄断法〉修订的几点思考》，载《法学评论》2020 年第 2 期。

反垄断规则是足够灵活的，对于双边或多边市场及网络效应的竞争效果理论，在提出实务上具体可操作的方法之前，执法机关无须急于将传统界定相关市场及评估市场力量的方法放弃，而应持续研究类似分析方法是否真的无法将竞争效果吸纳于分析过程。当规则确定的事实之间关系模糊不清时，就特别容易成为一种缺乏判断力的立法方式。在这种情况下，认定该案件是否具有规则的范围内依据的因素，也就是在适用标准的情况下用来判断合法性因素。反垄断法必须平衡明线规则的优势与缺陷。明线规则针对一套易于观察的因素施加责任，倾向于为受规制企业提供清晰的指引，并且限制与执法相关的交易成本，而非结构性标准针对与评估企业行为竞争效果相关的一整套潜在因素施加责任，倾向于通过允许更为审慎地评估企业行为的竞争效果以减少错误。开放结构的规则所产生的法律规制中的不确定性，以一种重要的方式实现了对商业有利和必要的可计算性。如果一些规则不能提供充分的指引及可预测性，那么适当的回应并不是放弃执法，而是采用广泛的安全港。毕竟，对于原则的修复同样可以提供清晰的指引。[1]相反，适当的回应是对有争议的规则赋予更多的结构性。

同时，新技术推动商业和社会的变革，带来大量新的法律问题，因此，工业经济时代的反垄断制度无法应对平台经济发展带来的挑战。技术治理是国家通过科学技术和管理技术提升治理能力，超越治理环境中的那些具体和特殊的情况，以技术编码和自治伦理为主的方式推进法律实施，技术治理能够直观、有效地监督法律实施情况，以便减少因为信息不对称而导致的实施偏差的概率。通过监管科技实时获得动态数据，实现技术治理和法律治理相结合，对企业行为的动态观测和数据挖掘，设计异常数据信号预警机制，进行市场竞争状况调查分析。[2]快速发展的数字经济亟须监管科技的同步变革。随着数据驱动型企业合并的不断涌现，对其进行人

---

〔1〕 Kovacic, William E., "Failed Expectations: The Troubled Past and Uncertain Future of the Sherman Act as a Tool for Deconcentration", Iowa Law Review, Vol. 74, No. 5 (1989).

〔2〕 参见江山：《大数据语境下卡特尔发现的范式转换》，载《当代法学》2019 年第 2 期。

为的监管很难满足极端复杂性的需求，传统的价格中心型监管模式向技术驱动型监管模式的转变不可避免。数字市场的监管手段滞后，使科技创新游离至监管体系之外，变相地规避监管，致使监管套利或引发监管空白。而技术治理拥有技术属性和监管属性，其本质是技术促进监管，围绕数据集合体、数据处理和解释、建模分析与预测，从而构建实时、动态的监管体系。

为了更好地回应数字市场竞争，有效调整数据驱动型企业合并行为，很多人主张尝试利用新法律去解决平台竞争中的新问题。这种立法思路与策略看上去似乎没有什么问题，毕竟身处这样一股狂热的大潮，许多人都会认为，平台经济会改变一切，而且，关于企业和竞争的所有旧观念都将过时。但是，人们产生这种想法本无可厚非，但却十分危险。[1] 修改反垄断法也无法跨越类型化的理论障碍，也使其仅具有有限的意义。[2] 由于对法律适用确定性的渴求，人们迫切希望将"数据"这个新时代的热点元素融入反垄断法，以表彰修法的先进性与时代特色。为了达到这一目的，立法者选择了能够最大限度凸显"数据"元素的方案，[3] 可以说，数字市场垄断行为的规制进路发生了转向。规制进路的转向是在立法者对"数据"这个时代符号的附和声中完成的。然而，平台竞争中的行为大多具有阶段性，不具有普适性而且缺少成熟、稳定的案例，类型化的基础不足。更进一步说，竞争作为一个文化构造（cultural construct）需要不断去发现，[4] 这种发现要建立在我们长期观察制度运行的轨迹并获取大量事实经验的基础之上，平台实践中竞争规则的发现原理亦是如此。所以，只有当实践积累了大量的案例且形成稳定的案例时，当我们能够找到科学、合理、具有

---

〔1〕 ［美］迈克尔·波特：《竞争论》，刘宇、高登第、李明轩译，中信出版社 2009 年版，第 85 页。

〔2〕 Lemley, Mark A, and Christopher R. Leslie, "Categorical Analysis in Antitrust Jurisprudence.", Iowa Law Review, Vol. 93, No. 4（2008）.

〔3〕 2022 年《禁止滥用市场支配地位行为暂行规定》第 11 条规定，"……认定互联网等新经济业态经营者具有市场支配地位，可以考虑相关行业竞争特点、经营模式、用户数量、网络效应、锁定效应、技术特性、市场创新、掌握和处理相关数据的能力及经营者在关联市场的市场力量等因素"。该规定现已失效。

〔4〕 参见［美］戴维·J. 格伯尔：《二十世纪欧洲的法律与竞争》，冯克利、魏志梅译，中国社会科学出版社 2004 年版，第 94 页。

可操作性的分类标准，并且能够以类型化的思维活动用法律语言表达出来时，类型化的工作才有可能真正完成，而以上这些在短时间内是难以实现的。换言之，数字市场的新型垄断行为类型化难题是一种客观上的必然。如果我们冒进或者妄图绕过类型化这一关键环节，强行为之只会增加新的麻烦。修改反垄断法并不是一项一劳永逸的解决方案，反垄断法具有内在不完备性，仅仅依赖这类法律不能对新型平台垄断行为进行有效的规制。相对于不受外因变化影响的领域，受经济技术快速变革影响的反垄断法将会更加不完备，从而不断挑战那些为解决旧问题而设计的法律方案。

2. 制度重构

现行反垄断分析框架未能把握特定的反竞争损害，因此不足以鼓励真正的竞争，这一缺陷在数字市场愈加明显，根植于芝加哥学派的分析框架与利用这一框架评估竞争的过程中。[1]值得注意的是，即使认为保护消费者利益应该是最优先的目标，现行框架也没能实现这一点，尤其需要关注：消费者利益不仅包括价格，还包括产品质量、产品多样性、隐私保护与创新。[2]价格中心型分析框架忽视了平台是否存在市场力量，将干预延迟到市场竞争损害发生之后，忽视对竞争的结构性削弱，占主导地位的数字平台展示了基于消费者福利的分析框架的缺点，因此应该革新传统的反垄断分析框架。许多现有经济分析工具不能处理数据问题。执法机关拥有良好的分析工具评估价格效果以处理复杂的案例，但是在分析数据对非价格竞争的影响层面，却无法适用。伴随着平台经济的增长，数字市场提供零价产品，而质量是其中重要的非价格竞争因素。价格中心型的分析路径并不适合数字市场，该市场上的产品和服务价格往往为零，许多用户已经习惯于不支付价钱，并且潜在损害虽然显著但更难量化。

第一，数字平台竞争评估要素。

数字平台能够快速完整地收集、分析市场信息，降低进入壁垒，但是

---

[1] Lina M. Khan, "Amazon's Antitrust Paradox", Yale Law Journal, Vol. 126, No. 3 (2017).
[2] Maurice E. Stucke, "Reconsidering Antitrust's Goals", Boston College Law Review, Vol. 53, No. 2 (2012).

通过对数据的收集与分析，能够在早期就发现潜在竞争服务，直接通过合并的方式让潜在竞争企业在尚未成为有效竞争力量前即被消灭。此类合并是针对市场上创新服务等不具有一定市场份额的新创平台，且服务本身在合并时看似对市场并无影响而被忽略。需要谨慎评估数据驱动型企业合并在未来市场的发展，重新评估合并事先申报门槛。而数字平台收集海量的用户数据，通过合并或与其他平台服务的连接，使平台服务数据集中化或相互流动，改变平台初始对用户隐私保护的程度，影响平台间质量竞争。数据驱动型平台合并影响评估以下几个因素：数据排他性，市场竞争所需要的数据是否仅由单一或少数平台所控制，其他平台收集困难，如果是的话，则该单一或少数平台取得数据上的竞争优势。学习效应，数字平台的商品改善，则为具备学习效应的数据能带来服务创新。数据产生或强化网络效应，平台市场为双边或多边市场，因此数字平台必须能够有效建立或持续优化其网络效应，如果平台收集并利用得以促进或强化网络效应的数据，则有助于降低平台多归属性发生的概率及减小影响，形成市场进入壁垒。数据分析有助于掌握市场上竞争商业模式，平台市场具备动态竞争特性，如果能够通过所收集的数据对市场进行分析，迅速掌握竞争或潜在竞争服务的发展趋势及时将其合并，从而降低未来竞争压力。

第二，数字平台的相关市场界定。

当商品市场的商业模式为零价时，修正假定垄断者测试（SSNIP）方法以适用于多边数字平台的市场界定，在交易型平台，仅需要界定单一市场，无须考虑多方市场情形，通过单边价格提高对平台整体获利的影响界定市场范围，其根源仍在于平台服务提供具备价格性。在非交易型平台的市场界定上，须特别注意产品对于多边的市场用户有不同程度的替代性，分析多边市场间的交叉需求弹性。数字市场趋向从事质量、创新、服务等竞争，小规模但重要的非暂时性的质量下降（SSNDQ）用于消费者对质量变化有敏感度的案例。[1]采用 SSNDQ 需要界定影响个案竞争的质量因素，

〔1〕　参见张世明：《定谳私议：奇虎诉腾讯滥用支配地位案中"相关市场"的认定方法》，载《经济法学评论》2015 年第 2 期。

在数据驱动的数字平台包括数据保护的情况、数据利用的程度、平台与其他服务数据共享的情况以及数据安全的环境等。[1]因此，适用于消费者对替代服务有认知并对质量变化有一定敏感度的个案。平台交易的目标从金钱转换为用户的数据和注意力，以获取其衍生的经济价值。当平台供给的财产为数据与注意力时，SSNIP 中的价格替代为用户所付出的数据和注意力成本，修改为微小但显著而非暂时性增加交换成本（SSNIC），从而适用于多边市场一方成本改变带动平台服务质量变化的个案。因此，在数据驱动的数字平台，可用来评估一方数据成本变动对平台整体运行产生的影响。

第三，数字平台合并申报。

现行反垄断法的合并事前申报门槛，基本上仅以合并企业的上一会计年度销售金额或营业额作为基准，同时在数字市场，因为有许多服务属于免费的特性，也难以计算销售额。换言之，初创企业还没有具备一定的市场份额，但具备强大的数据算法开发技术，或已获得具备特定价值的数据，企业合并时可以创造极具竞争力的市场地位。而数字市场变化复杂，参与合并的企业因为混合合并的关系，合并后不会改变其在个别市场的市场份额，但是合并可以带来的数据集中或不同市场数据的交互，令企业因数据的建构而取得某种程度的市场地位，对于市场竞争或市场进入形成限制。如果仅以年度销售额或营业额作为申报门槛，此类数据驱动型竞争的案件很容易被忽略。因此德国采用整体利益的概念，试图将未达一定规模但具备竞争优势或潜力的企业合并纳入审查范围。然而，如果要新增销售额或营业额以外的强制事前申报门槛，使涉及具有数据优势或强化竞争优势而影响市场地位的企业合并，不会因为被合并一方市场份额不高或没有销售额而被忽略。而考虑采用德国的做法，衡量评估整体价值作为基准是存在困难的。

可以将国内数字平台进行分类，统计多数企业市场价值评估的状况，

---

〔1〕 Gal, Michal S., Rubinfeld, Daniel L., "The Hidden Costs of Free Goods: Implications for Antitrust Enforcement", Antitrust Law Journal, Vol. 80, No. 3 (2016).

类似合并案件通常的价格幅度或者通过设定倍数的方式，例如，规定收购方出资超过被收购方整体市值的 X 倍的合并案，需要向执法机关事前申报。同时，在反垄断法规定的强制事前申报的门槛之外，适用简易程序的合并申报类型包括特定市场份额的小型企业，也许个案上可以用解释的方式，对于数据驱动型企业合并存在竞争问题的案件，纳入审查。但是在未明示法规的情况下，导致此类合并案主动申报的可能性降低，可以考虑于例外条款中纳入以下规定，即与市场竞争相关的数据集中产生或强化合并企业的市场地位、关键数据受到控制或因个案数据合并而影响市场竞争之虞时，适用普通审查程序。

第四，数据驱动型企业合并审查。

（1）平台市场初创数字服务的潜在竞争影响。

在数字市场上，大型数字平台收购具备潜力的新创平台，是否为故意降低未来竞争压力，实则对未来市场有效竞争会产生影响。数字市场是具有动态竞争特性的市场，通过技术和服务的推陈出新，让市场竞争更加活跃。在先进入者为了适应快速的动态竞争，必须不断改进与创新其服务，推动数字平台市场持续创造价值，为平台用户提供更多且优质的服务选择，提升消费者利益。虽然初创数字服务可以被具备市场支配地位的大型平台合并，而让其服务能够更早且更快速地被用户接受。要达到该效果，前提是该企业在合并后仍有机会维持其服务一定的时间，观察合并对该服务的市场化以及平台整体服务的价值。如果合并后无法持续保持其服务，服务处于被弱化或消失的趋势，则是否因而扼杀具有潜力的创新服务，允许合并反而会降低市场动态竞争价值。而即便审查过程纳入该原则，大型平台拟议交易的对象确有发展为足以与该平台服务市场相互竞争的机会，是否应该禁止其合并或如何通过附加限制性条件试图维持市场竞争。[1]

在数字市场，即使各个执法机关认为合并涉及数据集中，产生市场进入的障碍，影响合并后市场竞争，以允许合并为原则，对于存在竞争问题

---

[1] Farrell, Joseph, "Fox, or Dangerous Hedgehog —Keyte and Schwartz on the 2010 Horizontal Merger Guidelines", Antitrust Law Journal, Vol. 77, No. 2 (2011).

的，则通过提出附加限制性条件的方式予以防范，并不会直接禁止合并。[1]因为除非执法机关拥有与数字平台相当的技术分析能力，否则比数字平台更精确掌握未来市场发展方向以及评估相关企业的竞争潜力更加存在困难。未来如果涉及大型数字平台合并初创具有潜力服务的平台的案件，可以通过平台整体竞争策略评估初创企业对平台竞争的价值，再评估是否以附加限制性条件的方式要求合并企业必须给予受合并的初创服务一定期限的发展时间，避免将相关服务直接取消，以维持市场创新发展。目前，可以对数字平台相关市场进行混合经营，整合平台提供多元服务。至于是否直接禁止合并以培育未来可与大型平台相互抗衡的新兴竞争平台，还需根据个案进行判断。

（2）数据驱动型企业合并的审查原则。

数字市场的合并评估需要重新修订，须考虑数据规模以反映现代数字市场的特点，并解决该行业执法不足的问题。执法机关应采取更加积极的行动，优先审查数字市场中的合并，并在案例选择和评估此类案例时，密切考虑对创新的损害和对潜在竞争的影响。[2]拥有优势数据的平台未必获得市场支配力量，仍然需要就个案市场竞争状况进行评估。

评估市场力量可参考《德国反对限制竞争法》（第九修正案）第 18 条（3a）项的规定，以此作为基础，包括直接与间接网络效应、用户同时使用多种服务及其转换的成本、网络效应相关的规模经济（包括平台因为算法与网络效应的运作，形成海量且多样数据汇集及应用而产生的规模经济）、获取与竞争相关的数据、创新驱动型竞争压力（包括市场动态竞争的状况以及创新服务进入市场的难易程度）等，这些均为可以参考纳入审查评估的因素。

数据对竞争的影响变化很大，拥有海量数据的汇集不代表一定能够为合并企业带来市场地位，需要根据个案实际状况作出评估，不可一概而

---

〔1〕 Shapiro, Carl, "The 2010 Horizontal Merger Guidelines: From Hedgehog to Fox in Forty Years", Antitrust Law Journal, Vol. 77, No. 1 (2010).

〔2〕 Unlocking digital Competition: Report of the Digital Competition Expert Panel, March 2019.

论。在数据是否促进竞争或数字市场因为合并而出现限制竞争的情况，可以就以下因素分析判断：其一，界定多边市场涉及的数据类型及数据交叉运营的情况，包括混合合并数据与算法技术的相互影响。平台具有动态市场特性，潜在竞争范围超出预期，应当将科技发展因素纳入考虑，适度从合并企业主张的市场预测与竞争者或技术市场提出的意见一起分析。[1]其二，市场上类似服务存在的情况以及数据的接入性与困难程度，是否存在替代性数据或互补性数据，科学技术研发预测的发展趋势，数据是否具备时间累积的特性、独特性、实时性、时效性，是否有助于深度学习等。须注意平台对于数据利用的多元性，不同来源、类型的数据亦可用于同一目的。即使类似的数据，由于平台创造数据价值的能力有别，也会形成不同的结果。其三，判断数据是否为相关市场竞争的必要数据，是否出现数据的排他性情形，拥有必要数据的企业是否不愿分享、是否有排他性条款、暂时性排他的时间价值。其四，合并方是否会进行数据封锁或是因为合并而导致竞争的必要数据集中于特定平台，影响市场有效竞争。其五，数据收集和利用的限制。数据是否得以协助合并企业改善商品质量，带来学习效应，市场数据利用情况及未来利用的可能性。

第五，数据驱动型企业合并与隐私保护。

如果隐私对数字平台合并案来说涉及市场竞争影响，目前可以将两个层面纳入评估：隐私为平台用户关注的质量竞争要素时，平台合并是否促进隐私保护程度的改变，或影响用户的选择。个案是否受到数据相关法律规制，其规制的内涵是否对个案的市场竞争有影响。

隐私分析在数据驱动型企业合并案件分析中呈现渐进式发展，最早Google/DoubleClick案虽然意识到隐私在案件中存在的影响，但并不认为应该列入反垄断法的分析框架，仅在决定结论部分提示合并后需要遵守个人信息保护法，维护用户基本数据权利。Facebook/WhatsApp案则发展到关注，有人在案件分析中提出如果WhatsApp改变其隐私或数据保护的政策，

---

〔1〕 Rochet, Jean-Charles & Tirole, Jean, "Platform Competition in Two-Sided Markets", Journal of European Economic Association, Vol. 1, No. 4 (2003).

将产生用户转移服务平台的后果。但是，两个案件都声明隐私保护属于个人信息保护法律调整的范围。直到 Microsoft/LinkedIn 案，欧盟直接提出数据隐私保护的法律，对平台通过数据集中而衍生市场力量进行规则。德国联邦卡特尔局于 2019 年 2 月对 Facebook 滥用市场支配地位进行处罚，认为 Facebook 利用在德国网络社交平台的市场支配地位，通过其所拥有的其他平台服务，在用户未知的情况下收集数据，不但违反欧盟隐私权保护规则而让用户受到损害，同时构成剥削性滥用行为。

无论用户是否可以充分知晓平台对数据的收集分析、处理及利用，平台对数据隐私的保障应该在其主观认知的承诺基础上进行选择。平台合并需要在符合隐私保护约定的基础上维持初始数据收集时对用户的承诺。数字平台除直接通过自身平台服务收集数据外，还可以与其他平台或服务合作连接收集的数据等。在 Facebook/WhatsApp 案中，欧盟在调查过程中即讨论了 Facebook 与 WhatsApp 平台是否合并后建立了跨平台连接关系，将用户账号连接甚至进行跨平台数据的收集与整合利用，揭示了跨平台数据连接对于平台竞争具备的价值。如果处于竞争核心的数据驱动型平台合并涉及隐私保护，须将隐私保护列入合并审查。例如，以隐私作为质量竞争时，以附加限制性条件的方式要求企业在合并后保证不会更改隐私保护政策，或对合并后涉及隐私的数据相互应用，附加一定的限制、禁止。欧盟《一般数据保护条例》（GDPR）规定的数据可携权，既增加目前已具备一定市场力量的数字平台经营成本，又相对降低了平台用户者转换服务成本，推动平台多归属性的形成。当隐私为平台用户关注的质量竞争要素时，数据驱动型企业合并是否产生隐私保护程度的改变而影响用户的选择。隐私保护不仅存在于数字平台合并中，参与合并的平台以隐私为竞争要素时，需要分析合并对隐私质量和用户转换的影响，以及在合并企业的数据受到法律限制时，合并后法律对市场竞争产生的效果。

法律对于平台通过数据集中而获得市场力量形成限制，隐私保护法律的变动［如欧盟《一般数据保护条例》（GDPR）对数据的规范］，使得数字平台采用的市场竞争策略受到影响。隐私在数字平台合并的个案中为质量竞争考虑的因素，但亦因为用户在个案中对于隐私相关质量感受程度的强弱，或是否存在预先安装软件的现状偏差问题，而影响隐私作为质量竞争考虑因素的重要性。即消费者倾向于直接使用取得设备时在操作系统中已预先安装的服务，即使市场上出现质量更好的服务。Facebook/WhatsApp案中，欧盟竞争委员会提到，无论是 Facebook 还是 WhatsApp，都不是预安装于操作系统的软件，而软件的预安装让用户转换服务更加困难，在判断质量改变是否会引发转换时，需要评估相关商品是否存在现状偏差情况，以及相关企业是否利用现状偏差优势。

第六，数据驱动型企业合并的救济。

企业合并在带来规模经济，产生巨大经济效率的同时，也便利了从事限制竞争的行为，一定程度上损害了市场竞争秩序。问题在于，我们无法区分合并的两种效应，并且多数合并同时兼具两种效应。随着平台经济的发展，明显能够分辨正反面竞争效应的案件会越来越少，难以识别和衡量的案件将会成为未来合并案件的多数。除某些极端情形，合并的效率会大大超过限制竞争行为带来的风险。此时，僵化的决定许可/禁止的制度已经无法应对平台经济的发展，并且，在执法机关难以识别和权衡的情形下作出决定容易"错判"，造成的错误成本将被放大。因此，需要一种弹性机制缓和许可与禁止这两种极端以应对时代变迁，使得执法更具灵活性，合并救济制度为处理合并的双重效应问题提供了一项弹性处理机制。在创新密集型的平台经济行业，产品技术频繁更迭，相关市场的竞争由此也变动快速。小型企业凭借关键性的技术创新而迅速成长为大型企业，市场份额较高的数字平台会由于技术落后而逐渐衰败。因此，采用行为性救济能够灵活应对不断变化的市场，当创新导致市场竞争状况发生变化时，可以变更或终止原有的救济措施。[1]而结构性救济措施在快速变化的市场会面临失效，实施成本较高的困境。

第七，数据驱动型企业合并的抗辩制度。

一般均认为政府应对企业合并进行规制，然而即便赞同合并控制，即

---

〔1〕 参见孙晋：《谦抑理念下互联网服务行业经营者集中救济调适》，载《中国法学》2018年第6期。

使执法机关认定对市场竞争产生损害，也不必然会全面禁止合并，因为它们还会对案件进行抗辩理由的分析，毕竟合并后也未必会损害市场竞争，因此，原则上仅需要对一定范围内的合并进行禁止。合并抗辩以其平衡协调的制度功能在企业合并反垄断审查中发挥着关键作用。合并抗辩制度是当企业合并所带来的经济利益超过由于合并造成的竞争减少的不利影响时，企业合并可接受的抗辩，以整体经济利益与限制竞争效果衡量来决定企业合并的结果。[1]整体经济利益包括效率抗辩、破产抗辩、公共利益抗辩等。

而究竟要如何产生整体经济利益？比如，在跨平台网络效应很强的情况下，多边平台之间的合并，如果整合不同用户群提升互操作性，这类合并产生效率。因此，平台合并会带来很大范围的效率提升。破产合并之所以被认为带来整体经济利益，是因为保留企业的资产、不会浪费可用资源，如生产设备、技术、人力资源等。如果能够让其他平台合并，这些资产将可被更有效率的生产者统一规划使用，届时市场绩效不仅可获得维持、生产成本也能在提高生产效率的基础上降低，产品质量也会因技术整合而获得提升，市场竞争力也会随之提高。虽然因为效率、破产、公共利益的合并将带来利益，但是并不代表所有的抗辩都应该被批准。

平台竞争的环境不断变动，各国对平台经济相关发展在反垄断法的回应进行了持续研究，作为反垄断法修改的参考。反垄断执法机关从未否定非价格竞争维度的重要性。通常，合并行为对动态效率的影响比对短期价格的影响更重要。数据作为平台经济时代的生产要素，数据驱动型企业合并频繁发生，其独有的产业经济特征使企业市场地位的取得和维持不同于传统产业，对现有企业合并反垄断规制的申报制度、审查制度、抗辩制度、救济制度之有效运行提出了挑战。为此，构建新时代的反垄断法体系，将平台作为数据经济的规制主体，充分考量创新驱动与隐私保护理念，从价格中心型规制逻辑转移到竞争过程中，以监管科技权衡新时代的创新与竞争，实现二元共治。

---

〔1〕 张世明、王济东：《企业并购法贯通论》，中国政法大学出版社 2018 年版，第 354 页。

　　为了引导针对数字市场修改反垄断法律和竞争政策，我们应该用立足于平台竞争过程与市场结构的框架，替代价格中心型分析框架。评估市场结构是否导致了限制竞争的利益冲突，平台是否可以利用跨市场地位优势，尤其需要修改传统的反垄断规则，从而有助于在这些市场上维持竞争。而关注平台竞争过程与市场结构，并非要完全回归到哈佛学派的"结构—行为—绩效"范式，而是说，如果在评估竞争时忽视对市场结构的理解，会产生误导性结果。通过保持平台市场竞争，特别是考虑到数据的作用及其承担的角色之后，当基于价格的度量不足以捕捉市场的动态变化时，非常有必要通过新型的反垄断分析框架适用于数据驱动型企业的竞争。

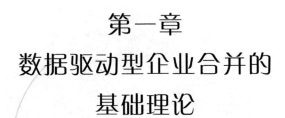

第一章
数据驱动型企业合并的
基础理论

当今世界正经历百年未有之大变局，新一轮科技革命和产业变革深入发展，利用互联网、大数据、人工智能等前沿技术发展的数字创新服务，衍生了阿里巴巴、腾讯、字节跳动、滴滴等重要数字平台，但同时也在国际上面临 Google、Facebook、Amazon、Microsoft、Apple 的竞争。数字平台利用算法设计快速掌握与分析市场信息，能够早期发现潜在竞争服务，直接将其收购让潜在经营者在尚未成为有效竞争力量前即被消灭。[1]此类合并是针对市场上创新服务等未具有一定营业额的新创平台，且服务本身在合并下看似对市场没有竞争损害而被忽略。数字平台的双边市场特性，必须结合市场多元供需衍生数字生态系统，实现网络效应以达到数据规模经济。数字平台通常以免费的方式提供服务，价格在平台间并非竞争的重要因素，反而数据的影响更大。[2]数字平台是扮演中介、提供搜索、储存或展现商业特色的必要设施，平台竞争的核心已从网络效应扩散到平台收集、分析及利用数据的能力，平台由于多方参与将用户数据一并收集，交叉分析形成规模经济，数据质量和经济效益皆远高于单一数字平台的数据集。

第一节 "平台、数据、算法"三维竞争结构

数字平台作为海量、多元、实时的数据集合体，利用数据汇集地位与算法操作，将数据分析结果应用于市场策略，以驱动数字市场竞争的新局面。平台、数据、算法的交叉融合现象日益突出，改变了工业革命时代形成的基础经济结构和社会结构，[3]在平台经济体系中出现了与工业经济时

---

〔1〕 Investigation of competition in Digital Markets, The House Antitrust, Commercial and Adminis-trative Law Majority Staff Report on Big Tech, 2020. GAFA（Google、Amazon、Facebook、Apple）进行"扼杀性"收购活动，在过去的十年中共收购了 560 余家企业，其中很大比例为新创平台。
〔2〕 Lina M. Khan, "Amazon's Antitrust Paradox", Yale Law Journal, Vol. 126, No. 3（2017）.
〔3〕 参见［德］克劳斯·施瓦布：《第四次工业革命 转型的力量》，李菁译，中信出版社 2016 年版，第 28 页。

代不同类型的市场主体，数字平台成为巨大的流量入口，衍生出以交易为核心体系的市场力量，其形成的三维经济结构如图1-1所示。

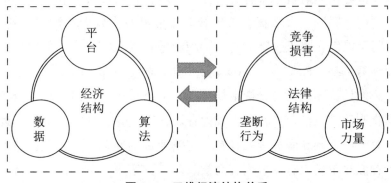

图1-1　三维经济结构关系

一、平台经济的主体结构：数字平台

根据马克思主义的理论，社会制度演进需要建立与生产力发展阶段相适应的经济结构，以及与经济结构相适应的政治、文化和法律的上层建筑。[1]随着我国平台经济快速发展，互联网平台作为生产力新的组织方式，对推动经济高质量发展、促进跨界融通和拓宽消费市场具有重要作用。[2]然而，平台经济也并非全新的商业模式，在银行卡、大型超市、报纸媒体等诸多传统产业也承担了重要角色，平台经济的新模式主要体现在商业运行载体的演变，基于互联网的商业模式与产业形态重构了社会生产过程，平台依托人工智能、大数据、云计算等技术为支撑的数字化组织，使其摆脱了物理条件的约束，创造了一种现实或虚拟空间，更容易促成网络效应，进而获得正向反馈循环。[3]平台并非普通的市场经营主体，不是

〔1〕 参见林岗：《诺斯与马克思：关于制度变迁道路理论的阐释》，载《中国社会科学》2001年第1期。

〔2〕 2019年，国务院办公厅印发《关于促进平台经济规范健康发展的指导意见》，聚焦平台经济发展过程中的突出问题，在推进平台经济健康发展的同时，加强依法科学高效监管。

〔3〕 参见侯利阳、李剑：《免费模式下的互联网产业相关产品市场界定》，载《现代法学》2014年第6期。

纯粹提供信息的居间服务者，作为平台经济时代组织生产力的新型主体，拥有制定规则、解释规则、解决纠纷等权力，履行规制数字市场的公共职能。[1]平台通过线上线下要素和数据集合体，依托算法技术和商业模式创新演化成数字生态系统，利用收集、分析海量数据的反馈，实现对整个数字市场的实质性控制，以增强和巩固其市场力量，呈现多边性、系统性和智能性等特征。[2]

（一）数字平台的概念

平台设计合理的价格结构让双方参与进来，向市场的一方收取费用，而降低另外一方的价格。[3]然而，平台经济模糊了生产与交易之间的界限，利用各种新型协调机制代替传统的交易方式，导致许多数字组织被称为平台，而一些非数字经济的企业也被称为平台，通过平台进行操作也是商业模型的选择。[4]但是，平台经济最主要的特征不是单纯的网络效应，而是将交易外部的交易成本内部化，促成本来不会发生的交易。[5]欧盟《数字市场法》提出，当前大型数字平台将网络效应嵌入自己的平台生态系统中，代表了当前平台经济的关键要素结构，少数大型数字平台充当终端消费者与企业用户的"守门人"（Gatekeepers），全面追踪和分析终端消费者，从而对内部市场产生重大影响，并在数字市场占据或预期占据根深蒂固的持久地位，这往往是其平台基于核心服务（网上中介服务、在线搜索引擎、社交网络、视频分享平台、操作系统、云计算、广告服务等）构

---

〔1〕 参见刘权：《网络平台的公共性及其实现——以电商平台的法律规制为视角》，载《法学研究》2020 年第 2 期。

〔2〕 参见陈兵：《因应超级平台对反垄断法规制的挑战》，载《法学》2020 年第 2 期。

〔3〕 Michael L. Katz and Carl Shapiro, "Network Externalities, Competition, and Compatibility", The American Economic Review, Vol. 75, No. 3 (1985).

〔4〕 Coyle Diane, "Practical Competition Policy Implications of Digital Platforms", Antitrust Law Journal, Vol. 82, No. 3 (2019).

〔5〕 互联网平台是指通过网络信息技术，使相互依赖的双边或者多边主体在特定载体提供的规则下交互，以此共同创造价值的商业组织形态。《关于平台经济领域的反垄断指南》中将平台定义为"互联网平台"，指明了互联网平台反垄断的方向。该指南以《反垄断法》为依据，强调平台经济领域的垄断行为应适用反垄断法以及配套的法规规章，释放了两大信号：一是互联网平台不是《反垄断法》的法外之地，二是互联网平台的反垄断执法也必须遵循《反垄断法》的相关规定。

建生态系统的结果，强化了现有市场的进入壁垒。[1]

目前关于"互联网平台经营者"的概念界定过窄，且列举式的定义条款无法适应瞬息万变的数字经济业态发展要求。数字经济领域的经营者并不都是"平台"。例如，在一些线上线下融合的经营领域，存在比较多的平台授权型经营模式，这些被授权的经营者往往是在某一地区开展业务的本地经营者，将这些经营者称为"互联网平台经营者"似有不妥。更重要的是，在"互联网平台经营者"的概念界定过窄的情况下，平台内经营者的市场行为可能无法得到有效规范。在一些案例中，平台内经营者实施了反垄断法所禁止的垄断行为，而平台并未实际参与（如平台内经营者利用平台算法推送等规则自主实施的默示的垄断协议行为），而此时受到处罚的却可能是"互联网平台经营者"，而非平台内的经营者。

以 2018 年微信公众号平台封禁抖音、火山、西瓜等视频链接为例。微信封禁的抖音、西瓜视频等链接，与未封禁的快手、京东、腾讯视频等视频内容链接属于同一类型的内容链接，同样的链接内容，为何抖音的链接内容跟数据安全有关，而快手、京东、腾讯视频等视频内容链接跟数据安全没有关系。法律只保护正当、合法的商业利益，而不保护采取歧视性平台规则、恶意实施不兼容，采取不正当竞争手段排挤竞争对手获取的商业利益。微信公众号平台歧视性屏蔽抖音链接的行为，完全可以落入《反不正当竞争法》第 12 条的"恶意不兼容"条款，因此，微信公众号平台歧视性屏蔽抖音链接所保护的商业利益可以说是不合法、不正当的。平台设置公平、合理、非歧视的平台规则，是其作为"守门人"的义务。微信公众号平台作为拥有日活跃用户数超过 10 亿的占支配地位的平台，其具有既是平台经营者又是平台内经营者的双重属性。随着物联网领域技术的迅速发展，未来可能会出现大量的"物联网"经营者，而上述经营者也不能简单归类为"互联网平台经营者"。同时，目前法律条文以列举的方式明示了"互联网平台经营者"的业务范围，虽基本涵盖了主流的数字平台，但还未将依托硬件提供软硬件融合服务的业态融入其中。这种列举式的定义

---

〔1〕 Digital Markets Act，Brussels，15.12.2020 COM（2020）842 final 2020/0374（COD）.

条款可能无法适应瞬息万变的数字经济业态发展要求，应进一步优化完善，以应对未来可能出现的新的平台业态。

目前，影响国内数字平台竞争格局的很大一个因素在于国内平台封禁（屏蔽网址链接）现象日益严重。存量竞争激发了创新动力，企业转向私域流量，使用分享方式降低流量成本，一方面，流量售价越来越贵；另一方面，分享推送日益成为趋势，使平台封禁现象更加激烈。社交平台发起的封禁远高于其他类型，占所有封禁发起事件的50%以上。社交平台热衷于技术封禁，包括封禁链接、内容封禁和小程序封禁，电商平台则偏好运营封禁，其中大部分是"二选一"行为。同类平台封禁是大封小、老封新，不同平台封禁存在明显的优先级，即某种不可逆顺序，与平台性质高度相关。社交平台几乎掌握与基础电信服务同样的功能，是因为其在流量端口中处于上游位置，因此应用平台和内容平台必须依赖社交平台才能做到，而用户处在平台生态链的最底层。封禁强度与平台流量实力成正比，封禁的逻辑是：流量多的平台封禁流量少的、上游的平台封禁下游的平台、局部优势的平台封禁局部弱势的平台。

生态平台充分发挥其核心业务市场的用户流量优势，一方面，利用杠杆效应和交叉网络外部性将其市场力量传导至新市场以获取竞争优势；另一方面，采取封禁手段管控流量入口，阻碍竞争对手的产品发展。网络外部性能够最大限度地传导数字平台对各自市场的影响力，优化资源配置，同时也赋予了其排除、限制竞争的可能性和可行性。随着产业数字化转型升级，线上线下信息交互壁垒被打破，由平台企业开发、掌控的超级应用软件实现了属性跃迁，蜕变为一种数字经济的必要设施，在线上发挥着运转枢纽的作用。作为自我优待和市场力量的结合，封禁行为能够有效遏制生态平台跨界抢流扩张的态势，间接降低竞争对手产品或服务的质量和用户体验，甚至利用更强的用户黏性和网络效应损害市场竞争。

平台是现阶段市场经济运行中的重要力量，笔者认为有必要运用经济学视角分析平台封禁行为对于各方利益的影响。

第一，如果设置封禁措施的初衷是保护用户的使用体验和合法权益，那么封禁措施的合理性也应取决于用户的真实感受。然而实践中，平台以优化用户体验为名设置的封禁行为，往往与用户的真实意愿相违背，对其正常使用平台服务造成诸多不便。例如，微信针对所有来自淘宝、天猫平台的商品页面链接采取了封禁行为，使用户无法在其内置浏览器中直接查看商品信息，而对于京东、拼多多等平台则并无任何限制。此种行为显然与维护用户体验的初衷背道而驰。

第二，通过对外部链接进行合理管控，防止垃圾广告、钓鱼网站、虚假营销、涉恐涉暴等违法违规内容在平台内传播，对于平台经营者维护平台正常运营秩序而言是必要且合理的。但是，对于用户规模庞大，且对下游市场竞争格局具有较大影响力的数字平台，在制定违规外部链接的认定标准时，应基于其社会公共属性，综合考量各利益相关方的合法权益，以及其对下游市场良性竞争秩序的影响，不应仅以是否有利于提高自身竞争力为标准设置违规判定标准。

数字平台在制定外部链接治理规则时，应坚持最小必要标准。将封禁措施的适用理由限制在平台治理必需的范围之内，如对违法信息、侵权行为、骚扰广告等违法行为的治理，如果能以其他对用户和他人影响更小的方式实现相同的治理效果，则不使用封禁措施。此外，应遵循非歧视性原则。违规外部链接封禁规则的执行应确保公平，不能无故对不同市场主体的同类链接实施歧视性封禁行为。例如，不得对来自不同电商平台上相同商品的链接设置不同的分享与访问规则。

第三，数字平台带有天然的社会公共属性。数字平台间的封禁，不仅事关两个平台，更牵涉数量巨大的用户利益和整个数字市场的竞争环境。以微信为例，根据腾讯2021年第一季度财务报告，微信月活跃用户数量达12.41亿。同时，微信的社交属性使其具有极强的用户黏性，调研数据显示，44%的用户认为，没有微信就无法正常生活；45%的用户认为，没有微信生活会很不方便；认为微信可以被替代的用户不足10%；只有1%对微信持无所谓的态度。作为一款"国民 App"，微信对电商平台的封禁、歧视性待遇直接影响着电商市场的正常竞争秩序，可以人为推高小微商家的流量成本，损害消费者的知情权、选择权和公平交易权。企业的经营自主权不能干扰行业正常竞争秩序，广大小微商家和消费者的合法权益不应成为大型平台之间恶性竞争的牺牲品。

第四，互联互通是互联网的基本精神，平台间的互联互通有助于形成统一开放、竞争有序的全国大市场。目前，大型数字平台间互联互通的动向和尝试只是一个开始，最终应当实现包括中小企业在内所有企业的互联互通，形成公平竞争、健康有序的市场竞争环境，更好地发挥平台型企业提高全社会资源配置效率、贯通国民经济循环各环节的作用。企业间的互联互通是业务的互通，与固定价格、分割市场的垄断协议有着根本不同，可以给广大用户带来更多的便利和实惠。

由于数字技术的发展，网络平台双边市场已不再局限于互联网场域，数据收集、分析与利用也未将互联网作为单一来源，而是串联到数字技术接触的应用范畴，通过多元信息渠道提供具有双边市场特性的平台服务，将分析结果用于商业决策。[1]数字平台是以数据生产要素为核心的新型组织，利用数据、算法打破时空限制连接各类主体提供多元服务，数字平台并非简单的数字技术加乘，更重要的是新的生态、组织和规则。数字平台收集、储存、分析海量数据，在算法技术的支持下，使社会生产各环节突破了时空界限，过去处在生产过程之外的资源，现在都被纳入平台的运行逻辑，市场活动衍生的数据被数字平台跨界聚合，数字平台与其他主体联系推动了平台经济的发展。[2]

（二）数字平台的形态

根据数字平台在社会生产中承担的角色与功能不同，由于少数科技巨头占有多个数字平台，同一平台企业也拥有不同类别的平台组织。[3]平台

---

〔1〕　Patrick R. Ward, "Testing for Multisided Platform Effects in Antitrust Market Definition", The University of Chicago Law Review, Vol. 84, No. 3 (2017).

〔2〕　数字平台是平台经济的典型企业组织形式和商业模式，数字平台小于数字企业的概念，有些数字企业不是平台，平台领域不等于平台市场。其典型特征是中介性，投入/产出都是数据，市场特征是双边或多边市场，依赖互联网。由无数个数字平台交叉融合形成了平台集合体，但不同数字平台之间行为各异，平台集合体不是简单抽象的算数相加，都有复杂的相互依赖与加强关系。

〔3〕　Calo, Ryan and A. Rosenblat, "The Taking Economy: Uber, Information, and Power", Columbia Law Review, Vol. 117, No. 6 (2017).

需要吸引临界规模的消费者和生产者在特定载体提供的规则和标准下促进交易，根据实现功能的方式不同衍生了不同的平台类型，而核心交易只是区分交换/制造平台的重要因素。[1]每种平台都存在一种商品化谱系，决定它将如何被建构和设计，商品化程度是核心交易复杂度的反映。

交易型平台（transaction platform）是为了实现在平台内外的交易而连接不同的用户群，每一种平台都有用于交易核心价值而形成的体系。[2]数字平台提供商品线上交易的中介服务，利用数字化的运营系统、供应链系统、消费者洞察和移动生态体系，平台内经营者通过文字描述和图片展示商品，消费者在平台上搜索、比较商品，选择商品交易收取服务费或从交易金额中抽成。比如，天猫、京东、Amazon 都是典型的电子商务平台，围绕交易平台与业务，运营技术平台并制定交易规则，构建涵盖了消费者、商家、品牌、零售商、第三方服务提供商、战略合作伙伴的平台生态体系。又如，字节跳动公司开发今日头条、抖音短视频、西瓜视频、飞书等数字化免费服务吸引用户注意力，腾讯集团借助免费的流量入口优势聚集海量用户开发应用 App，集合通信、社交、媒体、影视、电子商务、电子支付等服务，让不同需求的用户聚集在同一平台，通过算法技术进行精准的广告营销。即数字平台在一边市场提供免费服务，将注意力和数据出售给另一边市场获得收益。

非交易型数字平台（non-transaction platforms）并非为了达成特定交易，而是为了推动用户之间的联系。[3]数字平台提供数字化物理技术基础，将运算、储存、网络和计算资源等必要设施，通过技术手段组装提供模块化的编程语言、资源库和工具，占有市场先机的系统开发商针对操作系统的程序特性，建立搭配操作系统的专属 App 应用程序平台，各厂商为了让

---

[1] 参见［美］亚历克斯·莫塞德、尼古拉斯 L. 约翰逊：《平台垄断：主导21世纪经济的力量》，杨菲译，机械工业出版社2017年版，第131页。平台主要有两大类：一类是交易型平台，主要通过消费者和生产者间的直接交易最优化提供价值；另一类是制造型平台，通过生产者生产出来互补产品，将其推广给更多用户衍生价值。

[2] Cohen, Julie E., "Law for the Platform Economy", U. C. Davis Law Review, Vol. 51, No. 1 (2017).

[3] ACCC Digital Platforms Inquiry Final Report, 26 July 2019.

自己开发的手机占据一定市场，在移动操作系统内嵌入云服务，可以在同一操作系统的设备之间自由转换，提高了用户对操作系统的黏性，操作系统市场产生集中化趋势。[1]

（三）数字平台的特征

双边市场、网络效应、平台多归属、动态市场的特性，对传统的价格中心型分析框架带来了诸多挑战。

第一，双边市场。相较于单边市场，数字平台利用核心服务承担中介者的角色以连接不同用户群，相互之间存在交叉网络外部性，因此需要运用策略强化网络效应形成维持运营的平台生态圈。[2]数字平台需要海量的用户基数开发多元产品，设计恰当的价格策略实现平台整体盈利，免费模式在其中起到了重要作用。[3]在"百度案"中，百度搜索引擎平台就是典型的双边市场，利用免费搜索服务平台吸引聚集海量用户，因而广告主也愿意向百度支付费用，百度因此获得研发创新平台的费用，进而向用户提供更优质的服务，从而实现了正向反馈循环。[4]数字平台的竞争约束主要来自三方：提供同类服务的差异化平台，仅向一边用户提供服务的平台和仅在一边市场竞争的平台。双边市场对数字平台提供了合理的抗辩理由，执法机关需要评估数字平台在双边市场中的地位，交叉网络外部性，平台定价结构和用户偏好等因素，根据不同产业的商业模式和发展特点调整双边市场分析框架。[5]

---

〔1〕 Google 以 Android 操作系统为基础累积海量的搜索记录，通过不断改进算法技术增加用户黏性积累数据。通过串联用户单一账号，将平台多元服务的数据连接到特定用户，对数据加以分析利用，吸引目标性广告主，强化平台的市场力量。

〔2〕 Attila Ambrus, Emilio Calvano and Markus Reisinger, "Either or Both Competition: A Two-Sided Theory of Advertising with Overlapping Viewer ships", American Economic Journal, Vol. 8, No. 3 (2016).

〔3〕 Katz, Michael and J. Sallet, "Multisided Platforms and Antitrust Enforcement", Yale Law Journal, Vol. 127, No. 7 (2018).

〔4〕 参见李剑：《双边市场下的反垄断法相关市场界定——"百度案"中的法与经济学》，载《法商研究》2010 年第 5 期。

〔5〕 参见赵莉莉：《反垄断法相关市场界定中的双边性理论适用的挑战和分化》，载《中外法学》2018 年第 2 期。

第二，网络效应（network effect）。由于数字技术的高度抽象性，对供给方规模效应的限制远高于传统企业。网络效应一般区分为直接网络效应和间接网络效应，前者是针对特定商品的用户增减，连带影响该商品对其他用户的价值。以微信社交平台为例，平台经营的核心价值是人际关系的串联，平台如果能吸引更多用户参加，则对原先用户而言，平台的价值亦会因此提高。而电子商务平台则相反，平台上具有横向竞争关系的用户增加，对原先用户反而形成负向效应。间接网络效应是数字平台提供的商品对一方用户的价值，受到同一平台其他用户数量引导。再以微信平台为例，随着用户数量的叠加聚合，提高了微信对广告主的价值，使其从目标性广告服务中获得商业利益。然而，直接或间接网络效应在不同平台的展现有别，彼此之间并不互斥。比如，微信平台上用户数量增加，同时提高了该平台对用户和广告主的价值，形成直接与间接网络效应。间接网络效应不一定对用户产生相对价值，用户数量的提升对广告主是有价值的，但平台售卖过多广告空间，也会导致用户利益受损。

第三，平台多归属（multi-homing）。在数字市场，数字平台提供核心服务并不断强化自我反馈循环。平台多归属性是用户同时使用多个平台获取相同或类似服务。用户使用存在差异性的平台，有利于降低直接网络效应的影响，降低市场进入壁垒，新进入者可以直接搭建平台，作为制约平台市场力量的因素。平台多归属性受到转换成本的影响，不同类型的数字平台，用户转换成本并不相同，转换成本越低，用户越容易产生平台多归属，且应用的平台数量也较多，如果平台服务为免费时，则会让用户将价格转换成本转移到质量层面。[1]相反，如果转换成本较高，则用户对特定平台利用的黏性也会提高，限制用户利用其他数字平台的比例，形成锁定效应，因为转换成本过高而只能选择现有平台，但并不代表不会出现平台多归属，也许仅有转换程度的差异。Facebook/WhatsApp 案和 Microsoft/Skype案都是针对用户转换成本。如果平台用户转换到替代服务的成本低，则平台多归属性就高，平台取得市场力量并不容易。相反，如果平台增加用户

---

[1]　Marktmacht von Plattformen und Netzwerken，Juni 2016.

转换成本，形成平台多归属或直接转移到替代服务，而让平台有机会取得市场优势甚至垄断地位。而其中最简单的方式就是降低平台与其他系统之间的兼容性，或是限制数据的可迁移性。[1]需要注意的是，平台多归属性未必会直接对数字市场产生影响，除非终端用户足够频繁地利用特定平台。[2]

相对而言，如果该平台与用户联系产生锁定效应，平台单归属性就会提高市场进入壁垒。市场分化程度基于用户不同偏好，用户不可能仅使用一个平台，数字市场上的多归属性就容易出现。即使存在不同的需求偏好，网络效应仍会导致大型数字平台的用户受益于其规模，而用户偏好取决于质量因素，这将在不兼容情况下减缓网络效应的集中趋势。[3]

第四，动态市场（market dynamics）。动态竞争意味着数字市场力量只会短暂存在，新型商业模式与服务形态也会弱化甚至取代目前市场参与者的地位，需要依靠竞争者不断地进行风险投资和创新。[4]动态市场的特性实际上与数字平台的市场进入壁垒相互影响。数字平台运营需要的海量用户数据受到法规限制，如果该数据属于平台竞争的必要数据，则法律成为市场进入或扩张的壁垒，同时考察算法技术、商业模式、固定资产、规模经济、收集数据等约束因素。[5]数据协助新创平台匹配双边市场的目标用户形成网络效应，对潜在市场进入产生影响，在 Facebook/WhatsApp 案中，尽管该市场借助网络效应占据市场支配地位，但是欧盟认为即时通信市场的进入壁垒较低，属于快速变化的动态市场，潜在的竞争压力仍然持续存在。因而，大型数字平台投资并购新创平台或潜在平台的方式，控制市场

---

〔1〕　Cohen, Julie E. , "Law for the Platform Economy", U. C. Davis Law Review, Vol. 51, No. 1 (2017).

〔2〕　Gabriel Nicholas and Michael Weinberg, Data Portability and Platform Competition: Is User Data Exported From Facebook Actually Useful to Competitors?

〔3〕　OECD (2018), Rethinking Antitrust Tools for Multi-Sided Platforms.

〔4〕　C. Scott Hemphill, "Disruptive Incumbents: Platform Competition in an age of Machine Learning", Columbia Law Review, Vol. 119, No. 7 (2019).

〔5〕　Big data and competition, Rotterdam, 13 June 2017.

进入的必要数据，聚集创新服务以提高市场进入壁垒。[1]

二、平台经济的要素结构：数据

以海量、高速与多元为特征的数据生产要素，利用算法操作实现基础数据的价值转换，平台、数据和算法的交叉作用将产生跨市场力量。党的十九届四中全会首次增列数据作为生产要素，健全数据生产要素由市场评价贡献、按贡献决定报酬的机制。随着经济活动数字化转型加快，数据对提高生产效率的乘数作用凸显，成为最具时代特征的新生产要素的重要变化。[2]生产要素市场化配置的不充分和不均衡是制约经济体制改革的难题。[3]由于数字市场的准入、产权、交易、报酬和监管限制，阻碍了数据要素市场的发展，需要"加快培育发展数据要素市场，健全数据要素市场配置机制，从而激发全社会创造力和市场活力"。因此，我们需要深刻认识数据要素的基础性资源作用和创新引擎功能，构建数据要素市场基础制度，为夯实我国平台经济健康发展提供法治保障。

（一）数据作为生产要素是生产力发展的必然结果

"各种经济时代的区别，不在于生产什么，而在于怎么生产，用什么劳动资料生产。劳动资料不仅是人类劳动力发展的测量器，而且是劳动借以进行的社会关系的指示器。"[4]社会物质资料的生产需要各种要素聚合，生产力的发展，技术的进步，人民需求的增加，会促进新的生产要素的诞生，这也是生产力与人类需求矛盾的必然结果。近年来，平台经济已成为引领全球经济社会变革、推动我国经济高质量发展的重要引擎。如果信息技术带来的科技革命代表平台经济时代的先进生产力，那么，智能产品带

---

〔1〕 Katz, Michael and J. Sallet, "Multisided Platforms and Antitrust Enforcement", Yale Law Journal, Vol. 127, No. 7（2018）.

〔2〕 参见刘鹤:《坚持和完善社会主义基本经济制度》，载《人民日报》2019 年 11 月 22 日，第 6 版。

〔3〕 参见刘俊海:《论要素市场化配置的法治保障体系》，载《兰州大学学报（社会科学版）》2020 年第 5 期。

〔4〕 ［德］马克思:《资本论》（第 1 卷），中共中央马克思恩格斯列宁斯大林编译局译，人民出版社 2004 年版，第 204 页。

来的数据驱动、平台支撑、智能主导的产业变革，正在塑造平台经济时代的生产方式。[1] 在"农业经济—工业经济—数字经济"的发展过程中，各种生产要素对生产力发展发挥作用，随着生产力的发展和生产方式的变革，在生产要素演变过程中呈现出共通性不断增强的趋势，其边界也在不断拓展。一些在原先生产过程只是起辅助作用的生产要素，上升为关键生产要素，或者相反的演变过程。[2] 数据能够演化为新型生产要素，除生产力内部矛盾外，也离不开技术进步的外部条件。[3] 随着生产方式的演变和信息技术的发展，数据要素渗透到了各个行业和领域，数字平台收集和分析数据来组织社会生产、交换、分配、消费等环节，数据成为经济数字化的生产要素。不同于传统工业经济时代的根本性变革，数据不仅是独立的生产要素，而且通过与传统要素配合，催生了新经济业态和经济增长模式。

（二）数据要素的新特征

当前，数据成为平台经济时代推动经济增长的新引擎。数据作为数字化转型的生产要素，与土地、资本等传统生产要素一样。单纯的数据也只是一种资源，只有与土地、资本、劳动等要素的结合投入商品生产过程中，才由一般的商品转化为实际的生产要素。劳动构成了数据，成为现实生产要素的必要不充分条件，唯有将数据与劳动、知识和管理要素相结合，在资本和技术要素的调节下，数据才衍生为现实的生产要素。[4] 在数字市场竞争中，收集海量、多元数据只是数字平台参与市场竞争的必要条件之一，拥有数据量的多少不等同于相应的市场价值，加强算法分析能力才会产生更高的报酬。

同时，数据要素具有非竞争性、规模经济、零边际成本等特征。根据

---

〔1〕　参见陈煜波：《大力发展数字经济》，载《人民日报》2021年1月20日，第9版。

〔2〕　参见戴双兴：《数据要素：主要特征、推动效应及发展路径》，载《马克思主义与现实》2020年第6期。

〔3〕　参见戚聿东、刘欢欢：《数字经济下数据的生产要素属性及其市场化配置机制研究》，载《经济纵横》2020年第11期。

〔4〕　参见谢康、夏正豪、肖静华：《大数据成为现实生产要素的企业实现机制：产品创新视角》，载《中国工业经济》2020年第5期。

数据要素新特征，着力培育数据要素市场，积极释放数据要素红利，加快构建以数据为关键要素的平台经济发展模式。

一家数字平台收集数据不会阻碍另一家数字平台收集同样的数据，数字平台也无法收集控制所有数据。虽然不同数据平台收集同一用户的数据，但平台之间互不排斥。当用户存在平台多归属性时，与多个数字平台共享数据。非竞争性的数据具有规模经济，随着数据规模增加，从数据挖掘出的价值将呈现指数级增长。数据化的生产要素为数据资本，在生产效率和数据处理效率上的创新特性，对经济增长产生直接影响和溢出效应。[1]同时，数据非竞争性是平台经济发展的独特优势，独占数据会损害数据的价值，数据用益权与数据所有权的二元权利结构，在确保用户初始权利的前提下，满足了数字平台利用数据并受保护的需求，同时也为数据共享、交易确立了正当性权利基础。[2]数据的开放共享是实现价值最大化的内生要求，非竞争性意味着开放共享有利于数据要素的重复利用，在不增加成本的同时创造更大的递增价值。零边际成本是平台经济具有规模经济的基础，同时也是数字平台向用户提供免费商品的对价，突破了边际成本递增带来的供给限制，鼓励数据的开放共享将会极大地释放平台经济的增长潜能。[3]此外，数据要素依赖于技术突破了传统经济边界，借助数据与传统生产要素相互作用，优化共享，为经济发展注入新动能。

（三）数据全生命周期的竞争

利用算法技术实时收集海量多元的数据是数字平台建构市场力量的基础。[4]评估数据价值链影响市场力量的重要性，数据作为生产要素十分重要，但是也要分析其他生产要素的作用。数据价值链呈现出直接和间接网

---

[1] 参见徐翔、赵墨非：《数据资本与经济增长路径》，载《经济研究》2020年第10期。

[2] 参见申卫星：《论数据用益权》，载《中国社会科学》2020年第11期。

[3] 参见于立、王建林：《生产要素理论新论——兼论数据要素的共性和特性》，载《经济与管理研究》2020年第4期。

[4] 比如，Google通过融合各项技术分析用户行为，在搜索引擎、在线广告、移动操作系统、浏览器、数字地图等市场构筑起了一个平台生态系统，在其中完成数据收集、交换、储存、分析和价值转换等环节。

络效应，不同环节之间具有相互作用和反馈循环，而不应孤立地割裂分析价值链的单一环节，同时考察数据规模经济、范围经济和时间价值等因素。从数据价值链角度来看，数据仅仅是数字平台货币化利用的生产要素，数字平台收集基础数据，并对其结构化整理存储后，利用算法技术深度挖掘数据，应用于商业战略，从而实现数据价值递增。[1]在数据收集和储存的基础上，通过智能化技术创新和创新性商业开发，使数据具有稀缺性、价值性和不可替代性，成为占有竞争优势的关键要素。当数据作为生产要素时，为了释放数据的创新引领功能，需要确保数据开放共享与流转交易，促进数据资源的重复利用；当数据转换为资产时，需要构建数据资产的确权、定价与交易机制，为数据治理赋能，推动数据共享与必要集中。[2]

数据已经成为平台经济发展的关键生产要素，在直接和间接网络效应的作用下，用户一旦利用该平台，并且吸引更多用户加入，从而使数字平台衍生出更大的市场力量。数字平台也会利用数据提高进入壁垒，限制其他数字平台的进入或扩张。其中，有些壁垒是数字市场特有的，如收集海量数据，数据作为生产要素的特性会影响进入壁垒的高度和类型。但是，双边市场或网络效应产生的壁垒范围会更广。数字市场可根据数据生命周期评估竞争，即进入壁垒不仅是收集阶段，数据收集、分析、存储和利用环节形成不同类型的竞争影响，不同市场、不同类型的数据也构成不同程度的进入壁垒。由于数据本身不具备固有的价格，其竞争价值具有相对性，应根据数据利用目的、方法、时间、对象等条件确定其价值。相同的数据集在特定市场会产生竞争价值，但对于其他市场则未必如此。

平台经济的健康发展取决于数字平台对数据的自由竞争与公平竞争的平衡。数据兼具促进竞争与限制竞争效果，在数据生命周期的每个环节以及环节之间皆可构成不同类型的进入壁垒，对市场竞争产生叠加的负

---

〔1〕　OECD（2016），Big data：bringing competition policy to the digital era.

〔2〕　参见唐要家、唐春晖：《数据要素经济增长倍增机制及治理体系》，载《人文杂志》2020年第11期。

面影响。[1]进入壁垒的强度因数字市场的具体特点而有所不同，由于进入壁垒在数据生命周期的若干环节中的累积效应，每一环节本身或许不会造成较高的进入壁垒。因此，分析的重点不应局限于数据某一环节。数据生命周期各个环节的进入壁垒强度都会受影响，降低一个环节的壁垒会影响企业在另一环节设置更高壁垒的动机，以保护其基于数据产生的优势。[2]

即使数据具有利用上的非竞争性，数字平台占据海量数据，也可限制或拒绝竞争对手接入数据，从而在相关市场构建进入壁垒以巩固垄断地位。后进业者固然可以另外设计平台提供数字产品以收集用户数据，但用户转换成本非常高，对于特定平台往往具有黏性，新创平台通常难以让用户转换平台进而收集数据，导致大型数字平台创新动力受损。当数据有不同的来源，收集替代性数据的成本不高时就不构成进入壁垒，在 Google/DoubleClick 案中，用户数据就不是在线广告市场进入的关键要素，对数据接入口的控制导致数据不容易复制，数据收集的特定时间点也会影响市场竞争。数据收集的规模经济来自于固定成本，需要为收集数据构建必要设施，如果在位企业通过投资实现了规模经济，在技术供给上构建市场壁垒。在 Google/NestLabs 案中，将智能家居的数据提供给 Google 用于分析。不同于传统供给侧的进入壁垒，网络效应创造了基于需求方的技术壁垒，主要源自用户数量的累积，在双边市场作用下平台间争夺用户注意力和数据，通过在线广告市场的盈利，继续为用户提供免费平台服务，实现数字市场的正向反馈循环，网络效应的存在使新创平台难以取得有效的市场份额。

新创平台除主动收集用户数据外，也可向其他数字平台购买，即数字平台是否愿意向新创平台提供用户数据，即使数字平台可以提供数据，且新创平台能够负担售价、数据格式可以兼容，但是数字平台收集用户数据受到数据安全、隐私以及数据所有权的法律限制，原则上仅能在收集范围

---

[1] Cohen, Julie E., "Law for the Platform Economy", U. C. Davis Law Review, Vol. 51, No. 1 (2017).

[2] Big Data and Competition Policy: Market power, personalised pricing and Advertising, 16 February 2017, CERRE.

内利用。固然数字平台可先将收集到的用户数据去识别化后再提供给新创平台，为了控制数据被非法收集和利用，赋予数据权利保护其自主决定利益。然而，新创平台收集去识别化的用户数据的用途也将受损，收集、存储、分析和利用数据是数字平台发展的基础。[1]数字平台从事排他性行为、设置较高的准入价格或者条件，构成了数字市场的行为性壁垒。

数据储存也会形成进入壁垒。存储空间、存储成本、存储效率的技术革新降低了市场进入壁垒，云端服务日趋成熟，此时进入壁垒变成新创平台能否负担云服务费用，以及数据迁移技术问题。当数据以特定形式存储时，将提高用户转移成本甚至产生锁定效应。[2]然而数据储存面临的最主要进入壁垒是数据跨境储存问题，离境服务对数据保护的法规限制。在数据分析环节，数据收集的诸多壁垒与算法分析密切相关，即使数字平台可以收集数据，但也并不意味着数据可以被有效利用，数据的兼容性、互操性以及分析工具构成了数据分析环节的壁垒。在数据利用环节，数字平台存在的诸多技术壁垒，也对数据利用和共享施加合同限制，增加用户转换成本产生锁定效应，降低平台多归属现象。然而，数据利用的壁垒往往是对用户隐私的法律限制。法律壁垒的范围则由技术水平决定，匿名化的技术决定了数据利用范围。因此，数据作为新型生产要素，将影响后续的商品竞争，评估重点则应置于最终产品市场而非要素市场的竞争效果。

数字平台通过收集、分析及利用数据，数据量持续增长与累积，借助算法技术实现基础数据的价值转换，以此形塑市场竞争优势。[3]数据作为生产要素引致垄断的现象客观存在，数字平台垄断了数据必要设施，引导

---

〔1〕　参见程啸：《论大数据时代的个人数据权利》，载《中国社会科学》2018 年第 3 期。

〔2〕　Rubinfeld, Daniel L. and Michal S. Gal, "Access Barriers to Big Data", Arizona Law Review, Vol. 59, No. 2（2017）.

〔3〕　除此之外，数据也可以直接作为商品，在 TomTom/Tele Atlas 案中，数字平台 TomTom 为便携式导航设备（portable navigation devices，PNDs）制造商。Tele Atlas 则为提供导航及其他终端应用的数字地图商。双方属于上下游市场的纵向合并，由 TomTom 作为终端设备制造商，整合由 Tele Atlas 建立的数字地图数据嵌入导航软件及数据库，因此以提供导航软件、设备及地图数据为核心业务，数据本身是实际销售给用户的商品，而非仅为数字平台利用分析带动竞争策略以提高竞争力的生产要素。

商品生产与交易方向，也就占有了用户在数字平台上衍生的数据。数字平台也会有诱因试图比竞争对手更早收集数据，或让竞争对手无法收集必要数据。数据对平台竞争的重要性越来越高，掌控数据并滥用该项关键要素，进行封锁和排除平台竞争的诱因也随之增强，策略性合并、大数据杀熟、流量垄断、算法合谋等新型垄断行为也就应运而生。

三、平台经济的行为结构：算法

算法是人类通过代码设置、数据运算与机器自动化判断决策的机制，人们利用机器进行自动化决策或辅助决策，这一过程既有人类决策，也有机器的自动化判断。[1]算法从单纯的数学与计算领域到广泛的社会技术基础，已经在数字社会中持续改造。因而数据对数字平台的重要性并不在于量，而是数据分析、处理与利用算法的能力。对于算法能力较弱的数字平台利用数据建构进入壁垒或排除竞争行为需要全面评估，不能单独根据数据量评估竞争效果。

（一）算法的价值转换功能

数字平台作为海量、多元且快速的数据汇集中枢，利用算法的实时分析与反馈功能，取得数据汇集、分析及利用的先机，经由算法转换衍生平台市场价值，多元数据融合有助于平台展开多维竞争策略。算法是数字平台占据市场力量的基础，通过算法的交互作用，搭配机器学习的反馈与修正，针对不同用户群设置差异化价格，提高整体商品质量并满足用户期待。数字平台收集用户行为产生的基础数据，利用算法分析衍生为增值数据。[2]数字平台通过机器学习和算法技术，改善海量数据的追踪分析和精准的实时预测，取得对未来变化趋势的先机，率先因应变化而占据市场竞争的时间利益，对数字平台市场竞争产生影响。[3]因此，数字平台设计算

---

〔1〕 参见丁晓东：《论算法的法律规制》，载《中国社会科学》2020 年第 12 期。

〔2〕 参见丁道勤：《基础数据与增值数据的二元划分》，载《财经法学》2017 年第 2 期。

〔3〕 Hovenkamp, Herbert, "Antitrust and Platform Monopoly" (January 15, 2021), Yale Law Journal, Vol. 130, 2021, U of Penn, Inst for Law & Econ Research Paper No. 20-43, Available at SSRN: https://ssrn.com/abstract=3639142 or http://dx.doi.org/10.2139/ssrn.3639142.

法以收集、分析、利用海量数据，改善自身的机器学习，进而通过深度学习持续汇集海量数据，形成数据驱动型的市场环境。数字平台依靠算法设计，针对平台不同的需求设计、修改及串接，不同市场的数据得以交叉组合，将创新服务与原有市场紧密连接。然而，数据要素根据算法不同层次下的数据价值，不同市场中的算法在市场力量的传导效应也不尽相同。[1]

在数字平台端，数字平台日益收集海量多元数据，提高了数字市场的透明度，随着精确与快速的系统及算法的设计和利用，机器学习实时分析海量且实时的数据，促进市场最佳配置效率。在高度透明的市场下，吸引小型平台有效跟进市场策略，降低了市场进入壁垒，如果平台偏离市场总体竞争水平定价，那么潜在进入者和竞争对手抓住机会增加产量，将重塑市场竞争秩序。数字平台利用数据收集、数据分析、机器学习等算法技术降低生产成本与产品价格，构建出定价模型实时针对调整和优化。针对不同特性的个人化定价算法对消费者支付意愿的精准评估和预测，以消除统一定价造成的无谓损失，在特定市场环境中产生强化竞争和扩大产出等一系列积极效果，但也会产生大数据杀熟等限制竞争行为。[2]在消费者端，通过比较各个平台上同类商品的价格、质量、评价等信息，有效降低搜索与交易成本提高消费者理性决策。[3]平台的智能化算法根据消费者的历史数据，进行预测式推荐产品，消费者利用数据预测、选择产品，议价交易，团购服务获得更优惠的条件。信息高度透明化使平台为了获得用户青睐，必须设置合理的价格提升整体市场服务水平。

（二）算法改变市场结构

算法因设计与功能不同，影响数字平台竞争的情境亦有所不同。算法

---

〔1〕 比如，在 Google Search（Shopping）案中，Google 利用其在搜索引擎市场的地位，利用相关性排序算法将数据交叉应用到 Google Search（Shopping）比较购物市场，在多元服务环境下实现了跨市场力量传导，但是反过来则很难传导。

〔2〕 参见周围：《人工智能时代个性化定价算法的反垄断法规制》，载《武汉大学学报（哲学社会科学版）》2021 年第 1 期。

〔3〕 参见喻玲：《算法消费者价格歧视反垄断法属性的误读及辨明》，载《法学》2020 年第 9 期。

是数字平台不断改进创新技术维持市场力量的关键。数字平台通过数据挖掘与分析算法，进行追踪、预测与影响，在海量数据中真正使市场行为透明。海量数据与机器学习的结合，使数字市场呈现高度透明化，完全改变了传统的市场竞争结构。[1]在数字市场，经营者的数量和市场供需波动，已不大可能对共谋产生冲击，然而，经营者进入虽然变得容易，但在市场立足的壁垒则变得困难，导致小型平台呈现"原子型"结构，整个市场集中于少数大型平台。算法设计使商品异质性变大，创新与成本差异可以提供潜在进入者的利益，同时使默示合谋变得相对困难。如此一来，数字市场的价格变动频率变大，用户不易发现价格变化，网络外部性的存在使数字平台必须兼具规模经济与范围经济。

数字技术的发展带来了算法合谋、价格歧视、算法非中立性行为，与算法强化平台市场力量相对应，算法也会提高进入壁垒，对平台内经营者产生控制，诱导消费等潜在限制竞争影响。[2]此外，传统的单方行为，如转售价格维持、拒绝交易、掠夺性定价、差别待遇等，算法作为数字平台收集、分析及利用数据以取得市场力量的基础，使传统市场中出现的违法样态更容易付诸实现。

合谋是一种一致性行为，数字平台通过释放合作意图，竞争对手跟进涨价则享受长期高价的利润，不跟进则只能享受低价的竞争利润，诱使竞争对手配合涨价。算法作为形成共谋结果的桥梁，使数字平台垄断行为不再局限于显性的意思联络，使用相同的算法或智能程序的数字卡特尔，[3]打破了传统市场必须实际沟通才可以达成共识的局限。监控算法通过执行设定程序，依据指令对目标数据、情境和对象进行监测，在数字环境下通过算法维持卡特尔比利用人力更有效率，算法使得本易监测合谋的市场结

---

〔1〕 C. Scott Hemphill, "Disruptive Incumbents: Platform Competition in an age of Machine Learning", Columbia Law Review, Vol. 119, No. 7 (2019). 在 Microsoft/Yahoo! 案中，算法与机器学习相互搭配，借由机器学习的反馈与修正，以巩固吸引更多用户加入。

〔2〕 参见戚聿东、蔡呈伟、张兴刚：《数字平台智能算法的反竞争效应研究》，载《山东大学学报（哲学社会科学版）》2021 年第 2 期。

〔3〕 公正取引委员会『データと競争政策に関する検討会報告書』競争政策研究センター、2017 年。

构变得不易监测，促进非寡头结构市场形成合谋。[1]数字平台通过复杂的算法设计，精准预测未来的价格变动，有助于平台间形成定价默契，产生算法合谋。当价格信息收集实时精确，将使平台间掌握彼此对协议的遵守情形，强化合谋稳定性。由于算法利用改变了共谋的市场结构和条件，从而在很大程度上简化了构成要件，使其容易得到满足。

由一个大型数字平台向外控制多个数字平台，共同收集数据或技术研发，让彼此间获取未来产品的价格或数量，通过算法实时收集的数据量和范围呈倍数拓展，基于过去不同市场状态下的定价产生不同绩效。[2]数字平台在算法设计上嵌入特定元素，收集竞争对手的信息作出精准的策略，竞争对手以同样的策略进行价格反制，跟随其他数字平台的涨价决策，市场价格趋于稳定，但增加了共谋的可能性。当多个市场增进不同数据集之间的联系时，通过对存在算法行为的市场进行事先合并审查，可预防默示合谋。[3]在寡头市场，数字平台不需要聚集在有限场域，仅利用算法分析市场信息，通过持续利用及机器学习，将算法对市场进行精确的预测分析，嵌入得以形成即时反应的算法流程中，成为数字平台决策的一部分，寡头垄断因为数字平台市场的特性被颠覆，算法将寡头市场的默示共谋问题延伸至非寡头市场，损害市场有效竞争。

第二节　数字市场竞争的核心要素

基于人工智能的算法，在数字市场中发挥着愈益重要的作用，科技巨头使用算法，确定价格、产量和库存水平，预测市场动态和监管动向。同时，执法机关也在使用算法执行监管任务，这种自动决策方式正在重新塑造现代竞争环境。虽然科技巨头使用算法可以产生竞争效益，但是涉及算

---

〔1〕　Autorité de la concurrence & Bundeskartellamt, "Algorithms and Competition", November, 2019.

〔2〕　[英] 阿里尔·扎拉奇、[美] 莫里斯·E. 斯图克：《算法的陷阱：超级平台、算法垄断与场景欺骗》，余萧译，中信出版集团 2018 年版，第 74 页。

〔3〕　OECD（2017），Algorithms and Collusion：Competition Policy in the Digital Age.

法的科技巨头合并产生多种方式影响单边或协调效应。算法不仅能增强企业的市场力量，还可以扩大其创造这种力量所带来利益的能力，因此合并控制政策必须平衡算法的优点和潜在损害。同时，鉴于算法对数字市场的影响仍在研究之中，"一刀切"的管制方式为时尚早。因此，需要对合并控制的实体和程序予以改革。

一、数字市场的零价竞争

以数字技术为中心的破坏性创新颠覆了传统的市场结构，免费模式在数字市场扮演着越来越重要的角色，主要在于数字平台提供商品的边际成本接近于零，然而即便真正意义上的免费商品背后也有隐藏的价格。[1]免费市场中的交易结构就是用零价产品换取用户数据和注意力。平台经济的核心特征是双边市场之间的关联性，数字平台为了以零元价格提供商品，必须在另一方市场获取利润补贴零价市场的损失。[2]用户利用数字平台提供的商品虽然不需要支付货币价格，但是免费模式背后的交易对价即用户数据和注意力等非货币形式，数字平台再将其出售给广告主实现货币化，数字市场的竞争本质上就是零价竞争。[3]某些类型的成本并不一定意味着存在市场，如机会成本、外部成本、沉没成本等不能作为交换对象，另一些成本由于发挥交易中介作用，将伴随着行为受到反垄断审查。[4]数据货币化成本是指因支付给拟议交易者换取商品所有权而付出的货币成本。但是，数字市场中的经营者不会产生货币成本，然而成本结构上体现为可以交换的非货币成本：数据和注意力成本。数据作为生产要素用于目标性广告瞄准客户，成为间接网络外部性的来源，而间接网络外部性又会导致市

---

〔1〕 Gal, Michal S, Rubinfeld, Daniel L, "The Hidden Costs of Free Goods: Implications for Antitrust Enforcement", Antitrust Law Journal, Vol. 80, No. 3 (2016).

〔2〕 Stacy-Ann Elvy, "Paying for Privacy and the Personal Data Economy", Columbia Law Review, Vol. 117, No. 6 (2017).

〔3〕 参见殷继国：《大数据经营者滥用市场支配地位的法律规制》，载《法商研究》2020年第4期。

〔4〕 Newman, John M., "Antitrust in Zero-Price Markets: Applications", Washington University Law Review, 2016.

场向主导平台倾斜。[1]用户提供数据作为支付对价以换取零价商品，交易以数据作为货币。由于用户稀缺的注意力时间，（数字平台）向注意力寻求者提供免费商品以获取用户有限的时间，然后向广告商出售注意力，平衡双边市场的价格。数字平台为了获取用户注意力而相互竞争，同时不断面临潜在竞争来分散用户注意力。因此，尽管数字平台提供的商品没有价格，但对用户而言也并非免费，其忽略了注意力和数据交换可以进行交易转化（如图 1-2 所示）。[2]

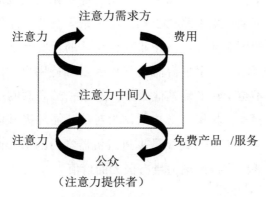

图 1-2　注意力经济的商业模式

在 Facebook/Instagram 案中，通过合并获得市场力量的数字平台收集更多用户数据，鉴于两家企业都提供分享内容的社交平台，没有对终端用户使用商品收费，但传统的潜在限制竞争效应的工具无法评估。Instagram 曾是 Facebook 在社交网络市场上最大的潜在竞争对手，虽然双方之间不存在价格竞争，但是它们都在争夺用户在同一时间相同的注意力。Facebook 在主导移动生态系统的同时，也掠杀一个新创竞争对手。执法机关缺乏适当的工具评估注意力市场的合并，导致过去对相关合并都被无条件批准通

〔1〕 Jacques Crémer Yves-Alexandre de Montjoye Heike Schweitzer, Competition Policy for the digital era Final report, European Union, 2019.

〔2〕 Newman, John M., "Antitrust in Zero-Price Markets: Foundations", University of Pennsylvania Law Review 164.1, 2015.

过。对于注意力市场的合并需要个案分析，毕竟整个数字市场的数字平台都在争夺用户注意力，如果禁止合并，则需要考虑注意力市场的竞争已经大幅减少，并影响质量竞争。[1]

与其他市场一样，数字市场竞争的目标就是为用户提供优质的零价产品，同时降低用户支付产品交换的注意力和数据成本。然而，零价偏离了完全竞争市场的假设，零价市场的产品高度差异化，进入壁垒的类型在不同市场有所区别，用户很难评估数字产品的成本，反而有利于数字平台创造或维持市场力量。在任何市场上完全竞争都是无法实现的，在数字市场尤其如此。经验需求带来了路径依赖，而不是固有的商品质量，这反过来增加了次优结果的可能性。价格并非平台竞争的重要元素，反而数据影响更为直接。零价意味着数字平台需要其他因素维持用户，持续创新、技术或经济限制，而不至于转换到其他服务。通过一端高额的广告收益对另一端用户提供零价服务，收集海量数据作为对价，循环提升创新服务，巩固与维持市场力量。[2]对需要海量数据进行机器学习的平台而言，算法自我学习提升精准服务以维持市场力量有极大的价值。

二、数字市场的竞争损害

数据作为生产要素的重要性日益增加，价格竞争一直是市场竞争的主要手段，然而，零价特性导致执法机关无法有效以价格评估市场，非价格因素在平台竞争中发挥日益重要的作用。[3]虽然数字平台利用数据可以提高商品质量，但是滥用数据力量也会造成非价格损害，限制竞争对手接入数据，阻碍数据开放共享，竞争损害并不是价格上涨或产出降低，而是质量、创新和隐私等非价格损害。价格中心型分析框架忽视了潜在竞争损害，拒绝

———

〔1〕 Wu, Tim, "Blind Spot: The Attention Economy and the Law", Antitrust Law Journal, Vol. 82, No. 3 (2019). 欧盟在 Google Search (Shopping) 案和 Google Android 案中，已明确数据在平台经济的价值，数字平台看似免费的利用服务，实际上已支付数据作为对价。

〔2〕 Committee for the Study of Digital Platforms Market Structure and Antitrust Subcommittee Report, 15 May 2019.

〔3〕 Big data and competition, Rotterdam, 13 June 2017.

承认零价市场是竞争损害。如果不将用户注意力和数据解释为有价值的财产，用户也就没有受到损失，便不会被认定为竞争损害。[1]数据驱动型企业合并旨在消除零价市场上的非价格竞争，投入广告的时间随着市场集中度的增加而延长，用户也因支付了更多数据和注意力而受损，价格中心型分析框架未能对零价市场竞争作出解释，因为其忽视了数据在非价格竞争维度的损害。

执法机关从未否定非价格竞争的重要性，但是，更容易衡量的价格因素在竞争评估中受到了重视，评估合并是否促进创新及其潜在效益，并未充分考量合并对创新的影响，如果拟议交易合并方提出创新抗辩，执法机关通常也会认可当事人提供的证据，由于缺乏适当的评估工具批准市场扩张型的合并，造成当事人以创新的名义实施限制竞争行为。[2]尽管质量下降造成的损害与价格上涨同样严重，但是缺乏工具量化合并对质量要素的影响，执法机关即便认识到质量因素的重要性，通常也不会根据质量因素评估竞争效果，质量本身就是复杂和不确定的，并涉及利益权衡。由于无法量化和客观分析质量因素，其就变成了一个多余的要素。

即使商品具有价格，价格中心型分析框架也会产生适用偏差。在Facebook/WhatsApp案中，虽然Facebook免费向用户提供短信服务，但收集用户数据以投放定向广告，而WhatsApp并不收集用户数据销售广告，Facebook在合并以后整合用户数据，相当于提高产品价格或降低商品质量。然而，如果适用价格中心型分析框架就会出现错判，合并后价格下降会被视为促进竞争效果，但是用户更重视的隐私质量受到了损害。执法机关将合并是否实质限制竞争作为评估标准，然而，在数字市场用户往往受到非价格损失。数字平台合并汇集了海量多元的数据，即使不利用数据投放目标性广告，但如果合并提高了市场力量就会受到竞争约束。当数据成为平台竞争的关键要素，大型数字平台拒绝竞争对手接入数据集，执法机关需要在促

---

〔1〕 Edward D. Cavanagh, "A 2020 Agenda For Re-Invigorated Antitrust Enforcement: Four Big Ideas", Cornell Law Review, Vol. 105, No. 1 (2020).

〔2〕 参见〔美〕莫里斯·E. 斯图克、艾伦·P. 格鲁内斯：《大数据与竞争政策》，兰磊译，法律出版社2019年版，第125页。

进竞争与隐私保护之间权衡，如果允许竞争对手接入海量数据集，将有利于促进市场竞争。[1]但是，向其他平台开放共享数据就会侵犯用户隐私。

价格中心型分析框架未能充分考虑平台经济的内涵，网络效应也会将竞争损害扩散。平台为了吸引广告主向另一边免费提供商品，该平台没有动机在免费端行使市场力量，如果一个平台与其他平台竞争，后者提供的类似商品被用户视为替代品，并且用户经常在这些平台之间转换。虽然，合并损害免费边市场的非价格竞争，但是并不影响付费边的竞争，反之亦然。合并产生的非价格效应对经济福利产生的损害与它在其他市场上的影响同样显著。合并对平台一边的竞争影响很难评估，需要分析合并对双边市场造成的影响。执法机关在评估价格效果时拥有更先进的工具，但是价格中心型分析框架不适合评估数据驱动型企业合并的非价格效果，评估平台付费边价格上涨对免费边的质量影响，分析免费边质量下降对付费边的需求影响，以及对平台总体盈利情况。Facebook 合并 WhatsApp 后收集用户数据，投放定向广告，如果不存在替代性的社交平台，就损害了用户隐私利益，需要平衡消费者与广告主的利益。当存在规模经济时，市场上仅有少数具有市场力量的大型数字平台，促使市场向着对其有利的方向倾斜，造成的损害将不只是市场力量，还有垄断力量。如果执法机关缺乏有效的分析框架评估双边市场的免费边，而继续评估合并的价格效果，数据驱动型企业往往无法适用传统的合并分类，会出现未经审查便批准通过的情况。价格中心型框架将竞争损害与价格联系起来，分析重点从竞争过程转向了结果，未能把握数字市场的竞争损害，忽视了是否存在市场力量和市场集中。[2]数字平台可通过多种不会直接导致短期价格或产出效应的形式行使市场力量，反垄断审查更加困难。依赖价格来衡量平台竞争，会忽视平台掠夺性定价和跨行业合并对市场竞争的负面效应。当价格中心型分析框架无法规制数字市场的动态变化时，需要加强对平台结构与竞争过程

〔1〕 Marshall Steinbaum, Maurice E. Stucke, "The Effective Competition Standard: A New Standard for Antitrust", The University of Chicago Law Review, Vol. 87, No. 2 (2020).

〔2〕 Lina M. Khan, "Amazon's Antitrust Paradox", Yale Law Journal, Vol. 126, No. 3 (2017).

的分析，但是也并非彻底回到传统的 S-C-P 分析范式，同时对数据驱动型企业合并的事前规制也并非主张单纯的加强反垄断监管，更重要的是根据平台经济特性实现数据集中与开放的平衡。

第三节　数据驱动型企业合并的界定

一、控制

经营者集中是经营者通过合并、购买股权或资产等方式，引发或强化独立市场力量间联系的行为，其实质在于原本相互独立的经营者之间的控制关联关系发生变化。[1]经营者之间经由各种交易安排移转资产、控制或经营权，将改变市场结构、使有效竞争的数量减少从而影响市场竞争，经营者是否丧失其独立性而受其他经营者控制。控制是指对经营者活动施加决定性影响的可能性，它可由权利、合同或任何其他手段所构成。[2]合并控制制度旨在防止经营者通过合并等外部手段造成市场上相互竞争的经营者的数量减少，使市场趋向集中。通过控制标准明确各方是否属于反垄断法上的独立经营者，是否存在控制关联关系，评估是否构成反垄断法意义上合并。经营者单独或共同对其他经营者的管理施加决定性影响或显著重大影响。[3]控制作为界定合并的要件，是因为控制能全面反映合并的内在逻辑，分析市场上结构性变化的关键因素，也是区分合并类型的根本依据。[4]

---

〔1〕　参见叶军：《经营者集中法律界定模式研究》，载《中国法学》2015 年第 5 期；孔玲：《浅析"经营者集中"的内涵》，载《法制日报》2015 年 3 月 25 日，第 12 版。我国反垄断法采用"经营者集中"的概念，德国采用"企业并购"的概念，日本采用"企业结合"的概念，欧盟同时使用"合并"和"经营者集中"的概念。本书采用企业合并的概念与经营者集中的概念等同，为了更加简洁直观，而使用企业合并的概念，但是不同于公司法，重在考察企业结合对市场竞争的影响，只要控制权发生变动即可称为企业合并。民商法意义上的合并并没有"刺破"公司法人制度在投资者和公司之间的"面纱"。

〔2〕　参见曾晶：《经营者集中反垄断法规制的"控制"界定》，载《现代法学》2014 年第 2 期。

〔3〕　参见曾晶：《以"控制"弥补"经营者合并"的缺陷——兼论以"控制"为标准构建反垄断法"经营者集中"的审查制度》，载《政治与法律》2014 年第 3 期。

〔4〕　参见［西］瓦罗纳等：《欧盟企业合并控制制度：法律、经济与实践分析》，解琳、叶军译，法律出版社 2009 年版，第 344 页。

实体标准是执法机关评估企业合并的核心标准和主要依据。[1]欧盟在申报环节根据交易是否引发控制变化判断是否构成合并，经筛选后进入审查环节的交易都是控制关系发生实质变化，引发市场力量的合并。在申报环节严格认定控制关系，然而多数合并申报经审查并没有限制竞争效果，如果执法机关在程序上认定控制变化后再审查，申报环节的不确定性和工作量也随之增加。即使在申报环节严格认定控制关系，也并未筛选不具有限制竞争影响的案件，并没有减轻当事人的申报负担。因此，通过申报前商谈制度，对没有引发控制变化的交易不用申报，提升申报环节的确定性。为了过滤不具有限制竞争损害的案件，符合简易案件的申报可减少资料要求，执法机关对安全港量化标准以下的收购推定其不会取得控制权，将执法资源集中到重要案件。美国在申报环节回避控制关系变化的问题，并不作为构成合并申报的必要条件，而是直接在法规中明确申报标准，达到申报标准且不存在豁免情形的直接申报；但并不意味着忽略控制关系，而是通过制度设计将控制关系的分析从申报环节转移至审查环节，弥补申报环节宽松要求的缺陷，降低了申报阶段评估控制关系的不确定性，排除大量控制关系没有发生实质变化和显然没有限制竞争影响的案件。

我国反垄断法没有提供客观、明确可量化的控制标准，只能由经营者或者由执法机关综合各种因素予以认定。[2]与欧盟类似，我国控制标准采取判断拟议交易是否构成合并，分析经营者之间的控制关系，并规定交易的申报标准。我国的控制标准明确列举企业合并的类型，并规定交易的影响力，但是割裂了控制认定与事先申报制度的关系，在申报环节判断控制关系是否发生实质变化，而经营者为了降低不确定性风险，过多的小规模合并案件也向执法机关进行了申报，导致后期审查工作不堪重负。在审查环节，初步审查和进一步审查两阶段制度设计的功能性区分不明显，初审环节无法快速有效地筛查控制关系变化的合并，即使显著不具有限制竞争

---

〔1〕 参见张世明、马立国：《更为经济的方法：欧盟经营者集中控制实体标准论衡》，载《内蒙古师范大学学报（哲学社会科学版）》2017年第5期。

〔2〕 吴振国、刘新宇：《企业并购反垄断审查制度之理论与实践》，法律出版社2012年版，第258页。

影响的案件也可能进入第二阶段。鉴于我国平台经济与工业经济之间的差异，控制变化的标准也不宜统一，因此可针对数字平台合并制定专门的交易规模标准，[1]分析新创平台合并对竞争的影响，筛除不需要进行申报的案件。

二、合并类型

（一）横向合并

横向合并是指具有直接竞争关系的经营者之间合并，将会降低相关市场上经营者的数量并提高该市场的集中度，从而对市场竞争造成损害，但同时也有利于提升经济效率。[2]比如，2012 年滴滴正式上线，2013 年滴滴与快的进行掠夺性补贴竞争，2015 年与竞争对手快的正式合并，2016 年滴滴正式收购 Uber 在中国的资产。目前，经过在横向市场的一系列合并，滴滴业务已经不断发展至网络叫车、代驾、大巴、共享单车、自驾租车、二手车买卖等，形成了出行领域市场的闭环。两家直接竞争的企业一旦合并，直接减少甚至完全消灭市场上的竞争者，[3]原本存在于企业间的竞争压力立即消除，商品质量降低且价格随之增加，产生限制竞争损害。数据驱动型企业合并，拟议交易人必须证明合并对整体经济利益有实质价值，收集数据的商业模式通常具有网络效应，两家以上数字平台合并更能强化网络效应，尤其是双边市场两侧的平台一旦合并亦可产生间接网络效应，让其持有的数据汇集提升机器学习的效果同样能使两家平台交互操作，创造市场价值。[4]

---

〔1〕 参见郭传凯：《互联网平台企业合并反垄断规制研究——以"滴滴""优步中国"合并案为例证》，载《经济法论丛》2018 年第 1 期。

〔2〕 参见林平、白雪：《横向合并单边效应的最新评估方法：对中国反垄断执法的启示》，载《山东大学学报（哲学社会科学版）》2012 年第 3 期。

〔3〕 参见卢代富：《严厉与宽容：反垄断中的企业合并控制政策》，载《现代法学》1998 年第 4 期。

〔4〕 Digital comparison tools market study Final report, Paper E: Competitive landscape and effectiveness of competition, 26 September 2017.

（二）纵向合并

纵向合并是指合并双方不是同一相关市场的直接竞争者，其中一家企业是另一家企业的供货商或者上游企业。纵向合并会影响竞争者成为其上游供货商或下游采购者，从而损害竞争。然而，锁定效应受到芝加哥学派的批判，其认为纵向合并无法通过排除竞争者而获益，纵向合并是促进竞争的，因此，1980 年以后的纵向合并通常能获得批准。《美国横向合并指南》认为纵向合并双方不是直接竞争对手，较少限制竞争。[1]进入平台经济时代后对纵向合并采取宽松态度，纵向一体化与平台生态系统作为两种企业间组织形式，[2]使 Microsoft/Yahoo!、Facebook/WhatsApp、Google/DoubleClick 等都轻易获得了批准。纵向企业合并便利了企业内部共谋、掠夺性定价、价格歧视、搭售等行为，进而造成竞争损害，[3]主要呈现为协调效果或非协调效果。[4]

在 Microsoft/Yahoo! 案[5]中，Yahoo! 提供网络算法搜索服务以及搜索广告，Microsoft 是设计、研发、供应计算机软件，并提供相关支持服务。本案相关市场为算法搜索服务及网络搜索广告平台等，属于数据集中市场。用户利用搜索服务输入文字并浏览与点击搜索结果等行为，搜索引擎通过持续分析海量用户数据转换成目标性广告。数字平台合并对双方而言，用户行为和反馈数据可以有效促进机器学习，增加数据规模让数字平台在未来为用户提供更好的服务，有助于促进市场竞争。与合并的单边效应形成鲜明对比，执法机关忽视了对纵向合并协调效应的考察。[6]

---

〔1〕　Horizontal Merger Guidelines（2020）.

〔2〕　参见万兴、杨晶：《互联网平台选择、纵向一体化与企业绩效》，载《中国工业经济》2017 年第 7 期。

〔3〕　参见孙晋：《企业纵向合并的反垄断法问题初探》，载《武汉大学学报（哲学社会科学版）》2012 年第 2 期。

〔4〕　参见黄勇、蒋涛：《非横向企业合并的反垄断规制——以欧盟〈非横向合并指南〉为基础展开》，载《清华法学》2009 年第 2 期。

〔5〕　"Microsoft/Yahoo! Search Business"，COMP/M. 5727.

〔6〕　参见叶光亮、程龙：《论纵向并购的反竞争效应》，载《中国社会科学》2019 年第 8 期。

而在 Facebook/WhatsApp 案[1]中，Facebook 是社交媒体数字平台，利用社交平台特性同时经营 Facebook Messenger 的社交通信服务。WhatsApp 则是社交通信移动通信平台。由于合并双方都收集用户数据，仅对数据储存及利用存在差异，WhatsApp 在合并时仅提供通信服务，并不提供广告空间，也不收集对目标性广告有帮助的用户数据。Facebook 基于建构海量的用户数据分析，协助精准投放目标性广告。合并使 Facebook 能够与 WhatsApp 的数据进行比对，在合并后数据集中在 Facebook 控制下而强化其广告服务市场地位。尽管 Facebook 与 WhatsApp 处于不同的相关市场，但仍产生间接网络效应从而影响竞争。当双方合并后，因 Facebook 与 WhatsApp 的用户可进行跨平台匹配，致使许多 Facebook 用户不再使用其他通信软件，从而对市场竞争造成损害。执法机关以合并双方不属于横向市场不会限制竞争为由批准合并，然而对拥有海量数据与市场份额的平台，收购新创平台以避免其未来成为竞争对手，需要详细的竞争评估。[2]由于许多数字平台不直接在相同市场内竞争，根据传统的竞争损害理论推定，执法机关忽略了涉及海量拥有数据的数字平台间的非横向合并，执法机关需要一个新型竞争框架评估与数据相关的合并。[3]

（三）混合合并

混合合并是指参与合并的经营者不是横向竞争关系和上下游关系，即跨行业经营。[4]对于大企业或经营多元化的企业来说，可以获得规模经济或范围经济的效益并溢出到市场上许多互不关联的领域。平台经济主要是通过规模而获得的，不管各合并参与企业的产品之间是否关联，数据生产要素是很多产品通用的。数字平台混合经营可以在内部融资，而无须求助于市场，对研发创新活动进行融资的全部过程予以内部化。混合合并会消

---

〔1〕　"Facebook/WhatsApp"，COMP/M. 7217.

〔2〕　Herbert Hovenkamp, Carl Shapiro, "Horizontal Mergers, Market Structure, and Burdens of Proof", Yale Law Journal, Vol. 127, No. 7, 2018.

〔3〕　Charles A. Miller, "Big Data and the Non-Horizontal Merger Guidelines", California Law Review, Vol. 107, No. 1, 2019.

〔4〕　参见孙晋：《企业混合合并的竞争法分析》，载《时代法学》2009 年第 5 期。

除合并方之间的潜在竞争，便于针对外部企业进行排他性行为。数字平台整合数据、算法和技术发展，将市场力量传导至横向、纵向甚至混合经营的市场范围，以技术为核心驱动的数字市场演变为跨界竞争、平台竞争和生态竞争。

在 Microsoft/LinkedIn[1]案中，Microsoft 的主要产品为应用在包括计算机、服务器或移动手机的操作系统、其他软件方案、硬件设备、云端方案、网络搜索、网络广告等相关服务。LinkedIn 是专业的社交网络（professional social network，PSN），通过三个产品线获益：人才解决方案、营销解决方案、向消费者及企业提供的付费订阅服务。合并双方在相关产品市场有巨大差异。LinkedIn 并未进入 Microsoft 的产品市场，在顾客关系管理部门（customer relationship management，CRM），则仅有 Microsoft 提供的软件方案有市场参与，LinkedIn 在 CRM 市场并不活跃。相反，在智能销售解决方案（sales intelligence solutions，SIS）部分，LinkedIn 则具备 Sales Navigator 服务，Microsoft 在此市场未有特定参与，通过订阅方式从 LinkedIn 整体数据中提炼形成数据子集，让销售专业人员快速识别建立新的顾客连接关系及销售机会。而在网络通信服务市场，Microsoft 由于合并 Skype，对外提供 Skype 及 Skype for Business 服务，LinkedIn 并未提供任何网络通信服务。至于 LinkedIn 最主要的 PSN 服务部分，Microsoft 则未进入。在网络广告服务市场，数字平台双方服务有部分重叠，因此本案属于混合合并。合并双方的服务不具有竞争关系，且多项服务彼此之间相互补充，Microsoft 希望通过并购 LinkedIn 将双方服务整合。因此本案包括 PSN 服务、顾客关系管理以及网络广告服务三个市场。

（四）数字平台合并的跨界行为

企业合并分为横向、纵向和混合合并三种类型，但是最终评估标准都是合并是否实质限制竞争，然而合并类型延伸了不同的分析框架。[2]一般

---

〔1〕 "Microsoft/ LinkedIn"，Case M. 8124.

〔2〕 参见［美］莫里斯·E. 斯图克、艾伦·P. 格鲁内斯：《大数据与竞争政策》，兰磊译，法律出版社 2019 年版，第 148 页。

分类方法并不适用数据驱动型企业合并，如果合并不能被列入传统合并的类型，执法机关缺乏评估该合并的分析框架将会终止调查，但并不意味着该合并没有竞争损害。[1]在平台经济中，数据价值日益提升，收集数据演变为数字平台重要的竞争优势，合并后的汇集数据研发新商品使竞争对手难以匹配。合并导致市场向合并方倾斜，从而提升其在数字市场上的市场力量，[2]规模经济成为数字平台产生学习效应的基础，提高新创平台产生与壮大的壁垒。即数据驱动型企业合并无法嵌入反垄断法传统的合并类型，合并仍然能够造成竞争损害。在 Facebook/WhatsApp 案中，隐私保护作为非价格竞争因素，合并后 Facebook 将有动机降低隐私保护程度，但只有在隐私作为关键的竞争参数时才考虑该损害理论，隐私替代性分析表明它们并非互补商品，具有替代性的商品被纳入同一个市场，Facebook/WhatsApp 具有不同的商业模式和隐私政策，缺乏竞争关系。在 Google/NestLabs 案中，Google 收购目的并不在于收集同类数据，而在于将其他数据整合进现有免费服务以此提高广告收入，问题的关键在于合并是否能使该平台收集更多元的数据，将市场力量传导至另一个市场损害竞争。由于数据用于不同目的，跨市场各边评估合并，大型数字平台借助合并控制必要数据流量入口，帮助其就多元市场取得或维持市场力量。

（五）平台兼并

平台兼并是平台拥有或获得互补的多归属工具，并限制或减少平台用户多归属的行为。对平台兼并多归属工具进行控制，从而达到减少多归属和降低竞争的目的。近年来，有很多平台兼并多归属工具的数字平台案例，比如 Google/DoubleClick 案，Google 利用其购买发布者广告服务器的行为，将竞争对手的发布者广告服务排除在外，并为 Google 的展示广告交易带来利益。平台兼并更类似横向行为，而不是纵向行为，导致损害消费者利益的横向封锁行为。虽然传统纵向合并有可能减少利益冲突并可能有利

---

〔1〕　Kevin A. Bryan, Erik Hovenkamp, "Startup Acquisitions, Error Costs, and Antitrust Policy", The University of Chicago Law Review, Vol. 87, No. 2, 2020.

〔2〕　Modernisierung der Missbrauchsaufsicht für marktmächtige Unternehmen, 29. August 2018.

于效率，但平台兼并却会增加利益冲突并降低效率，特别是当市场领导者具有减少多归属的动机时。在评估平台兼并是否具有反竞争性时，执法机关应考虑几个因素，多归属工具的合并是否会产生利益冲突、竞争对手是否经历规模经济、兼并平台是否拥有巨大的市场份额、竞争是否会约束平台以促进多归属性和互操作性。由占主导地位的企业进行的平台兼并被推定为反竞争行为。如果平台兼并被发现是反竞争的，可以采取的救济措施包括强制性的互操作性或结构性拆分。

三、数据驱动型企业合并的新型方式

（一）策略性合并

数据对平台竞争的影响以合并案为主。在过去十年中，Amazon、Apple、Facebook、Google、Microsoft 等企业已经在全球范围内进行了 560 多项合并。由于新创平台的营业额尚未达到各国反垄断法规定的合并申报标准，大部分并未向各国反垄断执法机关进行申报，对数据驱动型企业合并的弱执法使得平台企业向平台生态系统演进，并进一步增强市场力量，对市场创新和竞争造成了不可逆的损害。[1]在实用主义的笼罩下，简单直观的反垄断三大支柱基本满足了需要，但直观式思维能够体验到的是那些外在现象，而隐藏在现象背后的深层脉络则游离于视线之外。[2]立足于数据将合并视为滥用市场力量行为，成为数字平台排除限制竞争的策略工具。当数据成为平台竞争的关键生产要素时，通过数据集中让网络效应更加显著，让竞争对手难以收集足够数据参与有效竞争。科技巨头预测并收购未来可能成为竞争对手的平台，消弭未来市场的竞争。不过，策略性合并行为在实务上尚未因上述问题而被禁止。

（二）流量垄断

数字平台在免费服务黏性基础上获取稳定的海量用户，通过投资、流

---

〔1〕 参见王先林、方翔：《平台经济领域反垄断的趋势、挑战与应对》，载《山东大学学报（哲学社会科学版）》2021 年第 2 期。

〔2〕 参见张世明：《论反垄断法三大支柱的关系》，载《经济法学评论》2018 年第 1 期。

量控制、支付、云计算、数据分析等基础性服务控制主要合作经营者，借助超级平台地位形成数字革命时代的新型卡特尔。数字平台垄断流量入口之后，在横向和纵向市场扩张，将垄断力量从一个垂直市场传导至多个垂直市场，从而形成双轮垄断。[1]首先，具有高黏性海量用户形成整个数字市场流量垄断的基础，数字平台全方位打通社交、金融、搜索、电商、新闻、打车、内容分发、应用商店等账号演变成了整个数字市场的流量入口。其次，投资是数字平台在各个领域进行流量变现的重要方式。虽然数字平台对大部分企业的投资并不控股，但是借助流量形成的影响力依然可以控制被投资企业。再次，大型数字平台通过对流量入口的垄断正在把自己变成行业和社会的中心，流量合作不断加深对经营者的控制，基于对数字市场实质性操作系统的控制权，利用自身海量、高黏性的流量的调控和分配与其紧密合作经营者之间构建起了一种基于流量的卡特尔。最后，数字平台利用小程序紧密地将合作经营者锁定在自己身上，小程序无须下载应用程序解决了当前移动设备中的内存问题，通过单一大型数字平台就可直接打开应用将各类服务叠加聚合成为超级 App，将数字市场分散在各个 App 里的流量汇集在自己的平台，实现对整个数字市场的控制。

（三）纵向一体化

企业常常通过纵向一体化来规避相邻市场环节上的垄断。[2]数字平台通过手机与 App 连接用户，收集海量数据强化用户对服务的黏性。尤其占据移动操作系统先机的 Google 及 Apple，两者皆有自行研发的操作系统——Android 和 iOS。Google 开放不同移动手机制造商搭载 Android 系统，Apple仅将 iOS 系统整合在自行研发的移动手机。两者皆有机会通过纵向服务整合将其 App 嵌入搭载系统的移动平台，进而排除其他 App 竞争。欧盟在 Google Search 案提出 Google 在移动操作系统领域的市场地位，强制移动手机制造商预安装 Google Search 应用程序强化市场支配地位。在 Google An-

〔1〕 参见李勇坚、夏杰长：《数字经济背景下超级平台双轮垄断的潜在风险与防范策略》，载《改革》2020 年第 8 期。
〔2〕 ［美］赫伯特·霍温坎普：《联邦反托拉斯政策：竞争法律及其实践》，许光耀、江山、王晨译，法律出版社 2009 年版，第 413 页。

droid 案中，利用搭售、排除条款，排除其他竞争者的 App 进入 Android 系统的机会，形成纵向整合的态势，巩固其在一般搜索服务中的市场力量。

（四）平台生态竞争

平台竞争是数字市场竞争的主要形式，数字平台围绕海量用户、核心商品、技术架构三个维度开展竞争，[1] 提供算法技术和数据存储的底层平台，提供开发工具的中间平台，提供应用软件的上层平台。[2]

第一，平台竞争中最激烈的场域存在于大型平台与小型平台之间，这种竞争关系的形成与平台自然垄断倾向和金融市场运行逻辑紧密相连。大小平台在具体商品市场互为上下游关系，大型平台控制算法和操作系统，进而控制了数字必要设施，规模效应和网络效应的存在使平台具有自然垄断倾向。大小平台在股权结构上是投资与被投资的关系，是规模效应、网络效应和转移成本的存在，新创平台需要持续研发创新技术突破固有的市场封锁，小型平台在创立初期通常也缺乏平台扩张的资本，大型平台的垄断地位使其可以投资并购小型平台，导致新创平台被大型平台收购，与此同时，小型平台也寻求被大平台收购。在这种双向推动下，数字市场呈现集中化发展趋势。[3] 随着大型平台对社会生产控制权的集中，创新研发带来了不确定性和潜在竞争压力，迫使大型平台必须采取措施维持对数字必要设施、数据和生产过程的垄断，投资收购已经具有一定规模的小平台，从而为小型平台的创立和成长提供了发展环境。小型平台在新领域谋求垄断，巩固之后便继续通过融资上市等方法开展投资、研发和并购，逐渐成为原有大型平台的竞争对手。比如，2013 年 11 月，美团外卖网上订送餐平台正式上线后，业务量随即呈现爆炸式增长，在激烈的竞争和资本的支持下，美团基于自身产品和客户基数走上差异化发展路线。2018 年 4 月，

---

〔1〕 参见张江莉：《互联网平台竞争与反垄断规制——以 3Q 反垄断诉讼为视角》，载《中外法学》2015 年第 1 期。

〔2〕 参见谢富胜、吴越、王生升：《平台经济全球化的政治经济学分析》，载《中国社会科学》2019 年第 12 期。

〔3〕 Jacques Crémer Yves-Alexandre de Montjoye Heike Schweitzer, Competition Policy for the digital era Final report, European Union, 2019.

以 27 亿美元收购摩拜单车 100% 的股权。

2023 年《美国合并指南》提出，当一个行业出现合并趋势时，执法机构会考虑企业合并是否会增加实质减少竞争或形成垄断的风险。在评估合并是否对竞争构成威胁时，一个行业的近期历史和发展轨迹可能是一个重要的考虑因素。美国最高法院解释说，"一个行业的集中趋势，无论原因如何，都是决定合并反竞争影响多大的一个重要因素"。在适用该原则时，执法机构会密切关注行业整合趋势。例如：（1）集中趋势。如一个行业从众多竞争者走向集中，意味着损害风险可能更大。（2）纵向一体化趋势。执法机构一般会考虑相关市场和相关市场中企业间整合程度的证据，以及是否存在进一步纵向整合的趋势。（3）争夺谈判筹码的合并战略。执法机构有时会遇到这种合并，即合并各方通过合并，获得了对与之交易的其他公司的谈判筹码。这可能会鼓励其他公司进行合并，以获得与之抗衡的筹码，从而鼓励一连串的合并。这最终会导致一个行业中，少数几个强大的公司相互影响，并对潜在的进入者或价值链各环节的贸易伙伴具有市场支配力。（4）多重合并。执法机构有时会发现同一行业的不同参与者同时或相继进行多项合并。在这种情况下，执法机构可能会根据集中化的综合趋势对多项交易进行审查。

第二，数字平台通过一系列的兼并构建起平台生态系统，相较于单个平台，平台生态系统内的交互提高了用户转换成本，用户在多个平台系统间的转移成为大型平台间垄断竞争的基础。大型平台竞争不仅垄断现在的生产过程，更在于引领和控制未来的生产过程和创新方向，不断发展相互补充和依赖的数字平台系统，平台经济由数据孤岛向数据群岛转型，我国形成了以腾讯、阿里、字节跳动为主的三大派系，平台竞争的背后就是生态竞争。2020 年 10 月，美国众议院司法委员会发布了《数据市场竞争状况调查报告》，对 Facebook、Google、Amazon、Apple 四大科技巨头存在的竞争问题进行了重点分析。[1]大型数字平台在平台竞争中建立寡头垄断地

---

〔1〕 Investigation of competition in Digital Markets, The House Antitrust, Commercial and Administrative Law Majority Staff Report on Big Tech，2020.

位，多数平台和非平台被挤出了市场，新创平台不断涌现，大小数字平台之间形成动态层级结构，与少数数字平台系统共同构成了平台经济下的动态不完全竞争格局。

第四节　市场集中化问题：科技巨头的诅咒？

平台经济的发展以数字逻辑重塑了生产过程。数字平台引发的市场聚合、市场结构集中等垄断隐忧带来了一系列挑战。执法机关仍沿用工业经济时期的分析框架，基于平台类型界定相关市场，结合市场份额、进入壁垒和潜在竞争等因素进行个案分析。尽管执法机关注意到数字平台特性对市场力量产生影响，但在适用层面，并没有实质性的突破，反垄断规制框架的局限性显而易见，事后监管无法及时应对动态的平台竞争环境。数字平台借助海量的数据、用户规模和算法技术带来的市场聚合与传导效应，采用事前规制思路，在界定数字平台具有市场力量之后，将直接要求其履行透明度义务、可持续性义务、互联互通义务等。

一、数字经济对合并控制的实践挑战

数字经济对合并控制带来了诸多挑战。一是双边市场的企业形态导致，但这并非数字经济特有，只要合并行为涉及双边市场的产业即需要面对此问题。主要难点在于市场界定，传统审查方式依然有效，只是每个环节都变得比较复杂而已。[1]二是科技巨头带来平台集团动态竞争的评估，非价格竞争手段的定性与竞争影响评估，数字平台的价格结构非中立与各边价格不对称，执法机关无法适用价格中心型分析框架等问题，即便承认非价格因素的重要性，但因工具在评估动态效率或量化非价格因素上的不足，无法准确评估竞争影响。平台竞争以生态系统为主，难以按照传统的

---

〔1〕 合并控制制度以横向合并为中心，数字平台的双边市场经营模式，较传统单边市场的经营模式更为复杂，与同类型平台、各边传统企业甚至不同类型的双边市场平台均有竞争关系，相关市场界定和竞争影响评估较传统类型的市场更为困难。

合并类型加以区分，不仅控制程度有区别，且审查重点也在于其对上下游或其他关联市场的影响。

（一）合并审查门槛的挑战

数字平台利用数据分析发现潜在竞争者为之收购，但合并对象的营业额尚未达到审查门槛。[1]虽已进入合并审查，但在市场影响的判断上，因技术或数字市场状态的预测有问题，提高了审查的难度。申报门槛未考虑到数字经济的特性，新创平台的商业模式以快速成长而非以营利为核心，且新创平台是竞争市场的重要来源，导致申报门槛过高，无法审查具有重要性的交易案件，立法者需要修改现有的申报门槛。[2]大平台收购小平台通常被认为限制竞争效果的可能性不高，此漏洞方便了数字平台的扼杀性收购。[3]即使营业额并未达到门槛，但合并交易价值明显与其营业额不相当，可以推定小平台的特别价值，反映了当事人对该合并影响的主观评估。虽然此评价不能直接等于其对市场竞争的客观影响，但凸显了涉及高价值新创平台的合并。科技巨头往往在新创企业未成为明显的竞争对手之前，先行将其并购，但因为市场新进者存在重要价值，须设法让此新创平台发展成为独立的竞争者，而非消失成为科技巨头的一部分。科技巨头行为之目的是防范最终实质竞争对手的出现。

（二）相关市场界定的挑战

数字平台合并对市场的影响亦并非仅限于单一市场，数字平台通过混合经营，扩大算法与创新发展所需的数据源与类型，借由强大的数据分析能力开发新创服务，延伸跨市场的影响力。[4]因此考虑其混合合并之目的，与其市场力量的延伸、服务创新、数据源扩张等与数据竞争的关联性，将个案市场以及合并后的市场策略一同评估，精确分析个案合并对相

---

〔1〕　参见韩伟：《经营者集中对创新影响的反垄断审查》，载《清华法学》2022年第4期。

〔2〕　参见于左、魏昕：《经营者集中申报标准设定：基于"误差—成本"理论》，载《中国工业经济》2022年第11期。

〔3〕　参见王伟：《平台扼杀式并购的反垄断法规制》，载《中外法学》2022年第1期。

〔4〕　参见王磊：《数据驱动型并购创新效应的反垄断审查》，载《北京大学学报（哲学社会科学版）》2022年第3期。

关市场的影响。数字平台集团动态竞争，让市场界定变得更加困难。从动态竞争的角度，最重要的竞争场域未必是横向市场，过度强调横向/非横向的区别并无实益。我们不能仅依简单的公式评估市场竞争强度，需要根据相关市场大小及其他市场特性来判断。一旦破除横向/非横向二分法，非横向合并也会进行更多审查，合并行为若因最小市场原则被归类为非横向合并，也会受到足够关注。诚然，一旦合并的分类更为细致，审查机关也能挑选适当的审查工具。但放松最小市场原则，将得以用更宽广的视野看待横向合并。

（三）竞争影响评估的挑战

传统的合并审查，无论评估单方效果还是协调效果，都侧重于对价格的影响，主要看合并后企业提高价格的可能性。对平台经济而言，必须考虑整个平台价格横向上涨的可能性，但因双边市场结构的多元性，此项工作变得极为困难。一旦着眼于数字集团的动态竞争，数字平台便已经在核心市场取得垄断地位，合并的着眼点，在于竞争关键数据、资本与技术等。对竞争造成的负面影响也不是涨价，而是市场封锁，竞争影响评估的重心也应从价格的影响转移到关键资源的控制力。数字平台合并，基于不同数据的聚合，利用海量数据提供新服务固然有利竞争，但当数据极具价值且无法复制时，若受平台集中控制，则让数字平台取得竞争对手无法企及的优势；多元数据聚合创造的效益，强化市场力量、使收购利用杠杆效应延伸市场力量，甚至产生市场封锁的问题。当数字平台借由大数据识别出潜在竞争者，为避免潜在竞争者未来成为竞争威胁，先行收购，以巩固其市场地位。

（四）市场进入评估的挑战

数字平台合并，常是为了争夺关键竞争要素，以生态圈的扩张与巩固为主要目的。在经济学中，市场进入壁垒、产品差异性与经营者数量等都是影响市场结构的因素，经营者的合并会造成新进者的进入壁垒提高，则市场上的经营者数量减少，市场的价格容易受到少数经营者控制。数字平台市场的进入壁垒成因远比传统产业更为多元，包含网络外部性、规模经济与范畴经济等。[1]

数字经济时代，必须同时考虑多个市场，双边平台的竞争者，除了与其完全相同性质的平台，还包括只经营其中一边用户的传统企业和部分重叠的双边平台。因此，数字平台合并，相关市场界定通常不能太过狭小，必须足以容纳不同类型的企业，才能评估合并参与企业的市场竞争。一旦放大相关市场的界定，在寻找潜在竞争者时，必须考虑任何类型参与相关市场的可能性。潜在竞争者既有多重进入市场的角度，其实质进入可能性与进入强度的评估将更复杂。在传统潜在竞争分析中，由于必须衡量潜在进入的及时性与充分性，通常考虑短期内实现的市场进入力量，但集团动态竞争的特性，却是各集团复杂的动态格局，除了各自的策略规划，又随时视其他集团的行动，不断调整其策略。

基于数据多样性，数字平台收集数据按其属性，有相应的法律规范。为保障数据利用的优势，数字平台在数据提供者和利用者之间建构相关的权义关系，形成对数据收集与利用的限制，从而影响数据的互操作性。数据从收集到最终利用，在其技术上或资源上必须进行整合。即使合并导致数据集中，数字平台若不具备能力、动机和资源，促使数据整合，未必能实际提升其市场力量。数字平台的合并审查，需要综合评估数据的利用是否存在限制、技术整合的可行性、投入成本、数据整合的动机或数据策略方向等。数字市场环境，技术壁垒并非不可突破，数字平台通过数据整合、混合服务与数据收集触角的延伸，获取更大利益，突破现存的技术障碍、经营方针或法律限制。

（五）合并效益评估的挑战

合并效益评估，主要是在已确定合并会对市场竞争造成损害，且潜在竞争进入不足以抵消损害的前提下，考虑合并的正面经济效益是否足以弥补其对竞争的损害，以批准该合并。网络效应与价格结构非中立性，对合并效益评估增加了变量。网络效应意味着平台规模的扩大，提升经济效益。合并的效益由网络效应扩大所致。此种效益，本质上即直接归属于平

---

[1] Louis Kaplow, "Entry and Merger Analysis", Antitrust Law Journal, Vol. 85, No. 1 (2023).

台用户。同性质平台的合并，一定有平台用户的直接利益，即平台经济有自然垄断的倾向。虽然网络效应在本质上直接归属于平台用户，但平台可以通过调整价格，将消费者剩余转换为生产者剩余。因此，正面效益与竞争损害的联动，在考虑合并效益是否会归属用户时，应同时考虑消费者福利，观察平台双边用户福利的变化。[1]

二、数字经济对合并控制的理论挑战

新布兰迪斯学派与布兰迪斯大法官的早期思想一脉相承，希望恢复20世纪中期的反垄断法，现在翻开反垄断的一页是有益的。美国总统拜登在任职期间，任命了三名新布兰迪斯学派的学者负责竞争政策，[2]标志着反垄断改革取得了显著成绩。随着技术变革和全球化的推进，我们正处于新一轮以科技巨头为核心的垄断化过程中，基于互联网的商业模式和产业形态重组了社会生产过程，催生了横跨各领域和国家的科技巨头，通过基础设施来塑造人们的生活。科技巨头并非一蹴而就，数字平台提供零价服务吸引用户，收集用户数据后转换为广告，再卖给广告主进行精准营销，在网络效应的作用下，用户一旦使用该服务后就将产生黏性，科技巨头衍生市场力量。[3]科技巨头取代了洛克菲勒和卡内基，利润从劳动力转移到资本，就像一个世纪前的铁路、桥梁和电报线路一样，当行业表现出显著的规模经济时，科技巨头凭借对数据、平台和用户规模的垄断，成为社会生产的必要设施，构建起庞大的生态系统。[4]面对科技巨头垄断，主导反垄断理论的芝加哥学派对此应对失利，新布兰迪斯运动应运而生，要求放弃放任自由的经济学思想，回归布兰迪斯大法官的反垄断执法。布兰迪斯以

---

〔1〕 参见仲春：《我国数字经济领域经营者集中审查制度的检视与完善》，载《法学评论》2021年第4期。

〔2〕 美国司法部反垄断事务负责人的乔纳森·坎特、美国联邦贸易委员会主席的莉娜·汗和美国白宫国家经济委员会的吴修铭。

〔3〕 Wu，Tim，"Blind Spot：The Attention Economy and the Law"，Antitrust Law Journal，Vol. 82，No. 3（2019）.

〔4〕 参见谢富胜、吴越：《平台竞争、三重垄断与金融融合》，载《经济学动态》2021年第10期。

对大企业的强硬态度而闻名，以其名义掀起了新布兰迪斯运动，反对科技巨头的垄断行为，不断强化反垄断法的实施，由于这场运动有一批学者参与，拥有广泛的学术和社会影响，逐渐超越社会运动的范畴演化成为新布兰迪斯学派。

（一）从布兰迪斯到博克

谢尔曼法模糊的语言，导致在适用上呈现出了不同的执法范式。在芝加哥学派出现之前，反垄断执法的标准，虽因客观背景、经济形势和执政理念有所变化，但整体上的观点是布兰迪斯大法官反对经济集中。

结构主义对企业集中的担忧，依靠本身违法原则来简化证明，将市场力量与市场份额、市场集中度联系起来。尽管反垄断法以限制竞争行为作为损害赔偿的条件，但却依赖市场结构来评估行为的竞争后果。如果将结构主义时期的反垄断法解释成布兰迪斯大法官的胜利，那么三十年后，芝加哥学派就将夺取这一胜利。[1]新布兰迪斯学派和芝加哥学派都将反垄断视为布兰迪斯和博克之间的竞争，竞争政策应该倾向于消费者还是大企业呢？

根据博克、波斯纳和斯蒂格勒等芝加哥学派学者的倡议，反垄断法进入了以效率为主的时代，导致了各个行业的市场高度集中，不断增长的市场力量扭曲了财富分配。芝加哥学派的反垄断法显然不能自我矫正市场力量，执法机关也没有认识到日益增长的市场力量。在经济增长放缓的背景下，反垄断就变得十分空洞，将经济收益分配给大企业，而不是共同富裕，使得监管越来越难以维护。

（二）下架芝加哥学派

新布兰迪斯学派关注经济集中导致的政治后果，强调反垄断与民主制度的联系，科技巨头不只损害市场竞争，还包括许多与竞争行为无关的因素。新布兰迪斯学派通过规制产业集中来维护民主，除对民主的威胁，市场力量导致经济损害，将财富从工人阶级和中产阶级转移到顶端。政治和

---

〔1〕　参见沈伟伟：《迈入"新镀金时代"：美国反垄断的三次浪潮及对中国的启示》，载《探索与争鸣》2021年第9期。

经济上的弊端在反垄断哲学中存在意识形态基础，当前许多社会问题源于日益集中的市场。

布兰迪斯大法官认为，反垄断的核心理念在于维护一个与民主兼容的经济体制，反垄断必须反对经济集中，促进经济民主。经济集中带来了民主威胁，反垄断运动将经济监管描述为在拆分和自由放任之间进行选择。里根对反垄断理论的修改，允许大企业主导市场，将资本从民主社会的束缚中解放出来。[1]

面对科技巨头垄断，新布兰迪斯学派认为，执法机关自由放任服务了大企业，而不是社会整体利益，批评芝加哥学派过于狭隘的效率标准，主张改变路线来促进社会利益，反垄断理论是构建民主社会的关键工具和哲学基础。[2]

新布兰迪斯学派将现在的产业集中与 20 世纪初相比，反垄断对经济集中的政治影响是重要的因素。经济集中对民主体制产生威胁，反垄断法成为最后的制衡手段。当企业规模不断扩大，越过规模经济后即会形成规模不经济，经济集中更易受国家管控。新布兰迪斯学派对大企业的警醒，来自经济集中而非其绝对规模，经济集中将影响政治、社会和经济结构，而不只是市场运作和经济效率。

社会结构变迁是推动法治转型的内生动力，反垄断可以带来经济利益和政治利益。除引发对经济效率的担忧外，经济集中加剧了收入不平等，进而威胁民主。芝加哥学派将反垄断的基础仅建立于经济学之上，显然过于狭窄，需要引入更为宽泛的社会基础，同时考虑消费者利益。欧美平台法案对数字平台的界定，均采用以用户数量或营业额为基础的绝对标准，不再依赖于抽象而复杂的经济分析，反映了舍弃芝加哥学派理论的迹象。在保护对象上，将多元主体包括在内，朝着建立更广泛的利益主体和社会基础方向努力。

---

〔1〕 Jonathan B. Baker, "Finding common ground among antitrust reformers", *Antitrust Law Journal*, Vol. 84, No. 3（2022）.

〔2〕 参见 ［英］ 马丁·摩尔、达米安·坦比尼编著：《巨头：失控的互联网企业》，魏瑞莉、倪金丹译，浙江大学出版社 2020 年版，第 113 页。

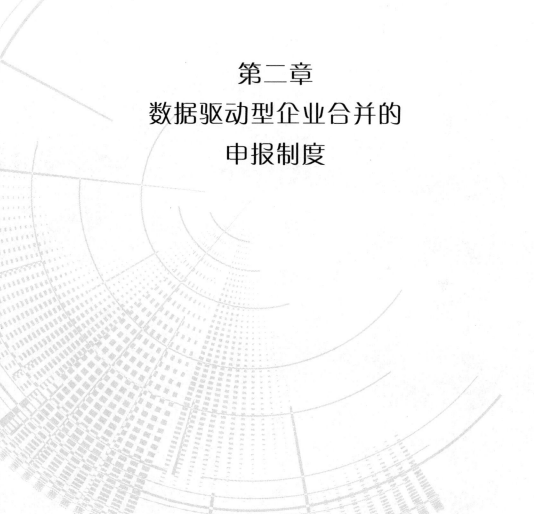

第二章
数据驱动型企业合并的
申报制度

制度受制于经济技术的发展而滞后，或者直接设计不完备的法律，此时，如果不阐明法律则必定会导致一些案件被"错放"或"错杀"，执法机关运用剩余立法权来解释现行法。反垄断法具有内在的不完备性，仅仅依赖这类法律并不能对竞争损害产生有效的规制，执法机关因此承担重要的立法及执法的双重角色。而平台经济对合并申报制度带来的挑战，也更加印证了，形式与实质源自法律不完备情形下的剩余立法权问题，从根本上来说，体现了社会政策的简约性要求与市场环境的复杂现象之间的矛盾，尽管简约的方式和程度存在差别，但是均根源于无法完全回应市场经济状况的复杂性。

第一节　企业合并事先申报制度

企业合并提供了其在未来限制竞争的市场力量，而滥用市场力量与垄断协议在反垄断法的调整框架内，那么等到此类行为发生时再进行事后干预为何不可？美国谢尔曼法通过之初也未将企业合并纳入调整范围，甚至是谢尔曼法的严格实施意外地导致了企业合并的高潮。[1]1914 年美国《克莱顿反托拉斯法》（以下简称克莱顿法）将股权收购纳入反垄断法予以规制。1950 年美国《塞勒—科佛沃反托拉斯法》将资产收购与股权收购一并纳入合并控制体系。1976 年《哈特—斯科特—罗迪诺反垄断改进法案》（HSR）确立事先申报制后，才完成了反垄断三大支柱的构建。[2]由于没有事先强制申报制度，执法机关没有足够时间调查那些迅速完成的合并或

---

〔1〕　参见［美］赫伯特·霍温坎普：《联邦反托拉斯政策：竞争法律及其实践》，许光耀、江山、王晨译，法律出版社 2009 年版，第 542 页。谢尔曼法第 1 条的严格实施，导致企业间过高的固定价格成本，许多企业转换成合并的方式，这种积极的反垄断政策造成了有效率合并的结果，尽管这并非其设计者们预想的结果。

〔2〕　Baer, William J. , "Reflections on twenty years of merger enforcement under the hart-scott-rodino act", Antitrust Law Journal 65. 3, 1997.

未提前宣布即实施的合并，难以判断是否存在限制竞争影响。事后规制的效果一般，执法成本却很高，即使发现存在限制竞争影响，但因合并已经实施完毕，即便采取资产剥离也难以完全恢复到合并前的竞争秩序，资产剥离甚至会产生破坏作用。[1]为此 HSR 创设事先申报制度，避免合并完成后难以恢复原状，将限制竞争行为遏制在合并发生之初，有利于消除早期违法趋势。

一、合并申报标准：法定标准与主动调查

事先申报制度，如果拟议交易构成合并并且不属于豁免的情形，达到申报标准的就应当进行申报，未申报的不得实施集中。[2]基于经济效率和执法资源的平衡，执法机关也只能审查有限的申报案件，因此合并申报门槛就变得十分重要。[3]达到申报标准且不存在豁免情形的合并都需要进行合并申报，但是，我国反垄断法没有明确未达到申报标准的合并是否受反垄断审查，[4]除了法定申报标准，还存在执法机关综合各种因素认定的合并，客观上反映出我国反垄断法在合并申报范围上的不确定性。[5]设置法定申报标准作为申报门槛，事先规制产生或强化竞争损害的合并，同时有利于提升经济效率，执法机关有权主动调查事实上具有排除、限制竞争效果的合并，弥补僵化的法定标准造成的规制不足，与执法机关灵活性伴随来的是不确定性风险。构建法定标准与主动调查相结合的申报模式主要有

以下原因。

第一，经济分析—法定主义构成了反垄断法的分析模式，[1]市场份额、销售量、利润率、需求弹性等量化工具已经内化到反垄断法的制度构成中，经济分析在合并案上尤为明显，利用经济模型分析合并是否会产生排除限制竞争效果，计算合并前后市场集中度或市场份额变化，采用上调价格压力指标（UPP）评估合并效果，构建数学模型进行合并仿真模拟，推测合并效果的全部数值。预测合并的竞争后果很难是精确的科学，还有其他几种因素必须考虑进来，而每一种因素都可以说只是软尺寸，但也不是简单抽象地将所有这些因素都放到一起。[2]受哈佛学派的影响，依靠市场份额、市场集中度等结构性因素来决定合并结果，导致合并申报标准过于僵化。芝加哥学派对结构主义的修正，不再将市场份额和市场集中度作为权衡合并效果的关键因素。企业合并申报的规制进路发生了转向，申报标准逐渐科学灵活地体现了合并审查的不断削弱。然而，事先申报制度需要权衡合并效率与限制竞争之间的张力，申报标准设置不当导致威慑过度与威慑不足现象同时产生，既无法对实质损害竞争的行为予以有效规制，又提高了经营者的守法成本。数字平台合并具有极强的时效性，尽快完成合并有利于规模经济的展现，而申报标准的不确定性容易延误市场机遇，立法不完备、监管技术落后、分析框架滞后导致执法机关对此类合并误判的概率显著提高。然而，如果完全放任数字平台合并行为，数字市场越来越集中于大型数字平台衍生持久的市场力量，影响层面较实体产业更加广泛且迅速，采用的手段资源更加复杂多元。

第二，任何法律都有一定的社会目标，当不同社会目标存在冲突时，必然会产生各种目标之间的位阶问题，如果把反垄断法的规制目标局限于经济效率最大化，偏离其他目标，反而导致社会利益损害。[3]反垄断法需

---

〔1〕 参见叶卫平：《反垄断法分析模式的中国选择》，载《中国社会科学》2017年第3期。

〔2〕 参见［美］赫伯特·霍温坎普：《联邦反托拉斯政策：竞争法律及其实践》，许光耀、江山、王晨译，法律出版社2009年版，第572页。

〔3〕 参见李剑：《经济体特性与反垄断法的界限——以澳门博彩业为视角》，载《法学》2015年第2期。

要预留一定的弹性空间兼容其他目标的实现。平台经济是以数据为生产要素，利用数据分析解决信息不对称问题，通过数字化机制配置资源。随着平台经济多元化发展，平台之间不断整合垄断了数字市场的必要设施，数字平台对跨行业的颠覆性创新，同时控制了非数字市场，社会也更多地依赖强有力的大型平台连接。在超级平台统辖的趋势下，社会逐渐依托于互联网及各类数字平台完成交易，由此带来在价格为零的前提下，数字平台利用现代技术造成的竞争损害，决定了其分析范式必定有别于传统的价格中心型分析框架。因而，既需要法定标准为形式指引，同时利用主动调查拓展申报制度。

法律必须保持稳定，但又不能一成不变。[1]由此可见，社会变革底色中的法律存在灵活性与稳定性的二律悖反。这一法理学命题在反垄断法的场景下，在合并申报领域中有着深刻的映射。法定申报标准提供了确定性门槛，但是僵化的标准缺乏动态前瞻性，无法及时根据产业特性和市场发展调整。反垄断法并非消灭自由裁量，相反，却内在地为自由裁量留出选择空间。执法机关在合并申报、审查、抗辩、救济各个环节利用自由裁量权，处理复杂争议大的案件。执法机关对未达到申报标准的合并依职权展开调查，实现申报质量与审查效率之间的平衡。

二、合并申报实体标准的僵化

基于对控制因素判断的区别，世界各国（地区）的申报标准分为当事人规模标准与交易规模标准，当事人规模标准分为市场份额和销售额标准，即营业额、总资产、交易规模、市场份额。[2]欧盟合并控制实体标准经历了滥用市场支配地位标准、市场支配性地位标准、严重妨碍有效竞争标准三个发展阶段，[3]现在更加注重当事人的规模，美国则同时考虑交易

---

〔1〕 参见［美］罗斯科·庞德：《法律史解释》，邓正来译，中国法制出版社2003年版，第2页。
〔2〕 参见方小敏：《经营者集中申报标准研究》，载《法商研究》2008年第3期。
〔3〕 参见张世明、马立国：《更为经济的方法：欧盟经营者集中控制实体标准论衡》，载《内蒙古师范大学学报（哲学社会科学版）》2017年第5期。

规模和当事人规模。[1]

为了判断拟议合并交易是否达到申报标准需要计算营业额,与市场份额不同,营业额大小和市场力量之间的关联模糊。[2]申报标准通常以营业额、资产额作为标准,极少以市场份额为申报标准。由于行业差异和指标数值,有些营业额、资产额高的经营者的市场份额并不高,达到申报标准的交易不会限制竞争。营业额作为标准可以兼顾申报标准的各项因素,直接反映企业在相关市场的集中度,通过防止市场的过度集中鼓励市场竞争。将市场份额设计为申报标准,传统工业经济中的市场份额与市场力量之间存在正相关,价格中心型分析框架对数字市场的份额计算与市场力量衡量带来了挑战。

（一）营业额标准的内在缺陷

任何一项法律一旦制定,其规制对象就随之确定,由于剩余立法权的存在,法律与复杂的市场经济相遇时,其瞄准概率就会大大降低。当我们将经济法建构以市场机制为中心的体系时,经济法的实施机关和规制程序常常以经济政策为先导。[3]经济法的制度构造具有突出的政策性,为了灵活地及时应对各种复杂问题而产生的经济政策,[4]由此区别于传统的部门法。经济法只是提供了基本的制度框架,经济政策在调整经济关系中发挥了直接作用。同时,在颁布某项法律进行争论与妥协过程中,各种不同利益集团常常相互冲突,对于某个条文的目的存在不同动机和意见。为了达成妥协,立法机关有意设计宏观、宽泛、原则性的条款,把具体细化的权力留给执法机关,赋予其实施的灵活性。换言之,立法环节存在需要处理

---

〔1〕　参见方小敏、朱一飞:《欧美企业集中事前申报制度比较研究》,载《环球法律评论》2006 年第 5 期。

〔2〕　参见郭传凯:《互联网平台企业合并反垄断规制研究——以"滴滴""优步中国"合并案为例证》,载《经济法论丛》2018 年第 1 期。

〔3〕　参见 [日] 丹宗昭信、伊从宽:《经济法总论》,[日] 吉田庆子译,中国法制出版社2010 年版,第 311 页。

〔4〕　经济政策是指国家为了实现特定经济目标而采取的所有措施,根据目标取向不同,可以分为经济制度政策、经济结构政策和经济运行政策。[德] 乌茨·施利斯基:《经济公法》,喻文光译,法律出版社 2006 年版,第 116 页。

各种复杂因素的遗留问题，难以适应市场经济的现代性需求，无法整合不均衡的利益结构，会将市场经济的内部结构冲突转嫁到执法和司法环节。[1]因此，执法机关在法律实施过程中的实际权力很大，实际剩余立法权更多地放在执法机关手中。这种情况之所以得到延续而不受挑战，正是因为执法机关灵活实施而没有引起不适合的质疑，从而呈现出稳定的制度化趋势。

合并申报制度仅仅以单一的营业额为标准，而不考虑市场份额、企业资产和交易规模因素，不仅导致市场份额小但是资产高的企业合并即便对市场竞争没有影响也需要申报，同时又对市场竞争影响较大的数字平台合并由于采用免费策略而规避了申报。[2]在合并申报体系中，由于营业额标准本身缺乏灵活性，在以营业额作为申报标准时，通常需要辅以市场份额、资产和利润等指标综合考量。定量标准在执法灵活性与规范确定性之间产生了张力。由于定量标准的内在弊端，对具有或可能产生限制竞争效果的合并，执法机关应当主动调查或由合并方主动申报。但是，执法机关在复杂案件中倾向于选择性不作为，从而在形式理性掩盖下无法对具体案件作出恰当处理。

（二）营业额标准无法识别数字市场力量

合并控制体系将营业额作为申报标准，把市场份额和市场控制力作为审查因素。合并申报制度将"营业额—相关市场—市场份额"作为合并控制的参照谱系，以营业额作为申报标准识别潜在限制竞争的合并，现行合并申报机制与实质审查具有内在关联。[3]市场力量是指企业能够通过减少产出，将其商品价格提高到竞争性水平以上，从而增加利润的能力。构建模型描述市场力量和垄断的关系相对容易，因为竞争者的定价会趋近边际成本，垄断者的定价则取决于其自身边际成本曲线与边际收入曲线的交点。然而，推理模型简化并掩盖了实际衡量市场力量的困难。竞争损害并

---

〔1〕 参见刘杨：《执法能力的损耗与重建——以基层食药监执法为经验样本》，载《法学研究》2019年第1期。

〔2〕 参见张小强：《网络经济的反垄断法规制》，法律出版社2007年版，第242页。

〔3〕 参见徐瑞阳：《论经营者集中申报标准实施机制的完善》，载《法学家》2016年第6期。

非企业有能力将价格提高到边际成本以上，而是由于它有能力封锁竞争对手，垄断行为真正的力量来源是市场份额。[1]

　　但是，营业额标准逐渐无法适应平台、数据、算法三元经济结构的发展要求，市场份额主要用于判断工业经济时代的企业市场力量，不再是认定数字平台市场力量的主要因素，反映数字平台的零价策略以及平台特性，分析数字市场的进入壁垒。同时，数字平台的市场份额作用减弱和增强的因素同时存在，市场份额标准应综合考虑其他因素。基于营业额与市场份额的内在关联，单纯依靠营业额标准无法有效规制数字市场潜在限制竞争的合并。针对数字市场的竞争损害，在未达市场力量门槛时，封锁效应的寡头垄断市场出现的非协调一致性行为，就予以介入。[2]将数据定位于竞争约束的定性指标，修正市场份额初步判断市场力量的结果，执法机关应动态评估市场力量与滥用行为之间的关系，数字平台基于市场力量实施排他性行为，获得了更大的市场力量，这种企图垄断的行为亦同样应受到反垄断法的规制。[3]

　　数字平台合并与建立在传统工业经济基础上的营业额标准的不同点在于，数字市场在很长时间内尚未有显著的营业额，虽尚未投入市场但具有极大的市场力量。[4]在 Facebook/WhatsApp 案中，Facebook 以 190 亿美元的价格收购 WhatsApp，却由于 WhatsApp 营业额不高而几乎能规避合并审查，凸显了以营业额作为申报标准的不足，因诸多不可量化因素，导致申报标准在平台经济领域的实施依靠执法机关的自由裁量。在平台合并申报中，非上市的数字平台没有义务公开自己的财务数据，营业额并不透明，且与实体经济经营额计算方式不同，双边市场的营业额如何计算，数字平

---

〔1〕　参见［美］赫伯特·霍温坎普：《联邦反托拉斯政策：竞争法律及其实践》，许光耀、江山、王晨译，法律出版社 2009 年版，第 85 页。

〔2〕　Autorité de la concurrence & Bundeskartellamt，"Competition law and big data"，10th May 2016.

〔3〕　参见郭传凯：《走出网络不当竞争行为规制的双重困境》，载《法学评论》2020 年第 4 期。

〔4〕　参见金枫梁：《滴滴系列集中案反垄断申报的适用困境——兼论〈国务院关于经营者集中申报标准规定〉第 4 条的修订》，载《经济法学评论》2019 年第 1 期。

台有动机可以更改营业额规避申报。[1] 各国的经营者集中申报标准主要调整工业经济，计算企业收入的综合得出其营业额，但是会导致新创平台因不具备营业额而摆脱合并审查，目前的申报实体标准难以适用于数字平台的合并。

三、合并申报程序标准的瑕疵

由于经济法内在的不完备性，剩余立法权和控制权的分配会影响法律实施的有效性。如果法律是完备的，那么我们无须寻找一个机构替代司法机关，主动式的执法机关只会在法律不完备时产生。换言之，在不完备法律下被动式司法是不够的，这样将会导致法律的震慑失灵。在法律实施环节，执法和司法机关行使剩余立法权和控制权在程序和时间上存在显著区别。司法机关通常是被动的，只有在损害发生后，经当事人起诉，司法机关才能行使其立法权和控制权。相比之下，执法机关在事前事后都能够创设及实施法律，以回应社会经济发展和技术创新变革。一般情况下，剩余立法权和剩余控制权交给执法机关是合适的，能够以灵活的方式启动执法程序，在损害行为发生的早期予以禁止，这不可能仅靠运行良好的司法机关解决。即便如此，依赖主动的执法机关也并不可能适用于所有领域。执法所要贯彻的法律规范与市场经济的行为惯例有所抵触，涉及不同群体的利益，执法会改变违法形成的既有利益格局，从而实质上影响利益再分配。

将合并视为单方滥用行为，大型数字平台将数据作为排除限制竞争的策略工具。数据作为市场竞争的生产要素时，通过合并汇集海量多元的数据，让数字平台的网络效应更加显著，让竞争对手难以收集足够的数据，规避数字平台建构市场进入壁垒进行有效竞争。数字平台分析市场发展的未来趋势，预先掌握并收购潜在的竞争对手。[2] 申报阶段主动调查的自由裁量权与合并效率密切相关，垄断效果双重性与影响因素复杂性要求执法

---

〔1〕 参见叶明、梁静：《我国移动互联网领域经营者集中申报标准问题研究》，载《竞争政策研究》2019 年第 6 期。

〔2〕 Katz, Michael and J. Sallet, "Multisided Platforms and Antitrust Enforcement", Yale Law Journal, Vol. 127, No. 7 (2018).

机关综合判断，对社会问题作出恰当回应并为将来的案件提供合理预期。

　　法定标准与主动调查并存的背后是法律适用确定性与灵活性制度逻辑博弈的结果，[1]法定标准虽然有助于保证合并控制的确定性，但是无法跨越行为类型化的理论障碍造成的问题。执法机关的主动调查是以解释和适用为中心的，这决定了它将不可避免地受到合并控制标准的影响，由具有或可能具有排除限制竞争效果填充而成，广泛涵盖法律事实，基于合并控制标准上的自由裁量天然地具有适用灵活性，能够对不断变化的经济社会条件予以回应，控制限制竞争行为。尽管给定执法机关适用范围，但是仍要不断发现排除限制竞争在数字市场个案中的含义，弥合法律与生活不断变化的现实之间的差距。

四、VIE[2]架构的合并控制：以斗鱼/虎牙案为例

　　协议控制模式是在境外设立并上市的壳公司依靠合同安排控制境内实体公司，实现境内实体公司境外间接上市的法律结构，包含协议控制和可变利益实体（VIE）两个形式。[3]可变利益实体，指外国投资者通过一系列协议安排控制境内的运营实体，不需要收购境内运营实体股权，而取得境内运营实体经济利益的一种投资结构。在实践中，外国投资者利用 VIE 架构进入我国限制或禁止外商投资领域的行业，成为我国数字平台企借助 VIE 架构在境外间接上市，为中国平台经济发展作出了巨大贡献，腾讯、阿里巴巴、百度、新浪、搜狐、京东、滴滴等也从未因 VIE 架构产生的规避效果而被处罚。即便 VIE 架构企业违反我国工信部的产业政策，但并不影响这些数字平台和外资企业一样平等地适用《反垄断法》，商务部在 2012 年就对沃尔玛收购 VIE 架构的纽海控股案作出了处罚。[4]

---

　　[1]　参见李剑：《反垄断私人诉讼困境与反垄断执法的管制化发展》，载《法学研究》2011年第 5 期。

　　[2]　VIE（Variable Interest Entities），指可变利益实体。

　　[3]　参见叶军、鲍治：《外资并购境内企业的法律分析》，法律出版社 2008 年版，第 86 页。

　　[4]　商务部公告 2012 年第 49 号，关于附加限制性条件批准沃尔玛公司收购纽海控股 33.6%股权经营者集中反垄断审查决定的公告。

面对国内外复杂的发展形势，习近平总书记提出了"双循环"战略，即以国内大循环为主，国内国际联动、互动。对于数字市场而言，一方面，国际竞争受到影响和难以开拓；另一方面，国内的市场竞争将变得更加激烈，同时还面临着疫情对经济的冲击，新创平台发展环境比较严峻。其中，数字市场合并对新创平台的生存具有最直接的影响。伴随着平台经济的高速发展，大型数字平台进行了大量的合并与收购，然而这些合并都未进行申报。以虎牙和斗鱼案为例，2020 年 10 月 12 日，虎牙宣布通过以股换股形式与斗鱼合并。该交易属于典型的合并，从虎牙和斗鱼 2019 年年报披露的营业额数据来看，双方都已达到应当进行合并申报的标准。目前虎牙与斗鱼合并等涉及协议控制架构的合并申报案件正在审查中。类似情况在数字平台合并领域屡见不鲜，直接竞争对手之间的合并明显削弱了市场竞争，中小型数字平台难以形成有效的竞争约束，例如，滴滴和优步合并，携程与去哪儿合并，优酷与土豆合并。[1]

追本溯源，数字平台合并审查中面临"VIE 困局"。VIE 架构是我国数字平台企业在历史环境下产生的资本层面的安排，为了实现在海外上市和满足境外融资的需求，绕开我国工信部对互联网领域的外商投资限制，境外投资方往往不以直接持有股权的方式，而通过签订协议安排实现对境内的数字平台的实际控制。由于 VIE 架构本身的合法性问题，长期以来，执法机关对涉及 VIE 架构的合并案都不予受理，在是否接受其合并申报问题上，执法机关陷入两难，接受申报意味着承认 VIE 架构的合法性，不接受其申报则无法完成合并审查职责。[2]基于反垄断审查的特殊目的，商务部只能拒绝沃尔玛继续使用原有的 VIE 架构，却不能对已存在的 VIE 架构表态。[3]企业合并申报门槛主要是考虑控制权和营业额两个要素，虽然并没

---

〔1〕 参见韩金红、唐燕玲：《VIE 模式境外上市中国企业并购动因及绩效研究——以阿里巴巴并购优酷土豆为例》，载《财会通讯》2019 年第 2 期。

〔2〕 参见陈肖盈：《互联网领域未依法申报经营者集中的执法困境及其解决方案》，载《中国社会科学院研究生院学报》2020 年第 1 期。

〔3〕 参见刘燕：《在"默认合法"中爆发的法律风险——协议控制—VIE 模式下风险事件及案例述评》，载《证券法苑》2019 年第 3 期。

有将 VIE 架构排除在申报要求之外，但也没有明确将其纳入申报范围。[1]在 VIE 困局下，数字平台合并的多项重大交易均未依法进行反垄断申报。

然而，数字平台合并的反垄断规制缺位导致数字市场不断集中，提高了新创平台的进入壁垒。以虎牙和斗鱼的合并为例，虎牙和斗鱼是市场上前两大游戏直播平台，虎牙和斗鱼合并将使得腾讯增强在游戏直播行业的市场力量。同时，腾讯也是游戏直播平台上游重要的内容提供方，腾讯通过对虎牙和斗鱼的投资，实质上在逐步对游戏直播领域进行纵向整合，在此基础上，在游戏直播市场促成前两位的竞争者进行横向合并。虎牙和斗鱼合并将对游戏直播市场造成竞争损害。首先，目前整个游戏直播市场呈现出高度集中的局面，腾讯在主导完成虎牙和斗鱼的合并后，实际上消除了市场上竞争最为紧密的前两大竞争对手。此外，腾讯运营企鹅电竞，并投资同样从事游戏直播业务的哔哩哔哩，将进一步巩固其在游戏直播行业控制地位，导致限制竞争的单方效应，其他直播平台难以对其形成有效的竞争约束。其次，游戏直播平台的竞争力绝大程度取决于内容的丰富性。游戏厂商、赛事方等作为直播游戏直播内容的来源，可以直接从内容源头的授权控制各游戏平台生存的重要入口。腾讯在手游、端游等游戏行业的各个领域均占据市场力量。未来腾讯集合和掌握的游戏资源，对游戏直播领域的其他经营者、新进入者等形成封锁，进一步排除和限制游戏直播领域的竞争。同时，鉴于斗鱼、虎牙的整合将集中双方在游戏直播领域的优势资源，合并后的斗鱼和虎牙将极大提升对主播的议价能力，对其他游戏直播平台进行主播资源的封锁。消费者面对合并后一家独大的平台，在价格、商品质量维度都将失去平台的选择权。最后，虎牙和斗鱼作为中国前两大游戏直播平台，掌握了海量的用户数据，成为构建和提升算法的基础。腾讯在虎牙和斗鱼完成合并后汇集用户数据，利用其作为平台巨头的技术力量优化算法，增加客户对其现有产品的依赖性和黏性，降低转换至其他平台的意愿和动力，从而提高整个游戏直播行业的进入壁垒。

---

〔1〕　参见王先林：《三起未经申报违法实施经营者集中处罚案的关键点和意义》，载《中国价格监管与反垄断》2021 年第 2 期。

第二节　申报标准设定

数字平台为了聚合海量数据收购新创平台是常见的商业策略。一般市场的合并，因市场新进入者的份额很低且缺乏横向重叠，未必会改变市场竞争状态。然而数字平台未必在市场上占据市场力量，但因为合并导致了海量数据集中，或市场上的必要数据被控制，数字平台可以持续稳定日益提升数据收集与市场控制的优势，限制甚至排除市场进入，损害市场的有效竞争。

一、法定实体标准

（一）交易额标准

如果新创平台在合并时尚未达到一定的营业额，但其具备影响市场竞争的发展潜力，仍属于合并控制的范围。《德国反对限制竞争法》（第九修正案）规定，"交易价值超过 4 亿欧元的合并仍然需要申报"，打破了单纯以营业额作为申报门槛的制度，使参与合并的平台即使尚未取得营业额，但因具备发展潜力，而让大型数字平台以高价合并的案例纳入合并申报，回应之前 Facebook/WhatsApp 案，因为 Facebook 以 190 亿美元收购 WhatsApp，远超过 WhatsApp 当时的市值，却因为 WhatsApp 营业额较低而几乎规避了欧盟的合并审查。Facebook/WhatsApp 案凸显在数据驱动市场以营业额作为门槛的规制制度的不足。同时，以数字平台在国内已有充分经营作为纳入审查的补充条件。因此，在一定地域市场已经充分经营而具备影响市场竞争的数字平台，即使营业额未达到申报标准，但是合并的整体价值已经超过一定数额，如具有竞争潜力的新创平台，虽然提供免费服务但是已经占有影响竞争的数据，因为具有或可能具有排除限制竞争的影响而被纳入合并申报体系。[1]

针对数字平台合并调整事前申报标准，申报标准不再以营业额为基

---

[1]　参见周万里：《德国反限制竞争法的第九次修订》，载《德国研究》2018 年第 4 期。

础，使得尚未取得高营业额，但在市场上已经具备发展潜力或竞争价值，而让数字平台以高价收购的案例，以合并价值为标准纳入事前申报范围。未来在我国已充分运营具备影响市场竞争的数字平台，即使营业额未达到申报标准，但其受合并的整体价值已超过一定数额，虽然新创平台提供免费服务，但因已握有影响竞争的数据而可以被纳入合并控制。[1]数字平台早期就发现特定平台未来的市场潜力，利用数据开发销售新商品的情况下，一旦数据集合体在早期阶段建构市场力量时，以营业额作为申报标准无法充分掌握被控制的企业合并情形。[2]总之，大型数字平台将未达到一定规模但具备竞争优势或潜力的新创平台合并，新增市场份额与营业额之外的申报标准，使具有数据优势影响市场力量的数字平台合并，不会因为被合并方的市场份额不高或没有营业额而被忽略。

（二）涉及协议控制架构的合并纳入申报范围

协议控制是通过合同来安排不同企业之间控制与被控制的权义关系。VIE 通过报表合并而将不具有股权投资关系的多家实体组合在一起，通过法律上的各种形式安排揭示经济实质。协议控制彰显的是私法意思自治精神，利用合同自主安排当事人之间的经济关系和利益分配。而 VIE 则否定意思自治。数字平台企业在境外间接上市的过程中，借助控制协议和 VIE 等工具设计合法架构，规避产业准入、境外上市、外汇流动、反垄断等方面的监管，但对法律形式的依赖，忽略了法律监管、会计制度奉行实质重于形式的理念。当协议控制试图利用合同工具，在保留实质控制的同时维持多个法人之间独立性的假象时，VIE 会计准则却通过法律形式将多个独立法人合并来反映经济实质。[3]

在阿里巴巴投资收购银泰商业案中，[4]收购方阿里巴巴投资在英属维

---

〔1〕　The CMA's Digital Markets Strategy, July 2019.

〔2〕　Ein neuer Wettbewerbsrahmen für die Digitalwirtschaft, Bericht der Kommission Wettbewerbsrecht 4.0, BMWi, September 2019.

〔3〕　参见刘燕：《企业境外间接上市的监管困境及其突破路径——以协议控制模式为分析对象》，载《法商研究》2012 年第 5 期。

〔4〕　国市监处〔2020〕26 号。

尔京群岛注册成立，是阿里巴巴从事战略投资的全资子公司。在腾讯控股企业阅文收购新丽传媒案中，[1]收购方阅文在开曼群岛注册成立，通过协议控制境内运营实体阅文，最终控制人是腾讯。在丰巢网络收购中邮智递案中，[2]收购方丰巢网络通过协议控制深圳市丰巢公司。这三起案件中均涉及协议控制架构，这是执法机关首次对涉及协议控制架构的企业违法实施集中作出的处罚。数据驱动型企业合并频繁发生，但却很少进行合并申报，其中固然有 VIE 困局的影响，但是反垄断法并未规定 VIE 架构可以豁免申报。虽然数字平台对推动经济高质量发展有积极贡献，但平台经济的健康发展也离不开新创平台，如何增强新创平台的活力和创新，是促进平台经济增长的当务之急。加强对数据驱动型企业合并的反垄断规制，是保护新创平台发展和市场竞争的举措。事实上，这已经成为全球范围内反垄断执法的一个共识，当前美国正对 Google、Apple、Facebook、Amazon 四大科技巨头开展反垄断调查，其原因是认为这些巨头的行为已经产生了遏制创新和妨碍竞争的效果。[3]在"双循环"的背景下，在法律层面消除反垄断监管 VIE 架构的模糊态度，并对复杂的交易结构进行实质性穿透，识别数字平台企业通过股权主导的交易行为，[4]有必要将 VIE 架构纳入《反垄断法》中，拟制"涉及协议控制架构的经营者集中，适用前款规定"。[5]

二、执法机关主动调查

(一) 经营者为新创平台

数字平台如果已经占据市场力量，识别未来对平台有潜在竞争影响的新创平台，并在该平台早期进入市场时即将之收购，提升平台服务的多元

---

〔1〕 国市监处〔2020〕27 号。

〔2〕 国市监处〔2020〕28 号。

〔3〕 Investigation of competition in Digital Markets, The House Antitrust, Commercial and Administrative Law Majority Staff Report on Big Tech, 2020.

〔4〕 参见苏雪琴、刘乃梁：《平台经济视阈下的股权控制和市场竞争》，载《商业研究》2020 年第 8 期。

〔5〕 参见《关于平台经济领域的反垄断指南》。

性。此类合并让高度集中的市场更无法出现潜在竞争。比如，Google、Amazon、Facebook 和 Microsoft 等大型数字平台频繁地策略性收购新创平台，维持持久市场力量，尤其在合并后新创服务即被终止或嵌入平台整体，让高度集中的市场无法出现创新经营者。[1]但是，数字平台对新创平台的收购带来了资源，新创平台被收购亦是创新成功的激励。由于收购经常出现在新创平台发展早期，其业务与大型数字平台间没有明显的横向竞争关系，尚无法判断新创平台在相关市场的地位。合并是否有助于内容数字化、应用多元化，提供创新整合服务，兼顾数字市场的跨平台发展，使数字平台竞争的界限不应局限于传统划分市场，而应考虑平台整合发展趋势。未来数据汇集趋势是逐步整合到单一数字平台，合并有助于强化数字汇集发展，对整体经济利益大于限制竞争损害。[2]同时，还应考虑新创平台竞争潜力是否因平台合并策略受到影响。如果大型数字平台收购新创平台，评估新创平台对整体竞争策略的价值，是否以附加限制性条件方式要求数字平台给予新创服务一定期间的发展，避免直接消解创新服务，以维持市场多元创新发展；是否禁止合并以扶植未来可与大型平台相互抗衡的新创平台。数字市场的混合经营趋势，由平台提供多元服务，必须扶持可与之竞争的数字平台，维持市场竞争。[3]因此，在面对数字平台合并新创平台的案例中，需要评估具有市场力量的数字平台的整体策略，针对可以被识别出来的新创平台在立足时即被系统性收购，避免其在未来成为竞争对手。

（二）免费模式导致营业额较低

如果新创平台在合并申报时尚未达到一定的营业额甚至尚无营业额，但具备影响市场竞争的潜力，仍属于合并申报范畴。以数字平台的市场份额或上一会计年度营业额作为基准，本来即并非仅以营业额作为基准。不

---

〔1〕　参见叶明、承上：《互联网行业经营者集中反垄断规制的挑战与解决思路》，载《经济法论丛》2019 年第 2 期。

〔2〕　Shapiro, Carl, "The 2010 Horizontal Merger Guidelines: From Hedgehog to Fox in Forty Years", Antitrust Law Journal, Vol. 77, No. 1（2010）.

〔3〕　Rebecca Haw Allensworth, "Antitrust's High-Tech Exceptionalism", The Yale Law Journal Forum January 18, 2021.

过数字市场的免费特性难以计算营业额，无法通过市场份额计算市场力量。数字市场变化复杂，新创平台尚未具备一定的市场份额，但开发算法或占据必要数据，与其他数字平台合并时就有助于衍生市场力量。[1]数字平台通过混合合并方式，须考虑双边市场的影响，虽然并不会改变其在个别市场的市场份额，但因合并带来的数据集中或跨市场的数据交互利用，让数字平台因为数据建构取得市场力量，提高了数字市场的进入壁垒。

在平台经济的业务模型中，数字平台同时为多个不同用户群提供服务，此类服务的资金源自广告主，而另一方平台以免费或以相对较低的价格提供服务。由于间接网络效应，大量客户不愿使用新服务，这使得平台必须对服务进行补贴以进入市场。[2]因此，具有潜在破坏性的创新服务，对未来的竞争通常具有重要意义，但是其没有或只有很少的营业额，在平台经济中，通常既不反映数字平台的当前市场地位，也不反映其未来的竞争潜力。[3]这种情况导致了合并控制体系中的申报缺陷，收购营业额较低的平台，需要采用基于交易价值被用作衡量具有竞争意义的目标平台的申报门槛。控制获取潜在竞争对手，现有平台具有巨大的创新潜力，这种合并可以直接消灭目标平台的创新潜力，以优待自己的商品和服务。平台经济通过开发技术或产品，只有在出售商品后才能够实现营业额。但是，只有目标平台在国内有大量业务的情况下，这类合并才受合并控制的约束。

（三）背离企业（maverick firm）

数字平台为了适应动态市场环境，改进技术和创新服务向用户提供多元选择。大型数字平台收购新创平台，能够让创新服务更早且快速被用户利用，前提是新创平台在合并后仍有机会提供服务，从而提升数字平台的

---

〔1〕 Ex-post Assessment of Merger Control Decisions in Digital Markets Final report, Document prepared by Lear for the CMA, 9 May 2019.

〔2〕 Baker, Jonathan B, "Merger Simulation in an Administrative Context", Antitrust Law Journal, Vol. 77, No. 2, 2011.

〔3〕 Schlag, Pierre, "Rules and Standards", UCLA Law Review, Vol. 33, No. 2, 1985.

多元价值。[1]如果合并后无法持续保留服务而被弱化或消失，则扼杀了具有潜力的创新服务。DoubleClick、WhatsApp、Skype 和 LinkedIn 在各自市场都具有竞争潜力。在 Google/DoubleClick 案中，DoubleClick 有精密且有潜力的广告投放算法，收集海量有价值的用户数据，是 Google 未来在广告市场的潜在竞争对手，合并将影响市场未来竞争。欧盟认为，DoubleClick 收集用户数据在利用上存在合同上的限制，本身也有收集用户数据的能力，合并不会强化数字平台竞争优势且不会导致竞争损害。然而，Google 在收购 DoubleClick 获得广告投放算法之后，衍生了网络广告市场的市场力量。而在 Facebook/WhatsApp 案中，Facebook 在合并后迅速连接 WhatsApp 的数据，提供网络广告服务，WhatsApp 的市场地位和隐私价值因而受损。新创平台虽然尚未累积营业额，却具有极高的竞争潜力，具备市场力量的平台对新创具有潜力的数字平台合并，对未来市场竞争产生影响，须纳入合并申报范围。[2]即使设置三年的预测期，仍然无法确定合并是否导致对市场竞争的损害，如 Facebook/WhatsApp 案。调整合并事前申报标准，让并购具有一定价值的小型新创数字平台亦纳入审查范围。

（四）自由裁量标准的约束

鉴于数据驱动型企业合并行为的衍生复杂多变，只有执法机关主动调查才能够灵活因应，及时防疏堵漏制度漏洞。执法机关借由自由裁量权在实践中不当运用，减损了法律适用的确定性。然而，自由裁量权根源于法律语言指引的有限性，因此，我们需要能够深刻理解排除限制竞争的意涵，提炼出判定数据驱动型企业合并行为正当性的客观标准，自由裁量权就可以得到较好的控制，因噎废食实非明智之举。案例指导制度在释法以及限缩自由裁量权方面有一定的功用，及时遴选、发布新型企业合并的指导性案例对优化执法机关主动调查大有裨益。

第一，执法机关应当依法调查未达到申报标准，具有或可能具有排除

---

〔1〕　Tucker, Darren S. and Wellford, Hill, "Big Mistakes Regarding Big Data", Antitrust Source, December (2014).

〔2〕　参见刘云：《互联网平台反垄断的国际趋势及中国应对》，载《政法论坛》2020 年第 6 期。

限制竞争效果的合并，有意借此将其打造成包罗万象、永远正确的真理式话语。然而，这种立法策略将之纳入模糊地带，扩展自由裁量权的空间，增加执法的不确定性。鉴于此，为了保证《反垄断法》适用的确定性，宜首先将"经营者集中未达到国务院规定的申报标准，但具有或者可能具有排除、限制竞争效果的，国务院反垄断执法机构应当依法进行调查"上升至反垄断法的高度，以使执法机关行使自由裁量于法有据。配套规定增补上，在《关于平台经济领域的反垄断指南》《经营者集中审查办法》中不断列举需要主动调查的数字平台合并情形，在对数字平台带来确定性的同时，也能够起到约束执法机关自由裁量权的作用。修改反垄断法，增补相应的配套规定是优化数据驱动型企业合并反垄断审查的重要路径。

第二，引入利益衡量的评估方法。目前，执法机关在评估企业合并行为是否正当时，主要依据是实质竞争损害标准，即以新型数字平台合并是否具有排除限制竞争效果来认定其正当与否。客观而言，实质竞争损害标准具有一定解释力，也具有规范基础。但是该标准较为主观，为自由裁量权的滋生提供了条件。我们有必要寻求一种更为科学、客观地适用实质竞争损害标准评估一项平台合并行为是否正当。利益衡量作为一种法律解释方法，与反垄断法的立法目的高度契合。同时利用经济学的方法准确地计量，在一定程度上摆脱了主观思维的束缚。[1]平台合并行为牵涉的利益主要包括公共利益、消费者利益、平台经营者利益。在个案中的各类利益有时是异质性的，公共利益与个体利益并不处在同一位阶上。遇此情况时，我们有必要在各类利益之间确定一个保护序位，使市场竞争秩序具有一定的优先性，消费者利益作为一种群体利益通常高于数字平台的利益。在利益衡量时，我们应尽量避免一元论式的价值等级序列导致的价值专制局面。利益衡量的核心并不是冲突利益之间的相互排除，而是以利益保障的最大化为目标，强调一项竞争行为在总体上应有利于促进市场竞争，只有当一项平台合并行为能实现与竞争相关的利益最大化时才具有正当性，否

---

〔1〕 Cohen, Julie E., "Law for the Platform Economy", U. C. Davis Law Review, Vol. 51, No. 1 (2017).

则利益衡量的结果就会发生偏差。此外，利益衡量并不是通过经济分析方法将各类利益都换算成数字，而是运用比例原则评估一项平台合并行为引起的利益变化。[1]

三、小结：法律的形式理性与实质理性

形式与实质是法律的两个基本维度，围绕形式与实质在传统部门法产生了大量的论争，使得实施标准深处统一性与灵活性的张力中，不得不在形式与实质之间摇摆。马克斯·韦伯比较了由系统性的规则实现的可预见性和行使法律中的实质理性所产生的不确定性，封闭的、自我参照的法律最终能够实现可计算的规制话语。[2]然而，可计算性以保护商业交易中的预期为条件，并且这些预期同时建立在相互竞争的规范框架上。

依赖法律的形式化技术，对法律文本中的概念、规则和原则等外在形式展开逻辑推演，自我参照和封闭性的集合就是法律形式主义的进路。[3]在法律形式主义下，实施机关需要根据立法者的意图，建立封闭、系统的规范体系，排除各类规范外因素对规范功能实现的影响，将实施机关的功能限定在法律条文的范围内，立法目的规则倾向于提供清晰的指引，限制与执法相关的交易成本，防止实施机关滥用权力，确保法律的确定性和预测性价值的实现，从而提供法律规范的理想图景。法律概念、规则、原则等形式表征提供的指引是有限的，语言含糊和界限不明等开放式结构在经济法中表现得尤为明显。法律权利的可计算性要求更多的开放性规则和将争议情景化的技术。法律文本在抽象的过程中，会排除或忽略个性差异，提炼共性，产出一般规则。可是，法律文本无法预见未来的变化，即使再丰富精妙的法律语言也远不足以反映市场经济的微观差异，由此可能形成

---

〔1〕　参见焦海涛：《我国反垄断法修订中比例原则的引入》，载《华东政法大学学报》2020年第2期。

〔2〕　参见［德］马克斯·韦伯：《经济与社会》，阎克文译，上海人民出版社2010年版，第1019页。

〔3〕　参见熊丙万：《法律的形式与功能——以"知假买假"案为分析范例》，载《中外法学》2017年第2期。

条文漏洞或规范冲突。另外，法律形式主义坚信现行规范的正义性，无论法律形式本身是否出现缺陷，仍依赖于形式化的逻辑推演，以至于可能得出明显背离人们对法律期待的结果，从而使法律变得僵化，难以应对形势的变化。

美国谢尔曼法自始就具有严重的不完备性。开放结构的规则所产生的法律规制中的不确定性，以一种重要的方式实现了对商业有利和必要的可计算性。非结构性标准倾向于通过允许更为审慎的评估以减少错误。如果一些规则不能提供充分的指引及可预测性，那么适当的回应并不是放弃执法，而是采用广泛的安全港条款；毕竟，对于原则的修复同样可以提供清晰的指引。虽然法律通过形式化的概念术语和规则体系呈现，但是形式化背后也拥有明显的功能预设，将特定的功能隐藏于形式化的法律文本中。既然形式主义推演容易陷入上述困境，那么实施机关在适用法律的过程中，就需要关注法律形式背后的功能期待，将功能性标准嵌入法律判断中。实质主义通过采用不那么严密的自我参照的准则系统和削弱的封闭规则，在实现规范取向的细分时可能较法典化的系统有着相对优势。对法律条文功能性的探求必然存在主观性，不同实施机关针对同一条文，可能或者有意选择不同的解释。如果法律条文的功能含义不明确，则在实施过程中极易出现偏差，相对人根据文本作出的经济安排可能遭到"错杀"或者"错放"，使人们难以作出有效选择。同时，对条文的功能性解释，实施机关还可能变相取代立法机关的选择，实现自身偏好的结果，导致法律的确定性和预测性降低。

近年来实质理性受到了高度重视，对于实质理性的追求逐渐有绝对化的趋势。然而，完全脱离形式追求实质的理性，取得的只能是无法获得法治保障的个案正义，无助于法治目标的实现。经济法的形式理性是经济法作为统一的、普遍的和实在的规则所赖以存在的依据和载体。[1]伴随着经济法的实质化趋势，应该建立保障机制方式使经济法实质化异变为国家干

---

〔1〕 参见岳彩申：《论经济法的形式理性》，法律出版社 2004 年版，第 25 页。

预工具。[1]法律的形式与实质相互包含和转化，正是这种相互间的转化和吸收的周期循环，推进了法律本身及整体法治事业的发展。形式主义和实质理性应当各就其位，形式主义是法律不可或缺的本质，而实质理性发展的理想状态是在完善对类型化行为和对行为本质的理解后功成身退，以此凸显法律条文的中心地位。[2]因此，基本的立场不是完全消除形式主义或者实质理性，而是要回归可信赖的法律文本，在形式理性的框架内，探求最符合规范目的和规范内涵的条文。

第三节　非限制竞争的合并申报

在我国以"控制"为核心的合并制度体系中，申报人和执法机关需要综合考虑各种因素后认定控制关联关系变化，造成了申报结果的主观性和不确定性。同时，大量需要申报的合并经过最后审查都不会产生限制竞争效果，如果执法机关仍然严格根据法律程序认定交易引发控制变化，显然会增加申报环节的不确定性和工作量。由于申报标准制度设计的原因，达到申报标准需要申报和存在限制竞争影响之间的关联性很低，这意味着大量不具有限制竞争影响的案件也进入了后续审查环节。[3]为解决申报环节的不确定性，创设申报前商谈机制鼓励潜在申报人尽早与执法机关接触并商谈，在申报工作启动之初就可以确认交易是否属于需要申报的合并，增强了申报的确定性。为了降低申报环节的工作量，设置简易程序和安全港条款过滤没有竞争损害的案件，使简易案件在申报时可以提交更少的申报资料以便快速获得批准，利用安全港条款将具有或者可能具有排除限制竞争效果可能性较小的合并，排除在审查程序之外，确保执法机关能将资源

---

〔1〕　参见叶明：《经济法实质化研究》，法律出版社 2005 年版，第 242 页。

〔2〕　参见蒋舸：《知识产权法与反不正当竞争法一般条款的关系——以图式的认知经济性为分析视角》，载《法学研究》2019 年第 2 期。

〔3〕　目前，绝大多数司法辖区采取了以营业额、资产额为指标的申报标准，极少以市场份额为申报标准。因为行业差异和规定指标数值时预留空间，然而营业额和资产额高的经营者的市场份额却可能很低，绝大多数达到申报标准的交易不会引发限制竞争影响。

集中到重大案件上来。

一、安全港条款的规范续造

安全港（safe harbor），是指反垄断法对某种行为类型设置一定的违法门槛标准，数字平台竞争在反垄断法上的安全区域，在此区域没有实体上的违法风险或程序上被调查处分的可能性。未达到该标准的，即不构成违法，执法机关将不展开调查或进行处罚，提供低于门槛标准的数字平台行为的合法性保障，或至少降低违法风险。如果数字平台规模过小，或者行为构成限制竞争的违法性过低时，仍然认定构成违法，造成数字平台承担不必要的守法成本与风险，并降低潜在市场进入或创新的诱因，在市场上产生寒蝉效应（chilling effect），不利于市场竞争。对处于安全港之外的企业合并是否会受到审查，还需要结合其他因素分析。[1]因此，将轻微案件通过安全港制度予以筛选排除，优化执法资源配置。借助安全区的保障，引导数字平台在安全区范围内的合规行为，有利于维护数字市场的竞争秩序。

第一，安全港的法律形式。反垄断法作为维护市场竞争秩序的经济宪法，适用于所有产业，然而开放结构规则导致了法律规制的不确定性，无法提供充分的预测和指引。由于数字市场的动态竞争特性，执法机关尚未完全掌握情况，设立弹性的安全港制度，根据实施情况随时进行调整，然后再以更加权威的方式明确公布，使得数字平台有明确的标准加以信赖和遵守，实现法定主义与实质正义的利益平衡。安全港设置需要具有法律依据。既然安全港是在赋予数字平台竞争行为不违法的地位，则建立安全港必须具有法律或事实约束力。根据约束力的强弱，安全港的表现形式可分为法律、法规、部门规章、指南或司法判例等，不同的安全港规范形式将产生不同的法律效果，其对安全港的功效亦会产生直接影响。在反垄断法上明确规定的安全港条款是市场份额，仅仅依靠市场份额判断垄断行为有所不足。安全港的规范基础亦存在于法规之中，因其有法律授权基础，可以发挥与法律上的安全港条款类似功能。如果法律或法规中都未明确安全

---

〔1〕 参见吴汉洪、单向前：《中国企业横向并购指南探讨》，载《社会科学》2007 年第 5 期。

港条款，执法机关可以通过颁布指南的形式对法律要件的内涵予以具体化，借此设置安全港。但是，指南不具有约束法院或数字平台的效力，只有执法机关在实务上产生事实上的自我约束力。

根据安全港条款的效果，提供当事人安全保障的不同内容，安全港主要分为三类。其一，规定数字平台不构成垄断行为的实体要件，根据不同的行为类型或不同的违法事实，设置不同的定量和定性门槛。设定具体的量化门槛标准，以市场份额和销售金额设定一定比例或数额，但是需要根据国情设置适中的数值。[1]其二，由执法机关发布行政规章，明确对门槛之下的轻微案件，将不会启动调查程序，位于安全区的数字平台，因其相关行为无被执法机关查处的风险，因而具备安全港的作用。其三，改变举证责任分配，通过合法推定的方式降低位于安全区的负担较低的违法风险。

第二，安全港的适用范围。执法机关在调查数字市场时面临主客观条件限制，其本质上涉及对相关市场未来可能变化的预测，导致审查过程充满了不确定性与主观色彩。随着数字经济的发展，市场更加强调数据的动态竞争价值，可以被明显判断为必然有利于或不利于竞争的案件类型逐渐减少，单纯的决定出现错杀或错放的概率也会随之增高。[2]安全港提供了位于两个极端的缓和选择，确保数字经济所创造的经济利益不至于因错杀而丧失，实现数字市场创新与监管的利益平衡。针对经营者集中的安全港，由于需要加强数据驱动型并购的审查，可以设置阻止调查处罚程序的安全港，待市场调研充分之后再行设置其他类型的安全港。

第三，安全港的缓冲区域。当非核心限制行为小幅短暂地超过门槛标准，或者符合安全港条款规定的案件，在特殊情况下产生限制竞争效果时，安全港的设置需要结合适用范围进行抉择，标准设定过于严格将无法达到安全港的功能，反之，则又会错放许多限制竞争行为。但是，安全港

〔1〕　参见黄勇、蒋涛：《非横向企业合并的反垄断规制——以欧盟〈非横向合并指南〉为基础展开》，载《清华法学》2009年第2期。

〔2〕　John Kwoka, "The Structural Presumption and the Safe Harbor in Merger Review: False Positives or Unwarranted Concerns", Antitrust Law Journal, Vol. 81, No. 3 (2017).

门槛标准也并非一刀切。针对符合安全港规定的案件，原则上数字平台合并没有构成违法的危险，如果非核心限制行为小幅短暂地超过门槛标准，或针对符合安全港条款规定的案件，但是在特殊情况下可能产生限制竞争效果时，原则上执法机关应保护数字平台基于安全港条款的信赖利益，通过较为柔性的方式兼顾市场竞争的维护与安全港条款的公信力之利益平衡。如果在中长期发现存在诸多此类案件，需要修正安全港条款，避免对于此类行为造成执法不足的问题。

第四，安全港的适用排除。执法机关对限制竞争的案件，原本即有依法调查处罚的职责，维护市场竞争秩序。设置安全港会造成执法机关为了减轻工作或调查举证的负担，而过度从宽地认定安全港的认定，将不应排除的行为适用安全港条款，导致执法不足的风险，反而不利于市场竞争机制的完善。针对门槛标准的设计必须谨慎评估，平衡安全港条款带来的执法不足的风险。[1]安全港的门槛标准设定需要根据具体行业，如果过于严格将达不到设置安全港的功能，反之，过松则又会产生执法不足的风险。[2]因此，对于核心限制、严重限制市场竞争的行为，需要排除于安全港适用范围之外，通过对垄断行为类型化和对违法要件的抽象化，[3]以安全港条款的规范续造，实现执法资源配置与执法不足的利益平衡。

二、简易申报程序的适用

在企业合并控制体系中，只有不到2%的合并具有或可能造成实质竞争损害，需要被禁止或附加限制性条件，剩余98%实际上不具有限制竞争损害的合并也被纳入合并范围，[4]经过申报审查环节后直接批准，却浪费

---

〔1〕 Lindsey M. Edwards, Joshua D. Wright, "The Death of Antitrust Safe Harbors: Causes and Consequences", George Mason Law Review, Vol. 23, No. 5 (2016).

〔2〕 参见慕亚平、肖小月：《我国反垄断法中经营者集中审查制度探析》，载《学术研究》2010年第4期。

〔3〕 参见李剑：《制度成本与规范化的反垄断法——当然违法原则的回归》，载《中外法学》2019年第4期。

〔4〕 参见国家市场监督管理总局反垄断局编：《中国反垄断执法年度报告（2019）》，法律出版社2020年版，第18页。

了有限的执法资源和当事人的申报成本。按照简易程序办理此类非限制竞
争的合并申报，有利于执法机关集中精力办理复杂的案件，拟议合并方能
够快速获得批准。简易的核心并不禁止必要复杂，而是在满足程序正义的
基础上充分降低程序成本。[1]合并两阶段审查制度，意味着并不是所有案
件都需要进入第二阶段审查，使简单案件在初审环节就被批准，但对那些
案情较简单的案件来说，作用却有限，前期申报成本对简易案件而言耗费
巨大且非必要。简易程序重在平衡合并审查效率与准确性，使特定法律问
题可以快速得到解决，甚至采取正常审查程序以外的方式作出裁决。2022
年《经营者集中审查暂行规定》明确了简易案件审查制度，[2]在程序启动
之前解决了对竞争影响的推定问题，因此在程序启动后，执法机关并不调
查交易，仅评估申报材料，甚至不对申报材料进行进一步评估，直接作出
批准决定。合并案件审查的一般程序是经营者在合并前先行申报，执法机
关进行初审，并决定是否进一步审查。而设置简易程序后，申报人认为合
并案件符合简易标准的，可以通过填写《简易申报表》来进行简易案件的
申报，大幅精简了需要披露信息的范围，省略了市场进入、横向或纵向合
作协议、效率说明、破产企业、有关意见等资料。同时，在信息证明的难
度上，简易程序比普通程序更加容易。对于案情较为简单的合并案件来
说，与申报文件材料的减少相比，简易案件价值最为直观的表现是缩短了
审查决定的时间，在对参与合并的经营者提交的申报材料要求上，使符合
标准的案件能够简易申报。但是，符合简易案件标准的合并案件，如果申

---

[1]　参见张世明：《经营者集中简易案件审查程序评议》，载《人大法律评论》2017年第1期。

[2]　简易案件包括六种情形的合并案件：在同一相关市场，参与集中的经营者所占的市场
份额之和小于百分之十五；在上下游市场，参与集中的经营者所占的市场份额均小于百分之二十
五；不在同一相关市场也不存在上下游关系的参与集中的经营者，在与交易有关的每个市场所占
的市场份额均小于百分之二十五；参与集中的经营者在中国境外设立合营企业，合营企业不在中
国境内从事经济活动的；参与集中的经营者收购境外企业股权或者资产，该境外企业不在中国境
内从事经济活动的；由两个以上经营者共同控制的合营企业，通过集中被其中一个或者一个以上
经营者控制的。符合上述条件，但合并涉及的相关市场难以界定的；经营者集中对市场进入、技
术进步，消费者和其他有关经营者，以及国民经济发展可能产生不利影响的；由两个以上经营者
共同控制的合营企业，通过集中被其中的一个经营者控制，该经营者与合营企业属于同一相关市
场的竞争者的，且市场份额之和大于百分之十五的不视为简易案件。

报人未将其作为简易案件申报，它仍会被作为一般案件进行审查。[1]针对申报方而言，经营者根据法规对合并案件的自我判断，对案件复杂程度进行简单区分，实现繁简分流，但是适用简易程序不等于同步减轻执法机关的工作量。

在事先申报标准之外，适用简易程序的合并申报类型包括新创平台。还可设置简易程序的例外，若存在不易界定相关市场、数字平台的市场份额、参与数字平台相关市场存在进入壁垒、市场集中度等其他具有严重限制竞争的情形，可以通过解释的方式，让未达到申报标准设定的市场份额的合并，但在数字市场力量层面有竞争损害的案件转为一般程序审查。在并未明确数据因素对市场竞争影响的情况下，数据驱动型企业合并主动申报的可能性降低，可以考虑在例外条款中纳入，数据集中强化数字平台市场力量、必要数据受到控制影响市场竞争时，适用一般审查程序。

---

〔1〕 参见王晓晔：《我国反垄断法中的经营者集中控制：成就与挑战》，载《法学评论》2017年第2期。

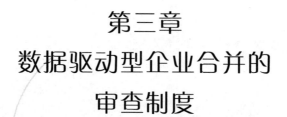

第三章

数据驱动型企业合并的

审查制度

数据驱动型企业合并，由于被收购方的营业额未达到申报门槛，不属于合并控制范围。数字平台当预测到破坏性创新威胁时，通过合并规模较小营业额未达到申报门槛的新创平台，需要付出极大的代价以维持市场地位，尽管交易金额反映的是数字平台预期合并可以获得的收益，此类合并隐含着对创新、隐私等非价格维度的损害。而以营业额为基础的合并申报门槛无法充分处理数据驱动型企业合并申报门槛问题，改变营业额作为申报门槛的唯一标准，增加交易金额为基础的申报门槛，以补充合并申报门槛之不足，将营业额未达到申报门槛，却存在竞争损害的合并案件纳入控制范围，使得执法机关可以对其进行事前评估。合并一旦达到申报门槛，执法机关需要对其进行合并审查，但是传统的价格中心型分析审查框架面对数据驱动型企业合并，审查方式、竞争损害理论和考量要素等都将面临重构的风险。

第一节　市场界定的重构：相关数字市场

执法机关审查评估企业合并产生的竞争效果，通常需要先行界定相关市场，以此分析市场份额和集中度，判断市场进入壁垒和潜在竞争。[1]市场界定基本方法是需求替代分析，[2]并根据商品特性考虑供给替代，衡量时间因素的影响，然而，供求替代分析、交叉弹性分析、假定垄断者测试等界定工具都是以与价格相关的市场为主。数字平台的免费服务、质量竞争、双边市场等特性，单纯适用价格中心型的市场界定工具都有缺陷，产生对科技发展在创新服务上的误判，需要其他工具辅助。数字市场的商品种类多元，相关市场界定需要同时考虑商业模式、交易特性、经营性质和

---

[1]　参见王晓晔：《市场界定在反垄断并购审查中的地位和作用》，载《中外法学》2018年第5期。

[2]　参见陈兵：《数字经济下相关市场界定面临的挑战及方法改进》，载《中国流通经济》2021年第2期。

技术发展等因素，分析数字平台提供跨平台、多元化及动态竞争的市场特性。尽管双边市场、零价竞争、网络效应等特点造成了平台经济领域市场界定的内在困局，在替代性分析的基础上，补充修订 SSNIP、SSNDQ、SSNIC 等工具。[1]但是，数字平台相关市场界定应回归以竞争损害为核心的审查逻辑，基于平台的交叉网络效应进行确定，[2]不同类型的垄断案件具有不同的相关市场界定需求。交易型平台与非交易型平台的分类对数字平台相关市场具有重要意义，也在《关于平台经济领域的反垄断指南》中予以体现。[3]不同时期的反垄断法反映了当时的认识和经验，但始终以当时的反垄断目标为参照，该指南既坚持了传统的反垄断标准，又结合平台经济的特点作了针对性创新，主要涉及法律标准和行为认定的判断因素。[4]数据在平台竞争中的角色并不相同，数据是否需要进行单独的市场界定，根据数据特性进行区分，即数据本身即为销售商品和数据作为生产要素两种情况。在数据本身为销售商品的情形下，仍适用传统的市场界定工具进行分析。面对生产要素型数据所致的竞争损害，需要调整反垄断法的分析范式，这是执法机关面临的重要课题。[5]

一、当数据为生产要素时的相关市场界定

如果数据本身不是商品，而是基于生产要素的角色，作为数字平台持续发展、改善、优化或创新的要素，在市场界定上，基本上仍然以实际对外提供的商品本身界定相关市场。数据即使对商品质量或持续学习有必要性，仍不会进行单独的市场界定，市场界定针对已存在的市场而言，尚未

---

〔1〕《美国横向合并指南》也提出相关市场界定并非竞争评估的前置程序。我国《关于平台经济领域的反垄断指南》曾在草案第 4 条提出，对平台经济领域的特定案件可以不明确相关市场，尽管最终发布稿将其删除，同时强调"调查平台经济领域垄断协议、滥用市场支配地位案件和开展经营者集中反垄断审查，通常需要界定相关市场"。

〔2〕 参见唐要家、唐春晖：《数字平台反垄断相关市场界定》，载《财经问题研究》2021 年第 2 期。

〔3〕 OECD（2018），Rethinking Antitrust Tools for Multi-Sided Platforms.

〔4〕 参见孔祥俊：《论互联网平台反垄断的宏观定位——基于政治、政策和法律的分析》，载《比较法研究》2021 年第 2 期。

〔5〕 Modernisierung der Missbrauchsaufsicht für marktmächtige Unternehmen，29. August 2018.

市场化的数据不在市场界定的范围。但并不代表可忽视数据在市场上的影响，只不过是将数据作为影响市场竞争的因素之一。[1]评估数据本身的独特性、排他性、替代性等，协助判断数据集中或利用产生的限制竞争影响，作为数字平台是否取得市场力量的因素。

　　然而，数字平台衍生市场力量，主要在于平台本身收集、分析和跨市场利用海量数据，创造数据价值，而竞争价值并不只是协助数字平台不断改进商品质量，还包括其跨市场多元利用的价值。[2]数据作为生产要素即使在案件发生时并未市场化，但并不代表其没有市场价值，其是创新服务的投入要素，或平台对外经营的资产。在 Microsoft/LinkedIn 案中，LinkedIn在合并前除销售智能解决方案的数据外，未对外提供其他数据集，但需要考虑该数据在未来进行市场化利用的可能，分析 LinkedIn 是否有将数据实现货币化的动机及能力，该数据进入市场是否会产生竞争损害。

　　（一）合理替代性分析

　　数字平台的双边市场特性，通过网络效应建构平台运营的商业模式，利用海量数据与算法技术结合改善创新服务，在平台多归属和动态竞争的市场，提供的服务类型非常多元且富含变化，相关市场界定也就相对复杂，执法机关对相关市场通常不会仅作单一界定。根据合并双方提供的商品、平台参与者、商品特性等分析评估，界定多个市场以分析数据集中对市场竞争影响。个案中哪些商品应该被纳入同一个相关市场，成为竞争对手或潜在竞争对手，并不容易判断。在 Facebook/WhatsApp 案中，欧盟在Facebook 的网络广告市场将服务形态与参与对象完全不同的 Google、Yahoo！、MSN 纳入同一市场，将其他不同网络服务形态如 Apple、Amazon、Microsoft等数据集列入相关市场的可替代数据，对认定的数字平台及替代性数据范围产生疑问。而扩大相关市场的定义缓和数字平台合并产生的限制竞争，将合并双方市场整合成需要关注的市场（market for attention），以便在双方

　　[1]　Jacques Crémer Yves-Alexandre de Montjoye Heike Schweitzer, Competition Policy for the digital era Final report, European Union, 2019.

　　[2]　Committee for the Study of Digital Platforms Market Structure and Antitrust Subcommittee Report, 15 May 2019.

身处同一市场下考虑合并对市场竞争的影响。然而，由于相关市场变大，将在衡量平台市场份额以及是否具有市场力量时容易产生误判，反而导致平台滥用市场力量的担忧。

数据在数字平台竞争扮演的角色与功能不同。数字平台收集的数据，作为商品服务持续发展、改善、优化或创新的生产要素，数据本身并非直接作为商品。[1]Google 通过海量数据汇集、分析与利用持续优化算法，阻止其他竞争对手收集足够数据的机会；Facebook 将数据利用到提升目标性广告方面。此类数据在市场界定上并不独立，伴随数字平台多边市场特性一同处理。相对而言，部分数字平台将数据直接作为商品。在 TomTom/Tele Atlas 案中，直接将上游市场的导航数据独立认定为单一市场。当然数字平台对数据利用非常多元，对内提升优化自身商品，对外协助其他数字平台利用（Microsoft/LinkedIn 案，LinkedIn 的 SI 服务收集数据，亦对外提供给其他 CRM 厂商应用），因此需要根据个案数据利用情况决定是否界定相关数字市场。即使数据本身并非商品，但在个案当中对市场竞争或用户利益产生影响时，在商品市场之外将数据划分为独立市场，以利于分析数据集中对竞争的影响。

市场界定需要评估商品的替代性。[2]以数据本身作为商品的案件，需要分析商品功能、特性、用途等因素。[3]然而，用户对商品的功能替代性判断较为主观，在商品差异性大的市场容易判断错误。数字平台开发算法与其他科技设备连接搭配，创新商业模式推动跨市场发展，潜在竞争对手的范围也相对扩大。如果仅就现有商品类型进行市场供需替代性评估，则会低估相关市场的延伸范围。在 TomTom/Tele Atlas 案中，商品为地图导航数据及搭配的导航设备，欧盟将数字平台型的地图数据与导航服务直接排

---

〔1〕 参见李剑：《多产品下的相关市场界定——基于中国经营者集中典型案例的反思》，载《法学》2019 年第 10 期。

〔2〕 参见王先林：《论反垄断法实施中的相关市场界定》，载《法律科学（西北政法学院学报）》2008 年第 1 期。

〔3〕 Ein neuer Wettbewerbsrahmen für die Digitalwirtschaft, Bericht der Kommission Wettbewerbsrecht 4.0, BMWi, September 2019.

除在相关市场之外，忽略了数字平台地图导航市场的颠覆性创新，使至今市场发展与案件发生当时的市场判断存在极大差距。虽然说科技研发与应用有预测难度，但是，对未来以数据直接作为商品的数字平台，在替代性分析时，应考量当前与未来产生的技术融合，相较于刻意将免费的双边市场嵌入专门为价格市场设计的市场界定模式，判定市场各边的可替代性，将市场一边对另一边的竞争影响纳入评估，更适合作为免费市场界定工具。[1]

（二）针对双边市场特性修改 SSNIP 方法

平台生态系统包含来自多边市场提供多元的产品，以 Apple 为例，它是一个数字平台经营者（Apple Store、iTunes）、科技产品的销售者（计算机、平板、手机、电子手表）及信息设施的提供者（iCloud），向使用 Apple 平台的应用程序开发商收费，也和其他数字平台合作，导致相关市场界定更加复杂。由于数字平台的双边市场特性，并非单纯通过平台服务作为收益来源，需要就其各边运营内容精准分析，方可窥知全貌。[2]以社交平台市场为例，用户使用社交平台的基本服务，通常只需要注册提供平台要求的数据就可以免费利用，并在利用期间向平台提供数据。社交平台通过免费服务的直接网络效应聚集用户数据，分析与利用海量数据，在网络广告市场实现基础数据的价值转换，[3]在市场界定上必须整体视为一个产品市场。评估单边市场策略变化对平台整体运行的影响，交叉评估双边市场关系，作为界定相关市场的基础。

SSNIP（微小但显著而非暂时性价格增长），是价格相关的案件常见的市场界定方法，假设市场上垄断者存在，检测该假设性垄断者在进行微小但显著而非暂时性价格增长前后的利润变化，评估相关市场界定范围。当价格增长使该假设性垄断者利润减少时，则表示界定相关市场太小，直到

---

[1] Glasner, David and Sullivan, Sean, "The Logic of Market Definition", Antitrust Law Journal, Vol. 83, No. 2 (2020).

[2] Rochet, Jean-Charles & Tirole, Jean, "Platform Competition in Two-Sided Markets", Journal of European Economic Association, Vol. 1, No. 4 (2003).

[3] Online platforms and digital advertising, Market study interim report, CMA 2019-12-18.

价格增长而该假设性垄断者不减少利润为止。相关案件的商品需要具备基准的市场价格，才能有效利用。然而，用户提供数据作为使用数字平台的对价，并不具备金钱价值，导致在商品价格为零时，传统的 SSNIP 市场界定方法需要大量的实际调研和市场数据分析才能得出准确的结论，如果缺乏有效的数据则只能成为天方夜谭。[1]针对双边市场的特性修改 SSNIP，分析单一市场价格变动导致平台总利润的变化，按照经营者的利润来源市场作为界定相关产品市场的依据。[2]但是，应将多少边的市场纳入分析才能正确判定市场力量的存在与否及其影响范围？当前尚未能就双边市场理论如何内化为市场界定的因素有定论。因此，在分析案件时，除考虑双边特性之外，最终仍然需要回归到客观量化的价格中来认定市场力量。

由于在概念上和数字平台产生联系的市场较多，可以先从用户对于数字商品的功能需求出发。[3]根据功能区分，数字平台有非交易平台和交易平台两种类型，前者指平台用户彼此间并没有直接交易关系，后者则指提供撮合当事人交易的机会。在非交易型平台的市场界定上，商品对双边市场用户有不同程度的替代性，通过多边市场需求交叉弹性分析法，计算单边市场的价格增长对平台整体盈利的影响。例如，社交平台和搜索引擎平台对用户而言并不具有替代性，但对广告商而言则有，故需要界定双边市场，在审查社交平台的合并案时，针对广告市场，执法机关可以判断其他数字平台是否和社交平台具有替代性，但在用户服务市场，则无须考虑二者之间的替代性。而在交易型平台的市场界定上仅需界定单一市场即可，以平台本身设定的价格的变动来计算平台整体盈利的影响。[4]然而，仍然需要平台服务具有价格。如果数字平台的用户端通过支付数据作为服务对

---

〔1〕 参见张世明：《定谳私议：奇虎诉腾讯滥用支配地位案中"相关市场"的认定方法》，载《经济法学评论》2015 年第 2 期。

〔2〕 参见孙晋、钟瑛嫦：《互联网平台型产业相关产品市场界定新解》，载《现代法学》2015 年第 6 期。

〔3〕 参见侯利阳、李剑：《免费模式下的互联网产业相关产品市场界定》，载《现代法学》2014 年第 6 期。

〔4〕 Page, William H. and Seldon J. Childers, "Antitrust, Innovation, and Product Design in Platform Markets: Microsoft and Intel", Antitrust Law Journal, Vol. 78, No. 2 (2012).

价，平台合并带来用户数据集中，使平台精确分析用户行为，对平台提供的广告服务带动正向竞争效益，从而影响另一边或整体市场力量。[1]因为广告客户可以更有效率地提供目标性广告，但并不影响用户免费利用平台的利益。因此就整个平台而言并没有产生价格变动，但却降低了广告服务市场的利用成本，应该平衡一方质量减损成本与他边利益的关系。

（三）以非价格竞争因素界定相关市场

数字平台市场趋向创新、隐私和质量等非价格竞争，在 Facebook/Whats App 案中，隐私保护是本案重要的竞争参数，尤其是合并后 Facebook 是否会试图改变 WhatsApp 的隐私政策，扩大广告服务市场，降低原平台隐私保护质量。相较于价格变动，根据质量调整供需变化，无法以以价格为基准的货币价值作为评估单位来界定相关市场。在 Microsoft/Skype 案中，非价格因素作为数字平台竞争的核心，其变动也将影响平台服务的质量。而在以价格为中心的市场界定工具无法适用的前提下，将数字平台的质量因素纳入竞争评估，以微小但显著的非暂时性质量减损 SSNDQ 取代 SSNIP，但是 SSNDQ 也受到质量评估的主观性和多元性影响，执法机关需要收集可以测量、客观、广为接受以及透明化的指标。然而，SSNDQ 测试如果也无法在基于足够的和可靠的数据进行分析技术上具有竞争优势，则反而陷入不伦不类的尴尬境地。[2]

在合并审查关注非价格因素的影响，需要根据商品质量调整产生的供需变化界定相关市场。如果市场上存在免费的替代性服务，用户一旦发现微小的质量下降，即立刻转移至其他服务，那么，用户对替代服务的认知，对转变质量的识别需纳入评估。[3]然而，相较于价格变动，质量变动往往是多维度的，判断通常复杂且主观，常常是综合各种因素的结果。要建立客观测量而广为各方接受的方法或指标相对困难，无法以单一的货币

〔1〕 Louis Kaplow, "On The Relevance of Market Power", Harvard Law Review, Vol. 130, No. 5 (2017).

〔2〕 参见张世明：《假定垄断者测试在竞争法中的应用研究》，载《内蒙古师范大学学报（哲学社会科学汉学版）》2016 年第 2 期。

〔3〕 Louis Kaplow, "Why (ever) Define Markets", Harvard Law Review, Vol. 124, No. 2 (2010).

价值作为评估单位来量化具体的质量变动对竞争的影响。[1]在隐私政策上，即使仔细阅读隐私政策的修改内容，是否符合自身对隐私安全的需要，也未必能够直接判断对服务和权益的影响，更何况感知质量的转变。假设用户对质量变化十分敏感，微小的差异就可以让用户转向替代性商品。与数据相关的质量因素包括隐私保护、个人信息利用程度、数字平台与其他平台或应用软件之间串联状况等。在 Facebook/WhatsApp 案中，欧盟认为如果 Facebook 调整隐私政策，用户会立刻移转到其他替代性服务，因而 Facebook 没有理由在合并后修改 WhatsApp 的隐私政策。同时，在数字市场，用户对数字产品存在现状偏差（status quo bias）的情况下，用户习惯于直接使用系统已经预先安装的软件，即便出现更好质量的软件亦然，在预先安装的软件为免费时更容易存在。[2]因此判断质量改变是否带来转换商品时，须评估商品是否存在现状偏差情形，以及数字平台利用现状偏差的优势，降低一定程度的商品质量。

（四）基于成本上涨的假定垄断者测试（SSNIC）

数字平台的市场力量来源于用户集合，免费策略作为集合数据的原因，用户主动提供平台需要的数据，同时允许平台持续收集衍生数据，作为免费使用服务的对价，平台换取的目标从金钱转换为数据和注意力，进一步获取数据衍生的经济价值。[3]因此，数字平台的商品并不是免费，免费也不意味着用户没有支付使用商品的对价，该对价只是不是金钱价格而已。[4]在 Facebook/WhatsApp 案中，社交平台对用户端免费，而对利用目标性广告的广告主收费，用户对平台提供的数据可以视为取得免费服务的对价。

用户需要提供给平台的数据增加，付出的数据成本提高，平台借此提

---

〔1〕 Evans, David S, "The Antitrust Economics of Multi-Sided Platform Markets", Yale Journal on Regulation, Vol. 20, No. 2 (2003).

〔2〕 Lisa Kimmel, Janis Kestenbaum, "What's Up with WhatsApp? A Transatlantic View of Privacy and Merger Enforcement in Digital Markets", Antitrust, Fall 2014.

〔3〕 Wu, Tim, "Blind Spot: The Attention Economy and the Law", Antitrust Law Journal, Vol. 82, No. 3 (2019).

〔4〕 Stacy-Ann Elvy, "Paying for Privacy and the Personal Data Economy", Columbia Law Review, Vol. 117, No. 6 (2017).

升目标性广告服务效率，导致数据成本或注意力成本增加到一定比例时，用户考虑是否转换商品。当数字平台提供免费商品换取数据时，市场界定亦得以数据和注意力替代价格作为量化标准，将 SSNIP 中的价格（P）直接替代为交换成本（C），成本除金钱价值外，亦包括用户时间、注意力和隐私成本，修改后为对用户而言微小但显著非暂时性增加成本，分析数据免费市场的竞争全貌。[1]个案中如果没有任何价格的影响，却由一方的成本变动带来平台商品质量的变化，或双边市场的利益或利用效能变动时，SSNIC 即可推导出数据成本控制与平台市场力量的关系，假定垄断者提高成本后产生质量变动，影响用户选择。[2]然而，由于影响用户付出的成本是多元的，其仍然存在成本量化困难或变量多元的问题，需要选定主要变量，辨识特定非价格成本对平台整体运营的影响。

因此，部分仍具备价格的数字平台竞争案件，以修改 SSNIP 方法作为辅助。然而免费商品市场，欠缺可纳入评估的市场价格时，竞争分析将会着重在非价格竞争因素，此时可以评估 SSNDQ 或 SSNIC 的适用。[3]然而，二者皆有其难题。SSNDQ 将质量因素列入评估，何为影响竞争的因素则需要加以界定，包括隐私保护或个人信息政策的修改、数字平台与其他平台之间连接情况等，评估用户对替代服务的认知以及对转变的质量因素。案件是否存在现状偏差，涉及直接安装在用户设备的初始应用软件，因为用户习惯变化导致用户转换的可能性降低。

"潜在竞争"是指尚未成为实际竞争者的竞争来源的影响。克莱顿法指出，潜在竞争是一种强大的力量，却是一种可以被操纵从而使其无效的力量。潜在竞争合并理论在 20 世纪 60 年代和 70 年代失败了，因为美国最高法院认为它过于投机。而在现代的市场定义概念下，一些在 20 世纪 60 年代被定性为涉及潜在竞争对手的合并很可能被视为实际的横向合并。2023

---

〔1〕　OECD（2018），Rethinking Antitrust Tools for Multi-Sided Platforms.

〔2〕　参见［英］西蒙·毕晓普、迈克·沃克：《欧盟竞争法的经济学：概念、应用和测量》，董红霞译，人民出版社 2016 年版，第 234 页。

〔3〕　参见殷继国：《大数据市场反垄断规制的理论逻辑与基本路径》，载《政治与法律》2019 年第 10 期。

年《美国合并指南》重新将潜在竞争分为实际潜在竞争和感知潜在竞争，实质潜在竞争关注合并是否消除合理可能的未来竞争。"在审查合并是否巩固支配地位时，执法机构会考虑合并是否制造或提高竞争壁垒和消除新生竞争威胁。""巩固"一词带来了额外的潜在竞争问题，特别是对于生产互补产品的公司的纵向合并或混合合并。

二、数据本身：潜在竞争市场

数据收集、储存、分析等环节都会形成相关市场，随着数据生产要素的日益重要，数字平台除了收集，也会向其他平台购买或授权，数据收集市场成为动态竞争市场，此时数据本身就是商品。数据储存市场主要提供数据储存服务。数据分析市场是分析收集与储存的数据，根据数据分析的应用场景区分为不同市场。比如在 Google/DoubleClick 案中，合并会对搜索与广告服务造成垄断，则相关市场应为数据分析市场中的搜索与广告服务市场，如果 Google 与 DoubleClick 合并对用户数据造成垄断，相关市场为数据收集市场。与数据作为生产要素分析质量竞争不同，此类市场界定直接以数据为商品。因已具备市场特性可以直接明确界定商品的范围，与市场上其他商品进行替代性分析，或可依其商品提供的有偿或无偿，界定相关数字市场，分析数字平台汇集数字在当下或未来引起的市场竞争损害。[1]

然而直接以数据划分市场会导致相关市场界定过宽的问题发生。在 Facebook/WhatsApp 案中，WhatsApp 没有将用户数据用于广告服务，而 Facebook 并未将数据直接作为商品对外出售，因此未将影响广告服务的数据独立界定为一个市场，即使现在 Facebook 已将其目标性广告数据收集延伸至 WhatsApp，改变了 WhatsApp 的隐私政策，在数据仍然未独立成为商品的情况下，仍不会将数据独立划分为市场评估因素。数字平台收集的数据因业务类型不同而不同，是否在同一数字市场竞争不可一概而论。[2]如果

〔1〕 Graef, Inge, "Market Definition and Market Power in Data: The Case of Online Platforms", World Competition, Vol. 38, No. 4 (2015).

〔2〕 Caio Mario S. Pereira Neto and Filippo Lancieri, "Towards a Layered Approach to Relevant Markets in Multi-side Transaction Platforms", Antitrust Law Journal, Vol. 83, No. 2 (2020).

直接界定为同一市场，将面临不同产业只因收集数据作为生产要素而成为竞争者的怪象。在 TomTom/Tele Atlas 案中，数据本身就是独立的商品，该案的市场界定可以直接采用替代性分析方法。

基于数字产业的动态性，执法机关在界定相关市场时，需要将技术发展趋势和用户偏好纳入考量，分析数据衍生的商业价值。[1]从技术研发、数据利用多元化及市场创新角度，即使在案件发生时数据并未作为商品而仅作为生产要素，但并不代表其没有市场价值或未来利用的可能性。数字平台合并，未必仅着眼于数字平台在合并时的商品市场，而是对方控制了具有竞争价值的数据或算法技术。因此，执法机关界定相关数字市场，将数字市场从其搭配的商品市场中独立出来，不但可以有效反映数据在特定时间收集以及未来扩展的可能性，识别与分析数字活动不断产出的海量数据，利用算法技术分析出比初始收集数据更大的价值，将之区分出独立的市场加以分析，相较于仅专注在个别商品的市场界定，更有机会评估数据集中在网络效应等数字平台市场竞争的影响。[2]

合并不同数据在平台经济环境下对市场竞争带来影响，以及不同数据集合体对数字平台的市场价值，即使数据本身并未成为商品，但仍有必要单独界定市场。在 Google/DoubleClick 案中，美国联邦贸易委员会（FTC）的委员 Harbour 在反对意见书中指出，Google 花费高价合并 DoubleClick，以使其不被其他竞争对手控制，市场界定不应仅局限于终端服务，直接单独界定数字市场，反而有利于确定数据利用的意图。[3]将数据作为特别资产，区分出独立市场并加以分析，相较于仅专注在个别商品的市场界定，有利于评估出数据集中在市场竞争要素中的影响，准确反映数字市场的潜在竞争状态。

是否有必要将数据独立界定市场进行竞争分析，在数据本身即为商品

---

〔1〕 Unlocking digital Competition：Report of the Digital Competition Expert Panel，March 2019.

〔2〕 参见曾彩霞、朱雪忠：《欧盟对大数据垄断相关市场的界定及其启示——基于案例的分析》，载《德国研究》2019 年第 1 期。

〔3〕 Dissenting Statement of Commissioner Pamela Jones Harbour，In the matter of Google/Double-Click F. T. C. File No. 071-0170.

的情况下，需要界定数字市场。然而在数据本身并非商品时，界定假设的数字市场，有利于进一步评估数据对数字平台的影响，作为发现潜在竞争市场或潜在竞争对手的工具。即使数据直接作为商品，无法适用现行市场界定工具，但数据质量已成为重要的竞争因素，转换为市场进入壁垒，数字平台通过持有或利用数据，实施限制竞争行为，也因此面临生产要素型数据所致的竞争损害。在数据本身就是商品的情况下，需要独立界定相关商品市场。[1]然而数据作为生产要素时，平台竞争在潜在市场、潜在竞争者及未来市场竞争预测上存在高度的不确定性。根据个案，并没有绝对的必要作独立市场界定。因为数据的利用广泛多元，未来应用场景未必可以在案件处理时准确推测，且不同来源的数据相互影响创造新的市场价值。即使目前拥有相同数据的数字平台，也会因为能力、资源及环境差异，形成不同的市场策略。界定相关数字市场将导致市场范围划定过宽，需要避免由于数据难以区分而全部划归为一个数字市场，导致市场界定范围过宽的问题。[2]如果对数字市场的未来形成已有初步预测，应先将其独立切分出来进行分析，然后再对整体竞争环境进行分析。

第二节　市场力量的重构：衡量数字市场力量

平台经济的发展，数据兼具促进竞争与限制竞争的效果，因此，需要衡量数据对市场竞争秩序的影响。作为基于双边市场结构的虚拟交易场所，利用算法、规模经济、网络效应等技术特征，平台经济对众多供求关系的数据独占系统的控制，很容易出现新型垄断格局。[3]市场力量是控制价格或排除限制竞争的力量。如果一家企业具有削减市场总产量从而提高

---

〔1〕 Harbour, Pamela Jones and Tara Isa Koslove, "Section 2 in a Web 2.0 World: An Expanded Vision of Relevant Product Markets", Antitrust Law Journal, Vol. 76, No. 3 (2010).

〔2〕 Big Data and Competition Policy: Market Power, Personalised Pricing and Advertising, 16 February 2017, Cerre.

〔3〕 参见周文、韩文龙：《平台经济发展再审视：垄断与数字税新挑战》，载《中国社会科学》2021年第3期。

价格到竞争水平之上的能力，即为垄断企业。衡量数字平台的市场力量，因数据必要设施的固定成本形成规模经济，海量且多元数据产生的网络效应可作为数字平台的竞争优势，从而衍生了新型市场力量的来源，一为用户反馈循环，利用数据改善数字平台的服务质量；二为货币化反馈循环，数字平台利用数据优化广告服务或其他营利活动并货币化后，再以服务反馈用户的过程（如图3-1、图3-2所示）。数据反馈循环让市场供给者与需求者的角色逐渐模糊，也让二者的共生关系更加紧密。[1]在数据反馈循环效应下，数据成为小型数字平台的潜在进入壁垒。无论是传统还是新型的市场力量来源，数字平台因此建构市场进入壁垒，收集海量数据，其他数字平台则因技术、法规或行为等限制而不具有同等收集数据的能力，在数据分析、利用、储存上的差距，难以参与市场竞争。[2]

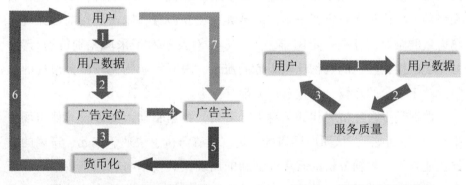

图3-1　数据货币化反馈循环　　　　图3-2　数据用户反馈循环

一、数据量与市场竞争优势的关系

数据量和竞争优势的相关性如何，进而是否影响市场力量？随着数据的积累，数据的边际价值呈递减趋势，降低了数据量衍生的竞争优势。长

〔1〕OECD (2016), Big data: bringing competition policy to the digital era.
〔2〕参见曾彩霞、朱雪忠：《必要设施原则在大数据垄断规制中的适用》，载《中国软科学》2019年第11期。

期而言，最先进入市场的数字平台短期占有的数据量的竞争优势将随经济发展而削弱，而使进入者无法利用数据构建竞争优势。[1]数据的时效性价值，算法技术及分析能力都可以降低数据量的竞争优势。数据规模边际价值递减规律由数据的类别而定，难以否认拥有海量数据的数字平台具有优势，如果数据规模效应递减的临界点提高，则数字平台就会累积数据以获取效益。数据量随时间的价值须视种类而定，有时市场所需的数据追求即时性，短时间收集海量数据就可为数字平台创造优势，算法分析工具需要配合海量数据才能发挥价值。[2]因此，依据数据类型和利用目的，数据量仍可为数字平台的生产要素，但是数据量是否为竞争优势，需要根据市场发展进行个案评估。

在数字市场，数据驱动的创新服务和技术研发，搭配深度学习技术，使数据价值与市场竞争紧密相连。在缺乏足够数据的基础上，数字平台要在市场上取得具有一定竞争地位的破坏性创新服务，以击退目前已具备市场力量的企业，存在一定困难。[3]Google 对竞争对手采取差别待遇行为，减少了链接到其他的购物比较服务的流量，限制了购物比较服务市场的竞争，对于平台的运营、优化及创新都有损害。

数据是平台经济时代的关键生产要素，数据驱动市场远较其他市场集中，"赢者通吃"，从而取得市场力量。随着海量、快速、多元、正确的数据快速累积，数据分析的破坏性创新的出现，其技术与管理将数据从静态终端转换到云端系统，并从传统之结构化数据转变为非结构化数据，实现了价值转换。数据本身并不具有排他性，而是一种妥协于个人对数据的自主控制与信息的自由流通之间的权益。[4]数据利用并不会让数据本身消失，Google、Facebook、Apple 与 Amazon 等平台持续不断生产新的海量数

---

〔1〕 Autorité de la concurrence & Bundeskartellamt（2019），"Algorithms and Competition"，November，2019.

〔2〕 OECD（2017），Algorithms and Collusion：Competition Policy in the Digital Age.

〔3〕 World Economic Forum，Competition Policy in a Globalized，Digitalized Economy：Platform for Shaping the Future of Trade and Global Economic Interdependence，December 2019.

〔4〕 参见崔国斌：《大数据有限排他权的基础理论》，载《法学研究》2019 年第 5 期。

据。数据利用的双边市场，其是以平台作为需求相互依存的两组用户间的中介，从而产生中介利用的跨平台外部性（cross-platform externalities）。在数字市场，数字平台提供零价服务吸引用户，收集、分析、利用用户数据以此提供更好的服务，并将利用用户数据商业化收取广告费。[1]不同于一般的网络效应，数字平台的双边市场会形成一种间接网络效应，即当双边市场的其中一边用户数量增加时，另一边的价值亦随之提升。

二、评估数据产生的市场力量

在数字市场，随着科技的进步，数据收集的来源众多且随处可见，将数据作为生产要素，延伸出数据是否为关键数据的问题。然而，数据本身是否具有替代性，对不同市场或同一市场上不同规模的数字平台而言，不可一概而论。收集利用数据是否构成进入壁垒，需要分析市场对数据的需求，与数据的可接入性有关。如果数据不可接入，则欲进入的数字平台有其他数据替代，需要分析数据的特性与具体市场关系，判断数据是否构成进入壁垒。[2]数据收集并非都可以通过数据中介或网络的开放性加以克服，尤其是该数据对于数字平台而言为必要数据时，不会轻易开放给竞争对手利用。例如，社交平台通常不允许第三方网站直接收集数据。[3]即使开放数据，也会提高新进入者或潜在竞争者的交易成本，或因法规、合同要求使第三方无法收集，因而减少可收集数据量或类别，构成数据收集的壁垒。如果开发创新服务，收集数据也因投资成本过高，出现用户习惯或现状偏差问题，则会妨碍收集类似数据的平台。

数据对数字平台是否为不可或缺？当数据是商品时，自然就是数字平台的关键的竞争要素。当数据作为生产要素时，有反对者认为在数字市场上，即使没有数据，新进入者、潜在竞争者仍需开发创新产品参与竞争，

---

〔1〕　Patrick R. Ward，"Testing for Multisided Platform Effects in Antitrust Market Definition"，The University of Chicago Law Review，Vol. 84，No. 3（2017）.

〔2〕　Rubinfeld，Daniel L. and Michal S. Gal，"Access Barriers to Big Data"，Arizona Law Review，Vol. 59，No. 2（2017）.

〔3〕　Zachary Abrahamson，"Essential Data"，Yale Law Journal，Vol. 124，No. 3（2014）.

而利用该数据仅为后续市场占有的表现，并非关键生产要素。但认为数据构成进入壁垒者，数据必要性将视市场种类和数据类型而定，不同市场、不同类型的数据仍会构成不同程度的进入壁垒。即使在创新竞争市场，如果该商品创新是基于数据，则有无该类数据都将构成进入壁垒。

三、数据成为市场力量衡量标准

数据为平台创造竞争优势，成为市场力量的新型来源。[1]评估数字市场案件，将数据因素纳入反垄断分析框架，分析数字平台在市场不受竞争约束的程度。而双边市场、网络效应、锁定效应等数据特性对市场产生的破坏性创新，颠覆了传统的价格中心型分析框架。判断市场力量，首先需要区分数据是直接作为商品还是生产要素。当数据作为商品时，销售数据本身就是平台市场力量的表现。[2]当数据作为生产要素时，需要同时分析数据特性或市场特性。数据作为衡量市场力量的标准，针对生产要素型数据设计分析框架，以数据可接入性和替代性作为初步判断因素。

根据数据类型，分析数据替代性产生的进入壁垒问题。当数据的替代性弱，并且数据为关键要素时，掌握该数据的平台容易衍生市场力量；在数据不是关键要素时，数字平台亦可借此塑造竞争优势，衍生市场力量。当数据替代性强时，单纯的数据收集则不构成进入壁垒，需进一步分析其他环节的数据价值活动。在数据分析上的检视，数据是否能够为平台带来规模经济、范围经济、数据时效等价值问题。如果是，数据因为规模经济形成进入壁垒，为平台带来竞争优势，故此将数据纳入市场力量分析框架。数字与市场力量的关系，以市场份额为基础，借助数据可接入性和规模经济等因素分析市场力量，判断数字平台的进入壁垒，作为衡量市场力量的辅助指标。市场份额与数据构成的竞争约束力的比重，以市场特性作为平衡。[3]针对零价且数据为进入壁垒的动态市场，数据的作用优先于市

---

〔1〕 参见陈兵：《大数据的竞争法属性及规制意义》，载《法学》2018 年第 8 期。

〔2〕 Marktmacht von Plattformen und Netzwerken，Juni 2016.

〔3〕 Mark Armstrong，"Competition in Two-Sided Markets"，RAND Journal of Economics，Vol. 37，No. 3（2006）.

场份额等传统的市场力量评估指标，数据持有数量与范围将形成竞争约束力，特别是借助网络效应构建进入壁垒，数据如何转化为竞争约束力，可以从以下因素来考察，即分析进入壁垒、数据可接入性与必要性、规模经济、网络效应、买方力量、转换成本等因素，修正市场份额判断市场力量的结果，从而避免将数据全部划归为一个市场，导致相关市场界定范围过宽的问题。如果数据本身即为商品，则市场力量可表现为市场份额的多少，此时数据的竞争约束力比重将小于市场份额。

（一）结构性因素作为初步筛选机制

由于平台的双边市场特性，将市场分割成单边市场进行市场界定，会忽略网络效应导致市场界定有误。[1]数字平台通常属于中介，并非单纯以平台基本服务作为收益来源，需要精准分析市场各边的关联关系。在市场界定时，就个案评估单边商业策略的变化对平台整体运营带来的影响，以作为切分相关市场的基础。以数据本身作为商品案件，分析在市场上的数据替代性，平台多元化和免费服务，算法和其他技术设备的搭配。如果就现有商品进行市场上需求或供给替代性的评估，会低估市场延伸范围。[2]

相关市场界定必须按照双边提供的商品、平台参与者、商品特性等进行评估。部分平台收集的数据，作为商品发展、改善、优化或创新的生产要素，数据本身不能直接作为商品。[3]目前平台数据竞争案件，包括Google通过数据汇集、分析与利用优化算法，通过排他性行为降低或拒绝

---

〔1〕　在 Facebook/WhatsApp 案中，欧盟界定 Facebook 的网络广告市场时，将服务形态与竞争对象完全不同的 Google、Yahoo!、MSN 也纳入同一市场，并将其他不同网络服务形态，如 Apple、Amazon、eBay、Microsoft、AOL 等的数据收集纳入相关市场的可替代数据源。

〔2〕　以 TomTom/Tele Atlas 案为例，本案商品为导航地图数据及搭配的导航设备，欧盟竞争委员会认为，专业的导航数据与非导航目的而建立的数据，由于制作目的、功能及精确度不同，不属于同一市场，导航数据需要通过实地田野调查及时间的累积，并非网络的数字地图服务可以比拟，即使通过用户回馈亦然。但是，该案忽略了数字平台地图服务与移动手机研发的搭配对导航地图市场带来的改变，对未来涉及数据为商品及服务的数字平台案例，在替代性分析时，须将相关科技发展列入考虑。

〔3〕　参见牛喜堃：《数据垄断的反垄断法规制》，载《经济法论丛》2018 年第 2 期。

竞争对手收集数据的机会；Facebook 将数据用于目标性广告，以加强对数据的利用及控制。该类数据与商品共存，在市场界定上并不单独界定数字市场，而是按平台多边市场的特性处理。相对而言，部分数字平台则将数据直接作为商品。例如，TomTom/Tele Atlas 案上游市场的导航，即以地图数据本身作为商品，那么就直接将该数字市场作为单一市场。

相较于把双边市场嵌入专门为非免费市场设计的市场界定模式中，根据双边市场各边群体的替代性界定市场，或评估一边市场对另一边市场的竞争影响，更适合免费市场界定。数字平台对数据的利用十分多元，提升及优化自身商品，协助其他平台利用（在 Microsoft/LinkedIn 案中，LinkedIn 的 SI 服务收集数据，亦对外提供给其他 CRM 厂商利用），故需要根据数据利用情况决定是否独立界定数字市场。即使数据本身并非商品，在个案对市场竞争产生重要影响时，在商品市场之外将数据划分出独立市场，以分析数据集中对竞争的影响。

结构性推定原则作为合并审查的理论基础，然而，结构性推定因其自身的内在不合逻辑、与反竞争效应的经济分析的冲突，并不能提供一个有用的法律框架。即使作为初步筛选手段，结构性推定的失败更使其作为实际决策的基础变得不健全。因此，有必要取代目前的结构性推定，直接使用适当分析方法。任何改革的建议都应该是对已有的问题的合理回应，而不是引用表面上具有吸引力的误导性的公式。

（二）非结构性因素：数字平台的竞争约束

调整数据驱动型企业合并案件分析的顺序，不再以市场界定为前提，在单方行为无法被市场机制有效控制时，是作为市场力量存在的暗示。针对数字市场的竞争损害，在未达市场力量门槛时，就对具有封锁效应的寡头垄断市场出现的非协调一致性行为进行干预。[1]在数据为生产要素型的市场具有网络效应时，数据构成进入壁垒的竞争约束将更为显著。将数据定位在竞争约束的定性因素，修正市场份额初步判断市场力量的结果。执法机关应动态分析市场力量与单方行为之间的关系，经营者基于一定的市

---

[1] Modernisierung der Missbrauchsaufsicht für marktmächtige Unternehmen，29. August 2018.

场力量而作出排他性行为，通过限制竞争方式获得了更大的市场力量，这种企图垄断的行为亦同样受到反垄断法的规制。[1]鉴于平台经济对反垄断法带来的挑战，在基础结构上设计更加灵活的审查结构，在某些情况下不需要进行详细的市场界定。该方法不允许从非效率竞争型且不具有排斥效果的行为中倒推市场力量，并非针对所有情形普遍降低市场力量的规制门槛，以便在早期识别数字市场竞争的风险。

第三节　竞争损害理论

传统理论认为，尚不具有一定营业额或市场集中度较小的企业合并，并不会产生显著的竞争损害和市场结构的变化。然而，在数字市场，数据驱动型企业合并在任何一个市场都可能出现实质损害竞争，如果商品价格为零，质量、隐私、创新就是核心竞争要素。在数字平台的免费端围绕非价格因素进行竞争；而在付费端围绕数据收集展开竞争，数据可在不同市场作为关键生产要素。如果非价格竞争因素主观、多维且难以量化，相关市场、进入壁垒、竞争效果等后续评估也将出现偏差。由于无法根据价格评估需求弹性，执法机关只能根据质量下降、种类减少、创新减少等非价格因素评估用户需求。因此，需要对数据驱动型企业合并的分析框架予以重构。[2]

一、创新损害

关于创新与竞争的关系围绕 Schumpeter-Arrow 展开，竞争还是垄断的市场更加能够促进创新。[3]Carl Shapiro 认为，Arrow 主要从事前角度强调竞争性市场激励创新，Schumpeter 则从事后角度确认企业能够独占其创新

---

〔1〕　郭传凯：《走出网络不当竞争行为规制的双重困境》，载《法学评论》2020 年第 4 期。

〔2〕　参见方翔：《数字市场初创企业并购的竞争隐忧与应对方略》，载《法治研究》2021 年第 2 期。

〔3〕　参见吴延兵：《企业规模、市场力量与创新：一个文献综述》，载《经济研究》2007 年第 5 期。

成果的预期越高，进行创新的动力越大。[1]在合并控制体系中，价格中心型分析框架以单边效应和协调效应展开，分析合并对竞争或潜在竞争的影响。横向合并对创新减少带来的竞争损害与商品价格上涨或产量降低等同，如果一项合并整合了两个重要的创新者，或消除了一个拥有创新潜力的企业，需要证明潜在经营者在可预见的未来将成为有效的竞争约束力量。非横向合并会阻碍竞争对手的创新能力，导致纵向原料封锁问题。竞争损害除了商品价格上涨外，还会损害质量、创新、隐私等非价格要素，分析企业合并对创新的影响，之前需要评估与特定商品市场关联的潜在竞争，目前逐渐拓展到动态创新竞争市场，合并也会损害创新，降低市场创新活力和竞争约束。[2]在 Dow/DuPont 案中，欧盟对相关市场上的创新空间（innovation space）与整体创新进行一般性评估，确立了创新损害理论。[3]

（一）创新作为非价格竞争因素

与价格一样，创新也是评估市场力量的竞争参数。市场结构的变化会导致集中度的提高，老牌企业与潜在竞争对手之间的合并会消除创新激励，将导致当前重要创新者的竞争力下降。[4]在动态市场，由于创新驱动的竞争压力使企业迅速进入导致市场力量无法持久，数字平台很可能在可预见的时间被取代。合并不会影响成熟的商品市场，而是会影响未来市场竞争，数字市场的创新潜力因素约束现有市场力量。数字平台积极研发创新产品，与现有产品并不具有需求替代性，但是推出后将创造一个未来市

---

[1] Baker, Jonathan B, "Beyond Schumpeter vs. Arrows: Antitrust Fosters Innovation", Antitrust Law Journal, Vol. 74, No. 3 (2007). "Schumpeter-Arrow" 框架难以直接适用合并控制的分析，无法概括合并对创新产生的影响，因此需要超越 "Schumpeter-Arrow" 之争，将创新视为与价格相等的竞争要素，分析合并对企业研发和投资能力产生的影响。

[2] Petit Nicolas, "Innovation Competition, Unilateral Effects, and Merger Policy", Antitrust Law Journal, Vol. 82, No. 3 (2019).

[3] Denicolò Vincenzo and Polo Michele, "The Innovation Theory of Harm: an Appraisal", Antitrust Law Journal, Vol. 82, No. 3 (2019).

[4] Wu, Tim, "Taking Innovation Seriously: Antitrust Enforcement If Innovation Mattered Most", Antitrust Law Journal, Vol. 78, No. 2 (2012).

场。企业合并后可能会削弱其至停止商品研发，创新成果延迟产生或者根本就不再产生，未来商品市场也会推迟出现甚至无法成形。认定未来市场的前提是创新研发对象可被归类为具体的产品，并且潜在竞争者的研发活动必须能够被确认。[1]未来市场要求研发必须归于特定商品，否则只能考虑与特定商品市场没有联系的抽象性概念。

　　基于静态分析的合并控制体系将问题聚焦在，合并后是否会导致市场结构趋于集中，从而可以限制产出提高产品价格，动态因素在传统的合并分析中虽然并未完全忽略，但是非价格因素的考量比重却有限。[2]1990年，美国开始出现基于创新因素分析合并申报，认可研发和创新技术属于市场行为。2010年，《美国横向合并指南》将合并后是否影响创新和产品多样性等非价格竞争效果作为单方效果的考量因素。随着价格、产量和质量的竞争，创新作为竞争要素涉及减少或消除相关市场的竞争压力是否能被认定为竞争损害，市场力量的增强被认为会导致价格上涨。市场力量的增强也可以体现在非价格层面，而对消费者利益造成损害。将创新作为限制竞争效果正当化的效率，数字平台防御创新最简单的方法就是直接收购创新产品的竞争对手，因此，对于数据驱动型企业合并，不能只关注价格提高，还要评估合并是否有利于创新。当商品市场尚不存在，或合并一方尚未成为商品市场上的竞争者，分析研发过程中能够被容易识别的产业。[3]

　　在合并控制分析中，商品市场中的价格竞争与创新竞争同时存在且相互作用，合并企业可以协调定价从而减少竞争。[4]商品市场与市场力量关联的结构因素使企业创新前后的收益产生变化，合并后企业通常在权衡收

---

　　[1]　Innovationen—Herausforderungen für die Kartellrechtspraxis, 2017.

　　[2]　Katz, Michael L. and Howard A. Shelanski, "Mergers and Innovation", Antitrust Law Journal, Vol. 74, No. 1 (2007).

　　[3]　Case No. COMP/ M. 5984— Intel/ McAfee. 在Intel/McAfee案中，并不明确合并是否会发生封锁效应，甚至有证据显示合并后会使杀毒软件的价格下降，然而合并后，Intel将具有阻碍McAfee竞争者的杀毒软件在其CPU及晶片上运作的能力，会造成McAfee竞争者从事杀毒软件研发的创新损害，最终附加行为性条件确保Intel不会阻碍其他软件供货商在其晶片上的操作，且不会阻碍其他潜在创新竞争者，以创新损害取代了封锁效果。

　　[4]　Page, William H. and Seldon J. Childers, "Antitrust, Innovation, and Product Design in Platform Markets：Microsoft and Intel", Antitrust Law Journal, Vol. 78, No. 2 (2012).

益基础上作出研发创新决策。[1]传统合并控制分析中对创新因素的审查通常限定在现有产品或未来商品市场，考察合并方的潜在商品创新能力是否受到损害，潜在商品一般处于研发后期，可以很快进入市场，创新者将显著约束现行企业。但是，随着创新驱动型产业发展，需要分析与现有产品市场相关、处于研发早期的潜在商品，评估合并方与来自非合并第三方的潜在竞争约束。

（二）创新损害新理论

在数据驱动型市场，需要对未来市场进行替代性分析，创新使市场上的替代性商品频繁更新，或既存商品价格太高以至于不会被视为替代性商品，技术创新使商品生产成本下降而被纳入相关市场，时间维度成为衡量数字市场的因素，使得执法机关利用相关商品市场协助评估合并对未来技术发展的影响。[2]评估企业合并的创新损害，重点不是继续围绕在相关市场界定上，而是分析企业合并对替代性创新来源，除了已经存在的竞争者，辨识潜在创新对分析该市场竞争状况具有重要作用，而潜在竞争主要取决于是否拥有数据与算法技术。在创新特性显著的数字市场，需要弱化根据市场份额计算作为限制竞争效果的基础，市场份额并不必然反映企业未来发展趋势，即使目前拥有市场力量，也需要加强创新研发维持自身地位。因此，执法机关应摆脱数字市场份额的局限，借助非结构性因素衡量限制竞争效果。相较于价格协调效应，企业之间相互约束研发活动，或虽未相互约束但采取一致性行为，共同降低市场创新的情形较少。企业合并对创新产生的不利影响主要展现在单方效果上，但同时也会促进创新，因此，执法机关需要权衡二者之间的利益。

竞争不仅可以降低商品价格和提高产量，还能够促进创新。围绕竞争和创新之间的关系有助于澄清企业行为类型和行业环境，加强反垄断干预

---

[1] 参见［法］让·梯若尔：《创新、竞争与平台经济：诺贝尔经济学奖得主论文集》，寇宗来、张艳华译，法律出版社 2017 年版，第 103 页。

[2] Steven C. Salop, "Dominant Digital Platforms: Is Antitrust Up to the Task?", The Yale Law Journal Forum January 18, 2021.

可以促进创新竞争和创新前的研发市场竞争，禁止创新竞争对手之间无正当理由的禁止研发协议，调查减少创新的合并。由于数据、规模经济、网络效应因素，成功的新创平台可以获得巨大的市场份额，可以增强创新研发竞争和创新后的商品竞争，从而在不影响创新后商品竞争的前提下增强创新研发的竞争。[1]

大型数字平台收购新创平台会降低创新激励。只要企业合并存在竞争约束，那么基于创新的损害理论就即可适用。在 Dow/DuPont 案[2]中，欧盟分析了与特定产品市场无关的研发创新市场，论证合并对整个产业造成的创新损害，即产业创新重大妨碍理论（the Significant Impediment to Industry Innovation theory），将合并控制从商品市场转向创新竞争或创新空间。在该案中，Dow 和 DuPont 作为全球农业化工和材料行业的竞争对手，合并主要涉及农药或作物保护行业，是高度集中的创新密集型产业，创新能力和激励对于市场竞争至关重要。合并除了可能显著减少现有具体农药产品市场价格竞争，还将对农药市场的创新竞争产生显著影响。

执法机关通过分析合并方的创新活动，认为由于该行业存在非常高的进入壁垒，由于其他经营者的研发能力有限，企业合并后降低了整个市场的创新水平，由此构建一种不受限于现有商品市场的竞争损害理论和分析框架。传统上，执法机关分析与特定商品无关的研发活动，评估产业层面的创新损害，但是审查企业合并的创新空间成功概率很难预测。市场只有维持竞争才能有利于创新，执法机关分析合并后的创新，权衡创新损害与收益效果。[3]由于涉及创新损害的企业合并在动态竞争，执法机关干预造成假阳性比假阴性的风险更高。从现有市场的创新竞争和潜在竞争、未来市场的潜在竞争和创新空间等维度构建评估创新损害的框架。评估创新损害理论是由于合并后竞争的静态减少会低估全部竞争的影响，需要超越合

---

〔1〕　Hovenkamp, Herbert, "Antitrust and Innovation: Where We are and Where We Should Be Going", Antitrust Law Journal, Vol. 77, No. 3 (2011).

〔2〕　Case M. 7932-Dow/DuPont.

〔3〕　参见［美］克里斯蒂娜·博翰楠、赫伯特·霍温坎普：《创造无羁限：促进创新中的自由与竞争》，兰磊译，法律出版社 2016 年版，第 73 页。

并方当前的竞争重叠，评估创新研发竞争状况。在传统分析框架基础上，对合并各方及竞争者的创新激励与创新能力进行重点考察，当行业整体层面创新者数量有限，创新空间中经营者数量也较少时，应评估合并后的创新效果。执法机关应准确识别和界定创新空间与创新者。在创新竞争中，需要对创新能力和资产进行量化分析，采用较高的证明标准考察创新者的研发投入、算法、数据等，全面评估创新者的关系以及竞争重叠程度。创新损害包括合并方短期及长期损害，对其他创新者及行业整体创新的影响，考察创新转移和效率改进因素，评估创新损害的最终效果。在具有动态创新和高市场集中度的数字市场，平台经济导致企业创新更多地围绕平台生态系统展开，平台合并造成的竞争损害类型更趋多元。[1]创新作为非价格竞争要素之一，在分析企业合并对创新的影响时，不仅需要评估与特定及明确产品市场关联的潜在竞争，同时还要分析创新损害，将规制范围扩展到动态性的未来竞争领域。

欧盟在 Dow/DuPont 案中的"创新空间"分析方式，进一步扩大审查范围，不仅包括特定潜在未来产品，也包括合并案对创新的早期效果，即参与合并企业还没有具体产品成形、尚未界定或需数年才能上市的概念或产品的早期研发努力。此外，欧盟并未作量化分析，以证实该案的创新转换率（innovation diversion ratio）。创新竞争损害理论也具有高度的不确定性，可能产生合并控制执法过度的问题。

二、隐私损害

数据成为平台经济的关键生产要素，数字平台利用数据策略占据或维持竞争优势，排除竞争对手或潜在市场进入，企业可以采用合并、搭售、独家交易等传统方式占据或维持市场力量，还可以采用数据驱动型企业合并行为侵害用户隐私，但同时拥有及时有效阻止消费者损害的工具。[2]基

---

[1] Big data and innovation: key themes for competition policy in Canada. 2018-02-19.

[2] Erika M. Douglas, "The New Antitrust/Data Privacy Law Interface", The Yale Law Journal Forum January 18, 2021.

于直接网络效应与间接网络效应，用户使用该数字服务后就难以转换，也因此数字平台会衍生市场力量。然而，数字平台合并中的隐私损害需要讨论不同情形，对股权收购不改变合并方作为独立主体的地位，原则上并不需要用户同意。如果资产收购改变了数据利用目的，数据与其他资产一并转让，合并方处于同一行业等情形，允许数字平台在合并时共享用户数据，但是应当由目标企业事先通知用户行使权利。[1]日本公平交易委员会认为，在隐私保护为竞争核心的数字平台合并时，需要将隐私因素纳入审查，防止数字平台在利用个人数据为核心的商品市场，借助数据收集、分析和利用维持或强化市场力量，禁止数字平台在合并后交叉利用数据损害用户隐私。[2]由于数字平台较之用户处于优势地位，也构成滥用相对优势地位的行为。[3]数字平台免费提供服务，隐私要素影响服务质量和用户权益，隐私保障弱化不但降低质量，也降低了市场竞争力。我国《反垄断法》在市场规制法的基础上，迎合平台经济发展需要，也要有私权保护的私法担当，重构反垄断法的价值体系。

数字平台收集用户数据以提供目标性广告服务，用户为了免费使用平台服务而主动提供数据，Facebook、LinkedIn、Google 等平台都汇集了海量数据，由此也带来平台是否会侵害用户隐私权益的问题。[4]当具有海量数据的数字平台合并时，伴随相互持有的数据汇集，除数字平台因为汇集多元数据而拥有竞争优势外，对隐私保护亦因平台合并而受到影响。零价市场的数字平台合并如果导致隐私保护的商品产生变动，会因商品质量下降而对市场产生损害，如果商品竞争涉及隐私因素，导致用户转向替代性商品，在合并审查时应纳入考量。然而，执法机关如何衡量非价格竞争因素，是一项比衡量价格竞争更复杂的问题，需要具体量化隐私等非价格竞

---

〔1〕　参见余佳楠：《个人信息作为企业资产：企业并购中的个人信息保护与经营者权益平衡》，载《环球法律评论》2020 年第 1 期。

〔2〕　公正取引委員会『データと競争政策に関する検討会報告書』競争政策研究センター、2017 年。

〔3〕　公正取引委員会「企業結合審査に関する独占禁止法の運用指針」2019 年。

〔4〕　Stacy-Ann Elvy, "Paying for Privacy and the Personal Data Economy", Columbia Law Review, Vol. 117, No. 6 (2017).

争指标。理论上支持将隐私作为平台非价格竞争因素，保留反垄断法介入的适用空间，鉴于隐私保护的必要性与范围的主观性，反垄断法并不是优先选项。[1]即使有必要利用反垄断法调整隐私问题，执法机关应确保质量竞争不受限制，而不是判断竞争后的隐私保护较之前是否更好，更重要的是促进平台质量竞争，提供终端用户更多选项。由于数据隐私利益与竞争利益之间的冲突与协调，[2]隐私保护在反垄断个案中调整呈现递进式发展。

（一）隐私提示：Google/DoubleClick 案

美国联邦贸易委员会根据《美国纵向合并指南》审查分析合并对市场竞争产生的损害。Google 与 DoubleClick 在相关市场不是直接竞争对手，合并不会降低双方的实质竞争关系，企业合并固然让具有竞争优势的经营者损害该商品的互补市场，然而，在合并后企业具有市场力量时才会限制竞争。Google 不会在竞争上损害广告中介市场竞争，操纵 DoubleClick 的广告中介服务商品。虽然美国联邦贸易委员会批准合并，但其委员 Harbour 提出反对意见，指出 Google/DoubleClick 并非仅是双方的商品相结合，而是双方收集的用户数据的汇集。该案充分反映了传统反垄断法与消费者权益保护法的交互，应当将非价格因素纳入，以综合评估该合并的内涵。欧盟也对该案进行了合并审查，虽然认识到了数据对市场竞争的影响，但并不认为应对隐私因素进行竞争评估，仅在结论中提醒数字平台在后续利用时需要遵守个人信息保护法，加强对用户基本权利的保障。[3]在平台经济

---

〔1〕 Maureen K. Ohlhausen, Alexander P. Okuliar, "Competition, Consumer Protection, and the Right (Approach) to Privacy", Antitrust Law Journal, Vol. 80, No. 1 (2015).

〔2〕 Erika M. Douglas, "The New Antitrust/Data Privacy Law Interface", The Yale Law Journal Forum January 18, 2021. 评估分析的重点在于数字平台收集用户数据构建进入壁垒等结构层面，而不是数字平台利用数据是否造成隐私损害。

〔3〕 网络广告与线下广告是完全不同的市场，Google 作为网络广告的领导厂商，其在网络广告市场上扮演两种角色，一是凭借自己的搜索引擎作为广告发布商，二是以 AdSense 作为网络广告的中介，Google 在网络广告市场和网络广告中介市场都具有支配地位。DoubleClick 则可为广告业主或广告发布商提供展示广告投放功能的工具。双方在网络广告市场和中介服务市场都不是直接竞争对手。DoubleClick 提供第三方广告技术，而 Google 仅将广告技术作为其网络广告空间提供的辅助服务，双方在提供展示广告投放技术市场也不是直接竞争关系。因此，欧盟认定 Google 和 DoubleClick 不会显著限制竞争。

时代，来自用户数据衍生的网络效应是形成市场力量的关键。用户与网络搜索量越多，就越能收集海量机器学习数据从而优化其算法，提升网络搜索效能和广告精准营销，DoubleClick 在网络广告市场的精准营销能提升网络流量，让 Google 收集海量的机器学习数据，如此双方相互反馈获得聚合效果。因此，合并案中不应仅考虑双方是否为相关市场的竞争对手，也不应仅考量双方的市场力量，而应评估网络效应与学习效应。

此外，Google 在 2008 年至 2018 年共收购了 168 个企业，从而在诸多市场排除限制竞争。欧盟自 2017 年起连续三年对 Google 进行反垄断处罚，其中 Google Search（shopping）与 Google Android 针对搜索引擎服务市场，而 Google AdSense 则针对网络搜索广告市场，Google 先占据搜索引擎市场力量，传导至网络广告与中介服务市场。为了回应 Google Android 案的处罚，Google 在 2019 年解除 Google 应用商城对浏览器与搜索引擎的预安装，注重隐私保护的 DuckDuckGo 平台进入 Android 手机，促进了相关市场对隐私保护的竞争。

（二）隐私因素：Facebook/WhatsApp 案

在 Facebook/WhatsApp 案中，双方合并导致海量数据汇集到 Facebook 平台，将用户账号跨平台连接收集与整合数据，数据集中强化了 Facebook 在网络广告市场的力量，用户无法控制其对多方来源数据的整合，Facebook 利用数据优化各项服务以锁定用户，WhatsApp 采用不收集用户数据发展广告服务的策略，Facebook 通过对数据的收集、分析推送目标性广告，其在合并后整合来自 WhatsApp 的用户数据，将目标性广告嵌入 WhatsApp 平台，实现数据货币化。Facebook 违反了欧盟《一般数据保护条例》（GDPR）规定，在用户并不知情的情况下，由第三方平台收集数据并与用户账号整合的行为，侵害了用户对数据的控制，违反了其与用户间关于隐私保护的协议，导致 Facebook 与用户的利益失衡。然而，WhatsApp 在即时通信市场的核心价值是信息安全与隐私保护，衍生了数字平台的非价格竞争问题。欧盟认为数字平台合并衍生的隐私问题属于个人信息保护法而非反垄断法的调整范围。同时指出，如果 WhatsApp 改变平台隐私策略，在免费且用户转换成本较低的情况下，直接导致用户转移到其他服务，将会降低 Facebook 收集 WhatsApp 平台数据的诱因，Facebook 没有动机在合并后改变 WhatsApp 的隐私策略。数字平台借助合并来汇集用户数据，在合并审查的判断上评估数据在数字平台的价值，如果数字平台适度降低隐私保护质量，即使造成用户数量的减少，若能换取更大的市场利益时，仍有可能因为整体市场利益而降低对用户的隐私保障。[1]隐私实际上已经是影响合并认定的因素。

（三）隐私考量：Microsoft/LinkedIn 案

前述案件都直接明确隐私保护是个人信息保护法的调整范围，并非反垄断法的规制范畴。而在 Microsoft/LinkedIn 案中，PSN 属于社交服务，LinkedIn 数据集的价值在于用户不断更新个人数据，并且对 LinkedIn 平台的利用有一定的黏性，需要用户在平台上与其他用户建立联系。如果合并后 Microsoft 利用 LinkedIn 的数据提升了商品质量，却造成用户隐私损害时，用户不再以 LinkedIn 作为 PSN 服务的主要平台，导致 LinkedIn 的数据价值降低。由于 LinkedIn 用户必须在平台上提供个人专业数据，隐私保障是用户评估是否选择特定 PSN 服务的非价格竞争因素。Windows 在收购 LinkedIn 后将其与 Office 整合或强制在 Windows 系统上预先安装 LinkedIn。Windows 用户因为现状偏差的缘故不得不直接使用预先安装的 LinkedIn 作为 PSN 的主要平台，强化了整体数据集的价值，而因此产生的市场封锁效应将使原先提隐私保护更好的 PSN 平台被排除，变相限制了用户的选择范围，损害了非价格竞争。这种情况并不仅仅是隐私作为非价格竞争因素的问题，而是数字平台已经在市场上具备市场力量时，对非价格竞争市场产生损害。可以预见，竞争评估中的隐私因素将成为数据驱动型企业合并的重要问题。[2]

---

〔1〕 Gabriel Nicholas and Michael Weinberg, "Data Portability and Platform Competition: Is User Data Exported From Facebook Actually Useful to Competitors?", ENGELBERG CENTER on Innovation Law and policy NYU school of law. 2019.

〔2〕 参见韩伟：《数据驱动型并购的反垄断审查——以欧盟微软收购领英案为例》，载《竞争法律与政策评论》2017 年第 0 期。

将隐私保护作为平台竞争的非价格因素，然而，非价格竞争能否促进竞争，取决于用户能否在交易时正确评价平台对隐私保障的优劣。如果用户无法事先掌握被收集的数据类型、范围与程度，以及后续的利用方式等情况时，也就无从选择使用隐私保护更好的特定平台。因此，需要量化隐私保障在内的非价格竞争因素即分析数字市场竞争的隐私问题的三个因素，损害类型、损害范围以及救济的有效性。[1]

（四）隐私损害：Facebook 案

数字平台除直接通过收集用户数据外，还可以通过其他平台串联收集数据。数字市场竞争的主要手段就是价格竞争。[2]德国联邦卡特尔局在 2019 年 2 月对 Facebook 作出滥用市场支配地位的处罚，Facebook 向用户提供免费社交服务，同时对广告主提供精准营销服务，Facebook 在社交网络市场的份额为 95%，Facebook 收集用户数据作为双边市场通过售卖广告获利，当新创平台尚未吸引海量用户加入前，自然难以获得广告主的青睐。Facebook 凭借在社交平台的市场力量，让用户同意 Facebook 由第三方平台收集数据，违反《一般数据保护条例》（GDPR）第 6 条要求的有效同意，针对 Facebook 与第三方平台合作进行数据串联、收集与利用的行为，以非法手段提升竞争对手的进入壁垒，构成剥削性滥用行为，侵害的是消费者的福利、选择权和公平交易权。[3]对用户数据的接入是影响数字平台市场力量的必要条件，第 18 条（3a）项明确数据收集是影响市场力量的因素，拥有市场力量的数字平台处理具有竞争价值的数据，执法机关需要在竞争评估上将隐私保护纳入评估。Facebook 不服，因此上诉至杜塞尔多夫高等地区法院，并申请核发临时禁制令以暂缓联邦卡特尔局的处罚。审理后法院认为，Facebook 对收集用户数据不会导致用户失去对数据的控制，同意 Facebook 的上诉申请。随后，联邦卡特尔局上诉至美国最高法院。美国最高

---

〔1〕　Maureen K. Ohlhausen, Alexander P. Okuliar, "Competition, Consumer Protection, and the Right（Approach）to Privacy", Antitrust Law Journal, Vol. 80, No. 1（2015）.

〔2〕　参见殷继国：《大数据经营者滥用市场支配地位的法律规制》，载《法商研究》2020 年第 4 期。

〔3〕　参见孟雁北：《论大数据竞争带给法律制度的挑战》，载《竞争政策研究》2020 年第 2 期。

法院审理后认为，Facebook 凭借其市场力量以服务条款剥夺用户选择，具有限制竞争效果。基此，美国最高法院撤销杜塞尔多夫高等地区法院的裁定，Facebook 仍需履行联邦卡尔特局的处罚。

用户是否可以充分认知数字平台对数据收集、处理及利用，平台对用户的隐私保障应在其主观认知且信赖的范围内承诺，即使平台合并也需要维持初始数据收集时的承诺。[1]如果数字平台通过合并产生数据集中，超出用户开始同意的范围和认知，违背对用户隐私保护承诺，便降低了平台的隐私保护质量，最终导致用户转换服务。如果涉及隐私为非价格竞争核心的数字平台合并，除市场竞争损害评估外，须将隐私因素列入合并审查，以附加限制性条件的方式要求数字平台在合并后不更改隐私保护政策。

Google、Facebook、Amazon、Apple 等数字平台，提供优良且免费的服务吸引用户，收集用户数据后转换为广告，再卖给广告主进行精准营销。针对数字平台的合并，除考虑网络效应外，更应该考虑平台之间的相互交叉获得相乘效果。因此，不应仅考虑双方是否为同一相关市场的竞争对手，也不应仅考虑双方在原本相关的市场份额，而应考虑网络效应与双边市场的相乘效应，且该相乘效应会随着合并后经营时间越长而越显著，因机器学习数据的增加而提升数据分析的效果，但是数字平台合并也会将已储存的去识别化的数据整合，使得两组数据相互参照导致数据再识别化，即两组本已去识别化的数据因相互参照，可重新识别用户，从而侵害用户隐私。[2]合并衍生的负面效应，甚至以附加限制性条件要求合并双方将收集的用户数据对外利用时必须事先取得用户书面同意。

---

〔1〕 参见韩伟：《数字经济中的隐私保护与支配地位滥用》，载《中国社会科学院研究生院学报》2020 年第 1 期。

〔2〕 Allen and L. Anita, "Protecting One's Own Privacy in a Big Data Economy", Harvard Law Review, Vol. 130, No. 2（2016）.

第四节　限制竞争效果分析框架

随着技术创新，数据在平台经济活动中日益活跃，不论作为商品或生产要素投入，均能够为数字平台和用户双方带来价值。虽然因为数据的非竞争性和非排他性的特征，使市场参与者也普遍可以收集，但是不同的类型数据具有不同替代性，使数字平台产生不同程度的经济利益，积累竞争优势，基于收集、分析、利用等一系列数据价值链对市场竞争产生影响。当数据成为市场竞争的关键生产要素时，因网络效应取得竞争优势的数字平台，有可能会滥用而占据市场地位，让竞争对手无法取得数据，或提高竞争对手收集数据的成本，或收购预测出来的潜在竞争对手，预先消弭未来市场竞争。因此，数据驱动型企业合并的分析框架也需要予以重构，以应对平台经济带来的挑战。

一、传统竞争效果评估

（一）单方效果分析

数字平台作为数据汇聚中心，利用算法将海量数据快速连接与分析，实时提炼分析出数据价值，适时调整市场决策或提出符合市场需求的创新服务。数字平台刻意控制数据收集机会，提高市场进入壁垒，潜在市场参与者无法收集充足的数据，即便进入也无法实际发生竞争效能。数字平台利用数据进行单方行为，包括限制必要数据接入、数据利用的差别待遇、策略性合并、搭售、增加用户转换成本及独占平台的纵向整合。数字平台收购新创平台，试图降低新创平台未来产生的竞争压力，用最直接的方式收集平台创新需要的必要数据，使之难以被其他竞争对手收集，巩固甚至提升自身数字平台的市场力量。

第一，数字平台通过排他性条款对竞争者收集必要数据加以限制，拒绝将必要数据提供给竞争对手。在数字平台市场，数据发展导引而来的创新服务和研发，搭配深度学习技术，使数据价值与市场竞争紧密关联。在

Facebook/WhatsApp 案中，欧盟认为 Facebook 收集的数据在市场上并不具有独特性，不同的数字平台也都能够收集类似数据。然而，实际上忽略了数据内涵，收集数据本身并非代表已取得市场力量。利用数据在市场上获得竞争优势，重点在于如何实时从海量、多元数据中提炼出价值，应用于商业策略，占据市场竞争优势。[1]因此，数据本身看似非必要设施，通过数据分析即可延伸市场竞争的价值。如果数据对该市场具有必要性，持有海量数据的平台拥有市场力量，与第三方平台合作约定排他性条款，阻碍其他竞争对手收集及利用数据。如果排他性条款来自于在市场上具备支配地位的平台，使竞争对手无法收集足够的数据反馈，等同于限制竞争对手开发算法的机会。如果数字平台利用市场力量强制其他经营者共享数据，限制其他经营者利用数据自由竞争的权利，也将构成滥用市场力量行为。[2]

第二，数字平台设计算法机制，收集及分析行为数据以精准锁定终端用户，针对不同用户群作个性化定价，掌握消费者剩余，决定适当的价格以获取最大利益。因数据汇集与算法逻辑推断目标用户群，预测目标用户偏好、支付意愿、最高保留价格，数字平台利用算法控制数据实施精密的差别定价。[3]数据利用促使用户增加，整体需求曲线右移，个性化服务、适时且对应的折扣促使用户购买，延长差别定价的持续性。在数字平台同时提供纵向市场服务，在 TomTom/Tele Atlas 案中，数字平台是否拒绝授权数据给其他导航设备厂商而形成限制竞争，即使数字平台并未阻绝其他下游经营者收集数据，但由于其他企业获得数据的时间滞后亦导致竞争损害。在 Google Search（Shopping）案中，搜索引擎和比价购物服务是纵向整合的服务形态，利用一般搜索引擎取得市场力量，通过算法控制数据对竞争服务实施差别待遇，将其自身提供的比价购物服务排列在用户搜索结

〔1〕 Zachary Abrahamson, "Essential Data", Yale Law Journal, Vol. 124, No. 3（2014）.
〔2〕 参见殷继国：《大数据经营者滥用市场支配地位的法律规制》，载《法商研究》2020年第4期。
〔3〕 Autorité de la concurrence & Bundeskartellamt,（2019）. "Algorithms and Competition", November, 2019.

果的最前列。

第三，用户习惯于将一种平台作为信息连接的入口，其服务是各类平台要将服务或网页内容传达给用户的必要设施。数字平台利用在一般市场的支配地位延伸，将数据应用在新型市场的创新服务，协助其在相关市场上改进与拓展，而试图减少竞争对手的流量引导机会，对竞争对手采取不合理的差别待遇。数字平台拥有流量和用户，但是强化市场力量还需将流量和用户转化为数据。[1]数字平台仰赖算法设计实现不同市场的数据交互，而针对平台算法需要进行设计、修改及串接，甚至在新兴市场取得特殊的市场地位。用户习惯将一种数字平台作为信息链接的入口，其服务是各类平台将网页内容传达给用户的必要设施，比如，在 Google Search（Shopping）案中，以大型搜索引擎平台作为数字市场的流量入口，利用算法对搜索结果进行特别排序，提高自身购物比价服务的流量。数字平台投资和流量控制主要合作伙伴，将平台、数据、算法相融合调配自身海量和高黏性的流量和数据。[2]

第四，平台生态系统控制一项核心数字服务，实质性地控制数字市场准入，并采取杠杆传导手段以促使新创商品快速进入市场。[3]将数字服务相互搭售，许多具备数据与算法能力的数字平台，持续改善创新服务，采用混合经营的策略，除多元服务的链接外，通过纵向服务整合来巩固市场地位。比如，强制搭载 Android 操作系统的移动手机制造商必须在设备上预先安装 Google 相关的软件。数字平台利用在不同市场相互影响出现混合经营，整合服务以提高在不同市场的连接程度，将其在一个市场的市场力量延伸至其他市场，运用其在特定市场收集的数据协助其他市场构建进入壁垒，对平台进行跨市场操控，提升自身服务的市场地位。数字生态系统

---

〔1〕　参见邵庆：《优化数字经济营商环境背景下支配地位认定条款之重塑》，载《行政法学研究》2020 年第 5 期。

〔2〕　《美国纵向合并指南》列举了部分流量垄断行为，以搜索降权、流量限制、技术障碍等惩罚性措施，强制交易相对人接受其他商品；在平台规则、算法、技术、流量分配等方面设置限制和障碍，使交易相对人难以开展交易。此外，在分析经营者控制市场的能力和是否构成限定交易时，需要分别分析流量、流量限制、流量资源支持等因素。

〔3〕　Unlocking digital Competition：Report of the Digital Competition Expert Panel，March 2019.

包含来自多边市场参与提供多元产品，涵盖数字平台、技术服务及科技设备，同时向平台应用程序开发商或广告商收费，也与其他平台合作。[1]对于新进市场服务的传导，并非如同传统数据搭售。[2]数字平台通过移动端与网络端的结合，强制用户与平台产生连接，在横向与纵向竞争市场皆采取各种排他行为，呈现出混合经营的数字平台，建构坚固的平台生态系统，拓展数据收集的来源、数量与类型，从而提升平台整体市场力量。因此数字平台的搭售策略，连接的范围和目的，相较于过往的搭售行为更加广泛，须在个案中审慎评估。

（二）封锁效应

原料封锁主要发生在纵向合并与混合合并等非横向合并案。在 TomTom/Tele Atlas 案中，合并后是否会排除中下游导航软件及设备的竞争对手接入 Tele Atlas 的导航数据，形成排他现象。虽然不排除数字平台收集数据，却刻意延后中下游竞争商品利用数据更新的时间。TomTom/Tele Atlas 案除了为纵向合并，数据本身就是商品，Tele Atlas 在导航数字市场已具备市场力量。在 Microsoft/LinkedIn 案中，针对 CRM 与 SI 服务整合，合并是否会使 LinkedIn 的数据集无法由第三方 CRM 服务收集作为 ML 开发。Microsoft/LinkedIn 案就 CRM 与 SI 服务整合，属于混合合并，双方存在互补关系，且 LinkedIn 整体数据集并非 LinkedIn 直接对外提供的商品，而是提供 SI、PSN、网络广告等平台收集的数据，其中只有与 SI 服务的数据有连接第三方 CRM 服务。

首先，分析数据收集在合并前后的变动，Tele Atlas 的导航数据本身就是商品，在合并前已在市场交易，为市场上可收集的数据。其次，分析数据是否为市场竞争的必要数据。Tele Atlas 的导航数据是导航软件、设备市

---

〔1〕　通过移动设备与数字平台 App 连接吸引更多用户、收集数据以及强化用户对服务的黏性。Google 和 Apple 抢占了移动操作系统的先机，分别自行研发的操作系统 Android 以及 iOS。Google 开放不同的移动手机制造商安装 Android 系统，Apple 则仅将 iOS 系统整合在其自主研发的移动设备。通过纵向服务整合，将研发的 App 嵌入安装其系统的移动设备，进而排除其他 App 的竞争。安装 Android 系统的移动手机制造商或网络营运商排他性地预先搭载 Google 相关的 App，如 Google Search、Google Chrome 浏览器及其 App 销售平台。

〔2〕　参见詹馥静：《大数据领域滥用市场支配地位的反垄断规制——基于路径检视的逻辑展开》，载《上海财经大学学报》2020 年第 4 期。

场竞争的必要数据。导航数据的完整性、精确度、更新效率等质量因素，不但影响导航数字市场的竞争，也影响中下游导航软件及设备的竞争。LinkedIn 的数据集虽然具备高质量且为协助 CRM 开发 ML 应用的资源，但必须根据应用 CRM 服务的个案，决定数据在开发 ML 上的重要性。市场上已有其他 CRM 服务利用其他数据进行 ML 应用的开发，LinkedIn 的数据集并非 CRM 服务开发 ML 应用的必要数据。CRM 服务开发商即使没有收集 LinkedIn 数据接入的权利，亦不代表其市场竞争受到影响。再次，数据收集的困难度。Tele Atlas 在导航数字市场份额超过 50%，且导航数据需要高精确度并随时更新，市场进入壁垒高。潜在竞争对手进入市场的成本与时间相对较高，通过排他方式限制数据接入对下游市场会产生显著影响。Microsoft/LinkedIn 案中，LinkedIn 的数据为了配合平台多元服务，在市场上具备其他竞争对手，LinkedIn 收集的数据在市场上并不具有独特性。LinkedIn 在合并后如果不将数据对外开放，是否会因此导致 CRM 平台收集数据困难。即使 LinkedIn 并没有开放共享数据，市场上仍有其他数据提供者足以提供类似数据，故数据收集困难度不高，不会形成竞争上的排他状态。因此，数据收集的困难因素，包括法律上限制、数字平台不愿分享、数据收集的时间优势等。[1]最后，暂时性排他状态。Tele Atlas 作为导航数据来源，与 TomTom 合并后只要限制其他下游竞争对手的数据更新时间就可以形成暂时性排他状态，让 TomTom 获得竞争优势。

二、新型竞争效果评估

（一）网络效应

数字经济的发展呈现出市场力量高度集中的趋势，而网络效应更会增加这种态势。数字平台的双边市场特性，有效利用数据设计商业策略吸引用户，促进平台目标用户的互动连接，建立或优化网络效应。产生网络效应的数据是市场力量的关键要素，也就成为市场竞争的必要数据，如果潜

---

〔1〕　Committee for the Study of Digital Platforms Market Structure and Antitrust Subcommittee Report, 15 May 2019.

在经营者收集必要数据受到限制，将形成市场进入壁垒。数字平台汇集利用数据向用户提供多元服务，有助于降低平台多归属的发生概率，提高用户对平台服务的黏性，强化网络效应。[1] 数字市场的网络效应让新创平台难以有效进入，数据让数字平台具有市场力量从而衍生垄断地位。然而，数字市场虽有网络效应，但数据并不具有排他性，数字平台能够收集的数据，新创平台通常同样可以收集。网络效应存在本身并不能先验地表明受合并影响的市场存在竞争问题，必须对网络效应提升进入壁垒的程度进行个案分析，如果执法机关仅仅考察传统进入壁垒和网络效应，将无法完整评估合并产生的效应。[2]

虽然即时通信市场并不存在明显的进入壁垒，但是 Facebook/WhatsApp 合并产生的直接网络效应，通过免费数字收集海量用户数据，新创平台将难以阻止用户转向大型数字平台。WhatsApp 对 Facebook 在隐私维度构成竞争约束，合并后提高替代平台的进入壁垒。随着用户提供数据产生的规模经济递增效应，数字平台将收集和利用多元数据，将不断改进服务质量。由于数据驱动型的网络效应，看似较低的进入壁垒，但是忽略了关键资产是数据规模和算法技术的融合。在 Facebook/WhatsApp 案中，Facebook 的用户基础大大增加，使自我学习型算法能够以比新进者更快的速度扩大规模，虽然执法机关分析了传统的直接网络效应，却没有分析平台合并以后，针对依赖数据规模的算法技术提高了进入壁垒。[3]

数字平台利用跨平台的数据提升产品质量，基于数据规模经济的网络效应吸引更多用户，为数字平台收集更多数据来改进产品。数据反馈循环增加了一个维度，不单独是根据历史数据进行试错学习，而是利用跨平台和数字市场收集多元数据。如果存在数据联动的可能性，平台服务多元化

---

〔1〕 Control of abusive practices in the digital platform economy, Monopolies Commission, Biennial Report Competition 2020.

〔2〕 Calo, Ryan and A. Rosenblat, "The Taking Economy: Uber, Information, and Power", Columbia Law Review, Vol. 117, No. 6 (2017)

〔3〕 参见［美］莫里斯·E. 斯图克、艾伦·P. 格鲁内斯：《大数据与竞争政策》，兰磊译，法律出版社 2019 年版，第 193 页。

将带来更好的预测，数据联动能够带来范围效益递增，数据联动相比数据孤岛之和更能够实现数据情景化。数字平台基于跨平台收集和分析多元数据，以此为其算法增加参数，放大网络效应，从而更好地预测其个性化结果。平台围绕数据能为广告主带来的投资回报率展开竞争，凭借平台免费服务吸引海量的用户基数，再利用多元用户数据精准投放广告，产生的数据规模收益递增效应对市场一边的平台带来正反馈循环，进而强化另一边市场的发展。[1]数字平台运营和控制可以收集海量多元的数据而占据竞争优势，尽管潜在进入者有更好的算法，但数据才是关键生产要素。数据驱动型的网络效应放大了获得和流失用户背后的差距，然而并非在任何市场上都必然衍生竞争优势，由于平台的特殊性导致"赢者通吃"并不具有绝对性，[2]数字平台也会采取限制竞争行为和收购以对其倾斜，反馈循环强化市场力量。

（二）传导效应

数字平台整合数据、算法和技术发展，将市场力量传导至横向、纵向甚至混合经营的市场范围，市场竞争影响较实体企业更广泛和迅速，能够采用的手段更加多元复杂。以技术为核心驱动的数字市场充满跨界竞争，[3]正演变为平台竞争和生态竞争，App形成的数据孤岛向数据群岛转型，国内目前已经形成以腾讯、阿里巴巴、字节跳动为主的三大派系。大型数字平台利用数据收集和算法分析能力，使之更容易判断市场竞争的趋势，在竞争策略上取得时间优势，甚至事前收购有发展潜力或未来可能与之竞争的平台，巩固市场地位。[4]数字平台如果已经在特定市场取得市场

〔1〕　Hal R. Varian, "Recent Trends in Concentration, Competition, and Entry", Antitrust Law Journal, Vol. 82, No. 3 (2019).

〔2〕　Hovenkamp, Herbert, Antitrust and Platform Monopoly (January 15, 2021), Yale Law Journal, Vol. 130, 2021, U of Penn, Inst for Law & Econ Research Paper No. 20-43, Available at SSRN: https://ssrn.com/abstract=3639142 or http://dx.doi.org/10.2139/ssrn.3639142.

〔3〕　参见张江莉：《互联网平台竞争与反垄断规制——以3Q反垄断诉讼为视角》，载《中外法学》2015年第1期。

〔4〕　Charles A. Miller, "Big Data and the Non-Horizontal Merger Guidelines", California Law Review, Vol. 107, No. 1 (2019).

力量，在进入其他市场时，可通过杠杆的方式促使新创商品快速进入市场。在数字市场上亦然，以数据本身作为交易客体，以数据分析作为服务的数字平台，将持有的数据与数据分析服务相互传导。如果数字平台拥有的数据本身有很高的利用价值，其亦可向购买数据的拟议交易者，搭配数据分析服务。因为搭售的数字平台已具备市场力量，尤其新创平台无法提供多元商品时，该策略则会排除其他竞争数字平台的进入，减弱新创平台进入市场的动机。数据作为数字平台市场力量的来源，且在数字服务收集的数据亦可扩增服务至其他连接的市场。数字平台利用数据与算法技术，采取混合经营策略，除多元服务连接外，整合纵向服务巩固其市场地位。在 Google Android 案中，Google 强制搭载 Android 操作系统的手机制造商预安装 Google 软件，整合数字平台及移动操作系统市场。

　　企业不得通过排他性协议或者利用纵向一体化的方式，滥用其在一个市场的垄断力量在第二个市场占据竞争优势。[1]杠杆理论自 20 世纪 40 年代诞生，到 20 世纪 60 年代发展为争议焦点。20 世纪 70 年代后，芝加哥学派的效率分析成为竞争评估主导。但是，芝加哥学派受限于"单一垄断利润定理"，认为企业在一个市场上获得的利润是一定的，借助杠杆效应无法再继续增加利润，所以杠杆理论逐渐失去了用武之地。然而，杠杆理论不只是实现利益最大化的措施，也是促进垄断力量延伸的工具，即杠杆效应虽然并不一定会直接获取更大利润，但将杠杆理论作为市场策略，完全可以用第一个市场的垄断力量影响第二个市场的竞争。[2]受到网络效应对数据集合体的影响，数字平台更加容易将现有的市场力量跨界传递到"不相关"市场和"未来相关"市场。在 Google Search（Shopping）案中，搜索引擎和购物比价服务是分属上下游的整合型服务，Google 运用一般搜索引擎的市场地位，将其自身提供的购物比价服务排列在用户搜索结果的前面。欧盟认为，将平台市场力量进行杠杆传导是自我优待的行为，当平

---

　　〔1〕　参见［美］赫伯特·霍温坎普：《联邦反托拉斯政策：竞争法律及其实践》，许光耀、江山、王晨译，法律出版社 2009 年版，第 351 页。

　　〔2〕　参见李剑：《反垄断法中的杠杆作用——以美国法理论和实务为中心的分析》，载《环球法律评论》2007 年第 1 期。

台与平台内经营者同时提供的产品竞争时，会对平台自身产品给予优惠待遇。[1]平台通常是纵向一体化的，在自己的核心平台服务上偏向于自己的商品，排除终端消费者利用第三方获得商品的机会，损害了核心平台市场的商品竞争。因此，有必要关注数字市场的杠杆效应，在数据生态系统中占据优势地位的数字平台，排除限制竞争对手或者锁定用户。

（三）进入壁垒

进入壁垒是企业持续将商品定价在竞争水平之上的结构性因素，如商品差异化、成本优势或经济规模，基于工业经济时代的规制思维忽略了数据作为市场进入的壁垒。[2]数字平台拥有数据并不必然占据竞争优势，如浏览器 Chrome 超越微软的 Internet Explorer，并非因其控制数据，而应源自其创新模式，数据通常在特定平台被特定市场利用。尽管数据具有非竞争性，某个数字平台收集了数据并不会因此减少其他平台收集的数据，由于数据价值时间很短，基于数据非排他性且利用上的非竞争性，新创平台通常能收集同样的数据。然而，即使数据具有利用上的非竞争性，法规、合同或技术上的限制使数据具有某种程度的排他性。

数字平台合并对市场竞争的影响需要根据个案评估。数字平台具备动态市场特性，甚至潜在竞争的出现亦超出预期。在 Google/DoubleClick 案中，DoubleClick 的数据利用会受到合同限制，难以成为潜在竞争对手。在 TomTom/Tele Atlas 案中，Google 在未来基于用户社交反馈并搭配算法技术进入导航市场，成为强大的潜在竞争对手。欧盟认为数字平台进入导航市场在时间上已经迟延，单纯依靠用户不精确的反馈无法与专业调查相提并论。但是就当前市场而言，个案忽略了科技发展趋势，数据汇集可以构建市场力量。由于数字平台的算法是通过数据收集、累积及持续学习以逐步优化平台服务的相关性。而新创平台缺乏累积数据量的抗衡能力，数据必要性、规模经济、网络效应、资本投资、算法设计、科技设备、人力资源

---

[1] Jacques Crémer Yves-Alexandre de Montjoye Heike Schweitzer, Competition Policy for the digital era Final report, European Union, 2019.

[2] Bamberger, Kenneth A. and Orly Lobel, "Platform Market Power", Berkeley Technology Law Journal, Vol. 32, No. 3 (2017).

等因素都会构成市场进入壁垒。[1]

如果市场进入是及时、可能且充分的，数字平台的市场力量就受到潜在竞争约束无法长时间行使市场力量。在市场进入足够容易的前提下，如果数字平台将质量降到竞争水平之下，潜在进入者将抓住机会恢复竞争。在动态竞争的数字市场环境，高市场份额并不一定占据市场力量，如果用户能轻易转向其他免费商品，通常就不会被锁定。然而，如果仅仅关注传统竞争要素，很容易认为数字市场的进入壁垒很低，较低的进入壁垒和转换成本将约束数字平台降低服务质量，从而错过数字市场的网络效应因素的衡量。[2]一旦价格被设置为零，新创平台就受到竞争约束，如果无法迅速达到吸引用户和广告主需要的规模经济，就构成进入壁垒。

（四）零价市场

价格并非平台竞争的关键元素，反而数据的影响更为直接。免费代表数字平台需要其他元素维持用户黏性，持续创新、技术或经济限制，而不至于转换到其他服务。通过一端高额的广告收益对另一端用户提供免费服务，收集海量数据对价，循环提升创新服务，巩固与维持市场力量。[3]欧盟在 Google Search（Shopping）案和 Google Android 案中均已明确数据在平台经济的价值，数字平台看似免费地利用服务，实际上已支付数据作为对价。对需要海量数据进行机器学习的平台而言，算法自我学习、提升精准服务以维持市场力量，有极大的价值。

数字平台提供免费服务并收集用户数据，基于数据规模经济通过机器学习技术优化算法。新创平台应该以创新商品吸引用户，满足用户需求、快速收集数据，新创平台并不必然处于竞争劣势，数据生命周期往往很

---

〔1〕 Marshall Steinbaum, Maurice E. Stucke, "The Effective Competition Standard: A New Standard for Antitrust", The University of Chicago Law Review, Vol. 87, No. 2 (2020).

〔2〕 Wu, Tim, "Blind Spot: The Attention Economy and the Law", Antitrust Law Journal, Vol. 82, No. 3 (2019).

〔3〕 Gal, Michal S, Rubinfeld, Daniel L, "The Hidden Costs of Free Goods: Implications for Antitrust Enforcement", Antitrust Law Journal, 2016, 80 (3).

短，新创平台收集的新数据价值比大型数字平台的旧数据更高，除收集数据外，是否有算法技术与创新能力提供优质服务，以及是否能满足用户需求，成为数字平台竞争的关键。[1]新创平台固然可以创新产品吸引用户，其收集到的新数据的价值也比大型数字平台的旧数据高，然而，数字平台基于网络效应持续收集数据，新创平台能否进入市场除创新服务模式外，还须考虑用户转换成本。[2]数据即使有促进竞争的效果，其功效仍受诸多限制，数字平台对用户提供免费服务，针对广告作为盈利来源，在免费的数字服务中加入广告造成非价格竞争损害。数字平台基于数据优势降低用户隐私保护，如果新创平台进入相关市场能对用户提供差异化服务，即使将隐私视为非价格竞争，数据仍可能促进竞争。因为数字平台提供免费服务给用户，即认定为数据具有促进竞争的效果，免费服务加入广告损害质量，便认定数据具有限制竞争的效果。数字平台兼具促进竞争与限制竞争的效果，个案通案化的逻辑谬误并不可取。对数据能否促进竞争无法得出抽象且放之四海而皆准的观点，在不同市场，数字平台占有数据的特定方法需要个案分析。

（五）动态竞争

即使快速成长而创新周期短的数字市场，仍然不能排除反垄断法的规制，动态竞争并非代表所有数字市场都容易被创新取代。数字平台收集海量数据，利用市场发展、用户偏好和潜在竞争优势，对算法研发和科技发展趋势，持续维持市场地位。数字平台将数据有效应用于市场竞争策略，收集具备学习效应的数据，借助机器学习持续改进服务，协助平台创造市场竞争优势。[3]从动态市场的影响分析，用户存在平台多归属效应。然而，数字平台的品牌效应十分强大，用户对平台的信赖程度，即使在市场上仍有其他可替代的服务，且原先利用的平台降低质量的情况下，仍很难

---

〔1〕　Steven C. Salop, "Dominant Digital Platforms：Is Antitrust Up to the Task?", The Yale Law Journal Forum January 18, 2021.

〔2〕　OECD (2018), Rethinking Antitrust Tools for Multi-Sided Platforms.

〔3〕　Hal R. Varian, "Recent Trends in Concentration, Competition, and Entry", Antitrust Law Journal, Vol. 82, No. 3 (2019).

转换服务的选择，如品牌形象、用户对质量感知的可能性、对平台熟悉程度、替代服务、强制安装相关服务或软件等因素等。[1]

数字平台终端用户具备平台多归属性，对符合需求的创新服务接受度相对于非数字市场高。数字平台竞争具备动态竞争特性，市场先进入者的商业模式在短时间内就会被创新商品的平台替代，新创平台甚至在市场进入初期并非同一商品市场的竞争者，即使不同的商业模式亦在产品市场形成竞争关系。对已具备市场力量的平台而言，利用数据对市场进行有效监控及分析，快速掌握潜在竞争的发展动态，在其尚未成熟前将之收购，降低新创平台带来的竞争压力。此类收购未必会造成竞争损害，由于具备市场力量的平台直接并购，反而让创新服务提前被市场接受，有利于创新服务的市场进入。

比如，在阿里巴巴滥用市场支配地位案中，执法机关运用传统反垄断分析框架，通过供求替代分析工具界定相关市场，依据《反垄断法》第23条、第24条认定其平台市场支配地位；同时，针对《反垄断法》第22条第1款第4项规定的"没有正当理由，限定交易相对人只能与其进行交易或者只能与其指定的经营者进行交易"这一滥用市场支配地位行为，分析其排除、限制市场竞争的行为和损害。考虑到平台经济双边市场的跨边网络效应、锁定效应、正向反馈效应，以及平台运用规则、算法进行流量控制、生态化布局等特点，在平台经济中应给予相对人提出正当理由的一定空间。在反垄断从工业经济转向数字经济的关键时期，本案反映了中央强化反垄断和防止资本无序扩张的决心，也为《关于平台经济领域的反垄断指南》中典型的"二选一"认定起到引导作用，是优化竞争环境，鼓励数字平台做大做强，增强国际核心竞争力的重要迈步。当前，平台经济体系已经基本形成，呈现出平台、数据、算法的三维竞争结构，各种要素组成一个相互联系的有机整体，这三个维度构成了数字市场的法律适用场域和约束条件。随着三维竞争结构的发展，平台、数据、算法的交叉融合现象日益突出，数字平台正在改变市场竞争的外在形式和内在元素，作为海

---

〔1〕 参见韩伟：《迈向智能时代的反垄断法演化》，法律出版社2019年版，第98页。

量、多元而实时的数据集合体，通过数字技术和算法设计取得一定市场影响或优势地位的力量，传统的价格中心型分析框架也就变得僵化。因此，需要构建"三元融合"有机分析框架，以市场力量为衡平中心，强化数字市场规制与鼓励数字平台做大做强同等重要，目标在于实现创新与监管的利益平衡，最终促成整体社会利益，而不是强调某一方面的价值。（见图3-3）

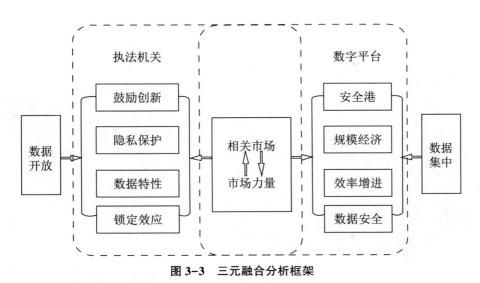

图 3-3　三元融合分析框架

第四章
数据驱动型企业合并的
抗辩制度

企业合并会产生或增强市场力量从而损害竞争，同时，也会带来成本节约和效率提升，如果企业合并产生的效益足以抵消限制竞争效果，则被认定为损害竞争的合并就可以抗辩而不被禁止。[1]而创新损害等非价格限制竞争效果与价格提升、产量减少等效果置于同等地位，在此基础上，企业合并引发的非价格竞争损害也成为合并审查的重点。同时，在现行合并控制体系中，执法机关需要审查合并产生的效益，以此抗衡抵消合并产生的竞争损害。

第一节　合并抗辩制度的功能定位：利益平衡

对于企业合并抗辩制度，应当先考察限制竞争效果，然后分析促进竞争效果提出抗辩或公共利益豁免，抗辩平衡促进竞争效果与限制竞争效果，将公共利益分析在豁免制度中进行。[2]豁免制度的本质是公共利益抗辩，体现为竞争政策与其他政策之间的外部平衡，将把豁免界定为公共利益抗辩，才能理解公共利益与竞争政策的对立，才有必要将其独立出来单独分析。外部平衡是反垄断法的价值追求（竞争）之外的行为对竞争造成的损害，是对竞争制度本身带来的冲击。换言之，是竞争政策与其他政策的协调问题。相对地，内部平衡就是竞争与竞争之间的分析。而抗辩本身是衡量企业合并的限制竞争和促进竞争效果，本质是同一行为对不同竞争维度的内部平衡。设置内部竞争抗辩与外部利益豁免的二分结构，平衡限制竞争效果与促进竞争效果。就原则与例外的关系，豁免在本质上属于例外，过于宽泛地解读豁免制度存在法理障碍。合并控制旨在有效预防和

---

〔1〕参见［美］奥利弗·E.威廉姆森：《反垄断经济学——兼并、协约和策略行为》，张群群、黄涛译，商务印书馆2014年版，第38页。

〔2〕《反垄断法》第34条规定，"……经营者能够证明该集中对竞争产生的有利影响明显大于不利影响，或者符合社会公共利益的，国务院反垄断执法机构可以作出对经营者集中不予禁止的决定"。

制止限制竞争的行为，保护市场自由竞争，通过抗辩制度平衡正反两面竞争效果，而不是以设置例外的方式来调整。仅仅考察竞争效果，甚至推定具有限制竞争效果，均会扩大规制外延，对豁免解释为促进竞争效果抗辩来扩大规制范围，与合并控制目的相悖。通过自由裁量的方式解释为规制门槛，将竞争效果评估后置，只能考察行为限制竞争影响，对促进竞争影响的考察延迟到主张豁免时，经营者难以在程序中抗辩主张竞争影响，割裂了对竞争效果的全面评估。当前对于豁免标准均为促进竞争因素，以此作为豁免事由等于豁免的本质是竞争抗辩。这些要素可以解释为产业政策，它们未明确涵盖所有促进竞争效果的抗辩事由。[1]然而，严苛的豁免条件是为了平衡竞争政策与公共利益设置的，而不适用于平衡合并造成的限制竞争效果与促进竞争效果。

一、竞争政策与产业政策

产业政策与竞争政策并不应截然区分，政策乃是一段时期国家发展的方向，需要各方经营者遵循，产业政策与竞争政策如果彼此对立而分割，则必然产生冲突，二者之间应相互调和。垄断与公共物品供给缺失都是市场失灵的表现形式，而反垄断与政府提供公共物品分别对应两种市场失灵，为了确保受管制行业的市场基础功能不被破坏，现代国家往往设置行业监管机构，对受管制行业的日常经营和价格进行监督，以发挥与反垄断相吻合的作用，所以行业监管和反垄断具有不同的逻辑起点。竞争也并不是完全没有问题的，尤其是对于关涉国家安全的自然垄断行业。尽管目前国外不断对自然垄断行业放松规制，放开市场竞争环节，但是对我国而言，即便反垄断法非常完善且能够得到很好的执行，但脱离现有的经济技术条件过早地将自然垄断行业等同于一般竞争行业，限制竞争的问题的规制均依赖于反垄断，效果也难以令人满意。目前我国公共物品供给不足的问题依然未得到完美解决，反垄断与管制的确定性是相冲突的，如果说放松规制的趋势不可避免，那么其间需要一个较长的过渡阶段，而我国尚未

---

〔1〕 参见丁茂中：《论我国经营者集中控制制度的立法完善》，载《法商研究》2020年第2期。

走完这一过程。基于市场供给公共物品失灵之前提，政府通过设立国有企业的形式承担提供公共物品职能。为了抑制国企垄断行为利益趋同，成立行业监管机构对该行业进行监管是维护整体经济利益和市场竞争秩序之因应。反垄断法是基于垄断失灵的前提，即行业监管和反垄断分别代表两种应对市场失灵的制度，[1]二者的逻辑起点不同，将监管与市场竞争相互对立，在自然垄断行业盲目反垄断反而会导致规制失效和市场失灵。

反垄断执法机关在合并审查中忽视了一个更重大的竞争危害：风险，指意外的供需冲击对第三方造成的损害的预期价值。评估反垄断风险是识别、提出和定价交易的基础。合并会直接增加合并各方贸易伙伴和整个社会的风险。通过减少竞争，合并可以影响关键要素断供的概率。对个别企业的负面冲击可能会损害其贸易伙伴，并蔓延到整个社会。资源短缺和供应中断会减少产量、提高价格并限制客户的选择。由于这些原因，增加风险的合并应该根据反垄断法予以禁止，重要因素包括市场力量、客户曝光率、公司规模、经济中心地位和差异化生产技术。因此，执法机关应采取行动，禁止预计会显著增加风险的合并，重点关注那些可能通过创建巨头企业而增加系统性风险的合并。

二、政府干预与市场调节

随着经济、政治和社会周期的变化，反垄断的立法、执法和司法于是也呈现出法制层面的周期变动。[2]从宏观角度来看，二者之间的左右摇摆有利于校正各自方案中的"利维坦"倾向和"泛干预主义"倾向，[3]使二者保持在一个微妙的平衡点上，有助于实现市场主体与政府的双向减负和各自转型，促进经济发展和保障民生，并不断提升国家治理水平。面对新兴市场引发的社会结构变迁，政府往往陷入"泛干预主义"倾向。自2010年6月Uber在美国诞生以来，网约出租车的经营模式得到了快速发

---

〔1〕 参见张占江、徐士英：《自然垄断行业反垄断规制模式构建》，载《比较法研究》2010年第3期。

〔2〕 参见张守文：《减负与转型的经济法推进》，载《中国法学》2017年第6期。

〔3〕 参见张守文：《政府与市场关系的法律调整》，载《中国法学》2014年第5期。

展，有利于提高出租车行业的经济效率，消弭信息不对称。但是传统出租车经营者通过一系列抗议行为，以高峰时刻涨价、人身安全等所谓的"公共利益"迫使政府出台了过于严格的法律制度。因此，简单地要求政府强制介入新兴市场领域，超出了政府弥补市场失灵的程度。

由于政府与市场关系的周期波动，人们赖以遵循的法律总体上处于不确定性状态。在反垄断规制的历史中，"放松监管—合并收购—经济危机—严格监管—压制合并—放松监管"循环更替彰显了政府与市场的平衡难题，危机之后建立更多的监管机构并赋予其更广泛的监管权，并不能有效阻止危机的再次发生。监管政策需要一种微妙的平衡，由于法律框架不足以使监管者作出理性和规范化的回应，因此呈现出一种碎片化的执法态势，互联网金融专项整治至今为止仍未结束，专项整治常态化的结果更是始料未及的。"利维坦倾向"和"泛干预主义"都是对既有规则的偏离，二者之间的波动弱化了制度的规范力，对国家治理能力造成了影响。当然，我们也并非宽泛地强调确定性，简单地认为政府干预或市场调节更优，避免在抽象的层面空洞地强调对政府与市场平衡与协调。[1]

在合并控制体系中，执法机关评估合并产生的竞争效果，经营者提出相应的抗辩理由与证据，执法机关对此合并交易造成的竞争损害与抗辩因素进行权衡后作出决定。在合并调查、审查和裁决等环节通过赋予经营者抗辩权，参照当事人对未来预测的证据材料，促进执法机关全面准确地评估合并效果。目前，关于限制竞争效果的抗辩理由主要包括：买方力量、市场进入、经济效率以及破产企业等因素。经营者抗辩在审查评估之后权衡竞争效果，抗辩制度与限制竞争效果审查作为两个阶段，执法机关在此基础上进行权衡。

---

〔1〕 参见熊丙万：《中国民法学的效率意识》，载《中国法学》2018 年第 5 期。

第二节　竞争效果抗辩的内部平衡

当一项合并被认定为实质性限制或者排除禁止效果时，如果当事人能够有证据证明合并将会促进市场竞争，执法机关不应对此项合并予以禁止，而应推进企业规模化经营。[1]

一、竞争性因素抗辩

（一）买方力量抗辩

买方力量是当面对合并企业提高价格降低产量时，买方具有足够的购买力或者转换其他供应商的力量，则买方可以与企业进行谈判抗衡，进而在一定程度上约束合并企业妨碍市场竞争的能力。[2]买方力量通常能够与卖方协商优惠条件，约束上游卖方企业合并带来的竞争损害。然而，并非只要存在买方力量就会制约合并导致的限制竞争效应。对买方力量的考量因素为，买方能转向其他替代卖方，发挥买方力量的约束作用，在卖方不具有市场力量的市场上进行惩罚。由于并不是任何的买方都具有对抗力量，市场上较小的买方就因不具有对抗力量而受到合并造成的竞争损害。[3]如果买卖双方都具有市场力量时，双方合谋维持上游市场的垄断，买方力量并不能消解合并造成的单方效果与协调效果。在传统行业中，如果抵消性买方力量能约束合并造成的竞争损害，那么卖方企业合并将被批准。[4]影响买方力量的关键要素是转换成本，如果卖方企业合并加强市场力量，提高商品价格、降低质量，在买方转换成本合理的前提下，可以利用买方力量

---

[1]　参见丁茂中：《反垄断法促进企业规模化经营的实现路径》，载《法商研究》2011 年第 6 期。

[2]　Albert Foer, "Introduction to Symposium on Buyer Power and Antitrust", Antitrust Law Journal, Vol. 72, No. 2 (2005).

[3]　Roger G. Noll, "Buyer Power and Economic Policy", Antitrust Law Journal, Vol. 72, No. 2 (2005).

[4]　Warren S. Grimes, "Buyer Power and Retail Gatekeeper Power: Protecting Competition and the Atomistic Seller", Antitrust Law Journal, Vol. 72, No. 2 (2005).

转换。

数字平台双边市场的特性，交易型的数字平台可通过提高手续费，判断用户转向其他同类平台的难易程度，由于并非所有的用户都拥有买方力量，如果平台两端任何一端的用户被制约，用户受到锁定效应和网络效应的影响，非交易平台具有买方力量。在非交易型平台合并案适用买方力量抗辩，如果用户转移成本低，同时使用多个同类平台，将弱化平台网络效应，市场力量也会受到制约。转换成本是塑造用户黏性的关键，数字平台通过减少与其他平台之间的兼容性，增加转换成本以限制用户迁移数据，形成平台多归属或直接转移到替代服务的可能性就会降低，而让平台取得市场力量。[1]转换成本限制了用户利用其他数字平台的比例，锁定效应导致用户因为转换成本过高而仅能选择维持现有平台。如果平台服务为免费时，则让用户将对价格转换成本的关注转移到质量层面。在 Google Android 案中，使用 Android 操作系统的移动用户如果要转换到其他操作系统，则会面临较高的转换成本，而形成排他性效果。

（二）市场进入抗辩

进入壁垒是市场力量的认定因素，市场进入抗辩则是合并方证明交易完成后存在可能的、及时的且规模足以抵消限制竞争效果。[2]当一个市场的潜在竞争者可以非常容易地进入该市场时，制约当前市场上的经营者滥用市场力量；相反，如果市场进入壁垒高，则潜在进入的成本及风险亦随之上升，进入的可能性也就下降。如果市场中企业的市值超过有形资产的成本，则表明企业拥有无形资产，潜在进入者要复制无形资产非常困难。如果潜在进入容易，合并后的企业无法单方或者共同实施的涨价行为，降低合并前的商品质量，则合并便不会增强市场力量。在考虑资产、能力和风险的基础上足够快速地进入市场，提供合并后企业提供的替代商品，从而约束和抵消限制竞争效果。如果企业不具有显著的竞争劣势，一个或多

---

〔1〕 Campbell, Tom., "Bilateral Monopoly in Mergers", Antitrust Law Journal, Vol. 74, No. 3 (2007).

〔2〕 Varney, Christine E., "The 2010 Horizontal Merger Guidelines: Evolution, not Revolution", Antitrust Law Journal, Vol. 77, No. 2 (2011).

个小规模企业的市场进入也是充分的。在数字市场，由于注意力、数据、算法的特性，平台合并带来的限制竞争效果将被潜在进入可能性约束。

在 TomTom/Tele Atlas 案中，经营者提出当时提供数字地图服务的平台，如 Google、Microsoft 虽然并未提供导航数据，但是大型数字平台拥有的数据、算法、财务等能力将让它们借助社交反馈升级地图数据，成为未来的潜在竞争对手者。然而，欧盟否定了经营者提出的抗辩主张，认为在市场上已有长期经营者的情况下，数字平台提供地图数据的时间迟滞将阻碍其市场进入。然而，执法机关忽视了当时移动手机带来的技术冲击，海量用户数据通过移动设备实时反馈加上算法技术的交互操作，TomTom 收购 Tele Atlas 并非为了获得市场力量，而是为了面对智能手机交叉操作后对地图市场产生破坏性创新。目前，Google 地图在全球大部分国家提供免费的实时导航服务，结合用户回馈的数据与照片，从中获得海量用户群。而 TomTom 则与 Apple 合作建立 Apple Map 与之竞争，凸显了数字市场与科技发展密不可分。

而在 Google/DoubleClick 案中，DoubleClick 基于用户海量数据在广告服务市场有很强的网络效应，而数据来自 DoubleClick 提供给广告主或广告发行商的 DFA（DART for Advertisers）或 DFP（DART for Publishers）的服务，通过用户利用行为自然衍生数据。由于 DoubleClick 广告服务的发展在未来与 Google 形成竞争关系，成为 Google 的潜在竞争对手，其合并会产生限制竞争影响。相较于相关市场提供广告中介服务的其他数字平台，DoubleClick 的优势在于技术、客户和数据集，通过广告投放服务收集用户数据带来的直接网络效应。然而，由于在合并时 DoubleClick 通过 DFA 及 DFP 服务收集的数据皆处于合同限制，即使 DoubleClick 收集了海量数据，仍然无法成为 Google 在广告投放或广告中介服务的潜在竞争对手。DoubleClick 虽然拥有海量有价值的数据，但并不认为可以协助数字平台占据竞争优势导致竞争损害，且其客户并不会希望将自己收集的数据与竞争对手共享。因此保障数据的秘密性反而能维持业务。因此 DoubleClick 因为数据利用的限制，其收集数据因有其他替代来源，相关市场有足够竞争对手维持合并后的竞争。虽然数字平台拥有能够促进其发展与强化竞争优势的海量数据，但因为根据数字平台的市场竞争现况，市场力量的展现对平台竞争力影响也有所不同，并不是只要有海量数据即可，需要根据个案加以评估，拥有高价值的数据未必衍生市场力量。

（三）效率抗辩

该效率为合并特有并能传递至消费者，只有证明合并产生限制竞争效果，对合并进行了竞争评估后才需要进行效率抗辩。效率抗辩一开始并未被执法机关接受。效率抗辩的经济学依据源自芝加哥学派的效率理论，使其变为效率促进法，[1] 在合并分析中考虑效率问题始于威廉姆森的福利权衡模型。[2] 首先，合并带来的效率必须有利于消费者，如价格下降、产出增加、改善质量，确保因效率增进所获利益，而不会因合并受到损害。其次，效率必须是合并特有的。如果效率可由造成市场结构集中化以外的方式为之，则禁止其合并，不仅可维持市场结构不变，还可利用合并以外手段实现的效率。最后，合并方需要切实证明效率改进。[3] 在效率抗辩中，考察效率的及时性、特有性和可证实性，衡量效率与限制竞争效果。对企业合并案进行实质审查需要确定标准，但该标准也并非绝对，几乎没有一个执法机关会对所有符合实质审查标准的合并交易都予以反对，合并交易虽然产生限制竞争效果，但是仍然能够基于抗辩理由通过。

企业合并在某种程度上带来市场结构趋向集中化，虽可能发生限制竞争，但如果因合并而带来规模经济、降低成本等正面效益，则允许市场结

---

〔1〕 参见兰磊：《反垄断法唯效率论质疑》，载《华东政法大学学报》2014年第4期。

〔2〕 价格基准为最严格的判断标准，当合并后引发价格上涨时即予以禁止。消费者福利基准，如果合并导致消费者福利损失即予以禁止，除价格变化外，产品质量、消费者选项、创新等因素，亦会一并考虑到消费者福利中。总福利基准，只要因合并增加的效率收益大于绝对损失，纵使消费者福利因此减少，但增加的生产者福利于补偿消费者损失后仍有剩余。采取消费者福利基准而非总福利基准，不仅要求消费者受损失必须在短期内被确实补偿，还要将效率性纳入考量要素。当采取价格基准或消费者福利基准作为经济效率的判断标准时，由于该基准坚持消费者利益不得因合并遭受损失，即使因合并导致市场结构集中化而限制竞争时，但合并产生的效率将抗衡限制竞争效果，市场依旧维持其竞争结构。

〔3〕 Big Data und Wettbewerb, 2017.

构某种程度的集中。〔1〕一项合并，同时发生增加效率利益大于绝对损失且消费者福利减少、部分移转为生产者福利的情形，是否需要禁止合并。效率并非确认合并将带来显著限制竞争效果，而是以限制竞争以外的效率作为抗辩或阻却违法事由，当执法机关初步认定合并有显著限制竞争时，申报人证明因合并实现的效率将抵消限制竞争。〔2〕不是在认定存在重大阻碍有效竞争效果后，将其当作限制竞争效果以外的判断因素，作为抗辩或阻却违法性事由，而是将效率、破产、市场进入等作为是否产生重大阻碍有效竞争的内在评估要素，一并与其他要素综合考虑，认定是否存在重大阻碍有效竞争的情形。数字平台可借由与相关市场竞争无关的其他事由，或其他相关市场获得的利益，将发生限制竞争效果的合并正当化，以效率作为其违法阻却性事由。

　　将效率作为是否足以抗衡或抵消限制竞争效果的内在评估要素，效率属于一种事实认定过程中的反证。相对于此，我国并非要求合并的限制竞争效果与促进竞争效果二者间的利益衡量，而是必须在限制竞争效果与其以外的公共利益二者间，进行利益比较衡量，确认合并确实存在显著限制竞争效果后，再分析合并获得的经济利益是否大于限制竞争损害。2017年，美国掀起了一场"新布兰迪斯运动"，旨在防范数字平台垄断及竞争损害，强化反垄断法的实施效力。由于芝加哥学派多年来一直秉承效率至上理念，以保护企业经营自由的名义而反对规制，架空了反垄断法的实施，造成 Facebook、Amazon、Apple、Google 等一批平台寡头垄断的形成，并呈现出愈演愈烈之势。原因在于芝加哥学派以经济效率为中心的观念重在保护大企业经济利益，从而阻碍、减弱了反垄断法的实施。"新布兰迪斯运动"从表面上看是对数字平台垄断的担忧，实质上是对芝加哥学派效率至上观念的反思和挑战，与法律丰富的多元价值体系并不完全契合。我国合并控制实体要件整体利益大于限制竞争损害的特殊性，外国大多以实质

〔1〕 Sokol, D. Daniel and Comerford, Roisin E., "Antitrust and Regulating Big Data", George Mason Law Review, Vol. 23, No. 5（2016）.

〔2〕 参见史建三：《完善我国经营者集中实质审查抗辩制度的思考》，载《法学》2009 年第12 期。

限制竞争对市场竞争效果作为其实体要件，我国却在市场竞争效果外还有公共利益，并对二者进行利益衡量。非竞争因素亦可视为社会公共利益，导致市场竞争及消费者利益受损，但却无法保证消费者会因此获得补偿。修正现行公共利益大于限制竞争损害的实体规范要件，回归实质限制竞争的内涵，实行消费者福利基准为判断标准。综合单方效果、协调效果、进入壁垒、抗衡力量等，共同构成合并是否该当实质限制竞争实体要件的判断因素。

在效率类型上，应衡量静态效率与动态效率。[1]数据汇集带来的技术改进可以作为数字平台的抗辩理由。在 Microsoft/LinkedIn 案中，LinkedIn 数据集的价值在于用户不断更新自己的数据，并且对 LinkedIn 平台的使用有一定黏性。需要用户能够在平台上与其他用户建立新的联络关系。如果可以促进更多新用户利用平台并提供个人专业信息，将有机会促成更大的网络效应，提高平台的竞争效率。这也是执法机关认定 Windows 在合并 LinkedIn 后将其与 Office 整合，强制在 Windows 系统预安装 LinkedIn 的原因。因为 Windows 计算机用户因为现状偏差的缘故直接使用预先搭载的 LinkedIn 作为 PSN 参与的主要平台，有助于扩大 LinkedIn 的用户参与，强化整体数据集的价值。在 Microsoft/Yahoo! 案中，欧盟认为 Microsoft 与 Yahoo! 的合并可扩大 Microsoft 的规模，非但不会限制效果，甚至因用户与广告业主在 Google 之外促进竞争。搜索引擎可以收集海量数据改进学习算法，提供用户更好的网络搜索服务，吸引更多用户使用 Microsoft/Yahoo! 的搜索引擎，提升广告客户的投资回报率。合并对双方搜索引擎而言，除有助于接触更多用户数据外，更能增加数据收集的规模，让平台在未来可以为用户提供更好的服务，因数据汇集而提高平台竞争效率。

（四）破产企业抗辩

合并控制是为了阻止对市场竞争产生损害的交易，执法机关审查了合并会产生竞争损害，即使合并没有通过既定的市场结构分析，因为买方力

---

〔1〕 参见杜志华、蔡继祥：《欧盟并购控制效率抗辩问题研究》，载《武汉大学学报（哲学社会科学版）》2011 年第 4 期。

量、进入壁垒、效率、破产等抗辩作为缓和要素被认为不会增强市场力量，抗辩要素反映了执法机关对市场份额标准并不精确，如此将使对市场没有竞争损害的合并被禁止。破产企业抗辩可免除破产管理成本，将市场资源在尚未耗尽前保存而不放任其退出生产。如果市场仅有两个企业，且其中一个为破产企业时，破产企业可通过破产程序恢复且仍有市场竞争力，被非竞争者合并而继续经营竞争，破产企业失败且资产被撤除，致使另一个企业成为垄断企业。[1]即使存留下来成为垄断企业没有额外增加产能，合并比让破产企业推出更有效率，因为可以减少每一单位产出的边际成本。

执法机关只有在合并和对竞争损害有因果关系时，才对企业合并的交易进行规制，破产企业合并与竞争损害不存在因果关系。企业生存受到威胁时，如果不及时与具备偿付能力的企业合并，那企业将可能从市场上退出、消失，虽说企业合并对市场竞争产生损害，但是即使禁止合并，企业被迫退出市场，市场竞争依然还会因为现存企业的关系而减损。在企业面临破产时，虽然企业在合并后将变成一个独立经济体，但这不会对市场竞争造成实质损害，甚至其对市场造成的损害不会比合并失败、企业被迫退出市场的情况多，毕竟让企业产能停留在市场，才能为市场价格与竞争带来益处，同等的实质损害在合并未发生且企业退出市场时一样会发生，即便未合并也没有发生实质损害，市场同样会恶化。[2]

数字平台的资产主要由数据、算法、流量与技术构成，通过收集、整理、存储以及分析数据，投放目标性广告以此实现盈利，数据成为数字平台运营的关键要素，破产程序的内容也是处理数据的要素。数字平台进入破产程序不至于造成在传统行业常见的失业以及资产浪费，破产反而意味着数字平台市场进入与退出的良性循环，从而实现现代企业制度下企业的

---

[1] 参见承上：《后疫情时代企业并购的反垄断规制》，载《价格理论与实践》2020年第7期。
[2] 参见吴宏伟、吴长军：《破产企业抗辩与破产重整制度的协调互动机制研究》，载《经济法研究》2011年第1期。在反垄断审查过程中，涉及破产企业的合并可能因为有利于提高现有产能效率，保持职工稳定就业，维护社会公共利益，而适用破产企业抗辩制度而使该合并行为得以允许。

优胜劣汰。为防止破产抗辩成为大型数字平台扼杀性收购新创平台的借口，在数字市场适用破产企业抗辩应当谨慎。首先，数字平台存在经营困难，但不能就此否认其继续获利、偿清债务、实现营利可能性。如果数字平台具有海量数据、关键技术或者流量基数，财务困难也只是短期存在，只有企业确定无法进行破产重组时才可适用破产抗辩。对数字平台的考察应当审慎，只有当目标企业确实无法找到比起拟议交易限制竞争效果更小的其他收购企业时，合并才具备合理性。数字平台应当举证：其寻找合适收购企业的起止时间；收购企业是否开启公开出售的程序；对于进行出售以及收购企业投标的情况；收购企业与潜在买家的沟通。当有对竞争影响更小的平台有意收购，并且其出价高于目标资产的清算价值时，破产企业抗辩就不能成立。

将破产抗辩置于公共利益结构下分析，不强调企业资产退出恶化市场结构的情形，适用范围更广。增加数字平台符合破产企业合并的要件，直接认定公共利益大于限制竞争损害。破产企业合并没必要禁止，乃是考虑到其与市场结构恶化无可归责，因为即便让企业破产退出市场，市场结构亦会恶化，对此类合并缺乏正当性限制，将之置于公共利益框架下讨论，因制度设计导致即使案件符合破产合并要件，也无法保证符合衡量结果必然是公共利益较大，增加案件如果符合数字平台破产合并的要件规定，则可直接认定公共利益大于限制竞争损害，凸显破产合并与其他公共利益考虑要素的差异。

二、数据因素抗辩

在市场上本来具备海量数据汇集的数字平台，提供服务即可持续收集数据，并通过数据分析、商品整合或机器学习的方式，改善商品创新，提升数据利用价值和商品市场力量（Google/DoubleClick、Facebook/WhatsApp、Microsoft/Yahoo!、Microsoft/Skype 和 Microsoft/LinkedIn）。数据本身直接作为商品，通过掌握必要数据巩固或提升其市场地位（TomTom/Tele Atlas）。数字平台的双边市场特性，建立网络效应并持续收集数据，降低平台多归属性的影响，衍生市场竞争优势。就竞争效果的对称评估而言，数字市场也会出现逆向网络效应。数字平台拒绝授权，让对手难以收集必要数据而处于竞争劣势。但是，数据收集具有规模报酬递减的规律，当收集量达到一定程度后并不会增加平台价值。多元数据除了让用户拥有更多选择，未必会对无法收集多元数据的数字平台产生封锁效应。因此，数据优势有利于衍生市场力量，但该市场力量也需要根据市场特性判断是否影响竞争，除界定市场份额外，还需要观察竞争对手和潜在进入者对高价格的反应，分析潜在进入壁垒。数据收集对企业的市场竞争影响，仍需进行个案评估。

（一）数据独特性与可替代性

在 Google/DoubleClick 案、Facebook/WhatsApp 案和 Microsoft/LinkedIn 案中此问题都有涉及。在 Google/DoubleClick 案中，虽然 DoubleClick 持有 CPI 数据，但用户在很多平台都会提供数据，数字平台也都有能力收集用户数据作为定向广告，因此，DoubleClick 的 CPI 数据不具备独特性。Facebook/WhatsApp 案亦然，Facebook 的数据并不独特，竞争对手仍然可以收集到海量多元的数据。Microsoft/LinkedIn 案中，就双方可收集的网络广告数据而言，市场上的数据有许多未受到数字平台控制，市场上仍有许多可替代数据作为数字平台的竞争对手。

数据是否具有独特性与替代性呈正相关，执法机关对替代性数据评估忽略了不同数据源、类型及内涵。即便可以作为同一目标利用，仍因数据利用主体不同而存在价值差异。不同类型的平台收集数据种类、完整性和实时性并不相同。在 Google/DoubleClick 案中，即使市场上存在能够利用到网络广告市场的数据，但 DoubleClick 作为网络广告投放服务商，通过自动化地收集数据与分析的针对性，与其他平台收集的数据质量不同。Facebook 多元、实时、海量且针对性的数据，加之 Facebook 强大且快速的算法技术，竞争价值上超过竞争对手从其他数字平台收集的数据。在 Microsoft/LinkedIn 案中，欧盟认为用户在不同平台提供数据，就认定数据不具备独特性，对数据分析算法能力的评估过于简单。并非市场存在理论上可收集的数据，竞争者或潜在经营者就有能力收集并计算分析出具备同等竞争价值的信息。数据是否独特和可替代，在数字市场应关注的并非数据用途，而是数据有没有机会被提炼成有效竞争的要素，也即大数据 4Vs 中的价值创造。LinkedIn、Facebook 和 DoubleClick 在其业务范围内收集的数据，除 LinkedIn 在 SI 服务提供给第三方 CRM 外，皆未直接开放共享，三者都具备一定的算法分析能力。平台合并后市场上是否仍然存在替代性数据，市场上有无其他数字平台有能力提炼及利用的数据。

对数字市场，市场先进入者具备时间优势积累海量数据，如果数据可被有效分析利用，使之持续掌握市场适时调整竞争策略，则延长其在市场竞争的优势地位。反之，竞争优势就会被削弱而数据价值必须依赖分析及利用能力。虽然数字平台占据必要数据，但不加以利用即无用武之地，具备数据分析能力的平台则取得市场竞争优势。数字平台掌握海量数据与算法技术，结合不同数据内涵利用，收集补充现有数据的互补性信息，将形成规模经济而取得市场力量。[1]Facebook 通过用户在平台的活动，收购 WhatsApp 和 Instagram 社交平台，收集用户多元信息，提供符合需求的创新服务。将数据转化为竞争约束力，竞争对手是否可以收集替代性数据，数字平台对数据利用具有多元性，即使拥有类似数据，由于平台创造价值的能力不同，也会形成差异化结果。[2]替代性数据和互补性数据是否能够取得应用，也将影响数字平台的市场竞争力。影响市场竞争的并非必要数据时，即使竞争者没有机会收集原始数据，如果存在替代性数据，使新创平台或其他潜在经营者仍能收集有利于市场进入的数据，降低市场进入壁垒，则该平台的市场力量会因此受到约束。此外，多元数据亦可交互衍生不同的利用价值，数字平台是否能够收集或掌握互补性的数据，亦会影响市场力量。

（二）数据排他性

数据在市场上的收集具备排他性，而仅由单一或少数平台控制，其他

---

〔1〕 Tucker, Darren S. and Wellford, Hill, "Big Mistakes Regarding Big Data", Antitrust Source, December (2014).

〔2〕 Bruno Lasserre, Andreas Mundt, "Competition Law and Big Data: The Enforcers' View", Italian Antitrust Review, Vol. 4, No. 1 (2017).

竞争对手收集数据困难。数据在市场进入是否不可或缺，或具备一定程度的必要性，而该数据收集的困难度将影响市场竞争。数字平台会限制其他平台或潜在经营者收集必要数据，如在特定市场已经具备控制地位的数字平台，拒绝将其控制的必要数据共享给其他竞争者或潜在经营者，以维持市场地位。[1]然而，如果数字平台并非完全拒绝其他平台收集数据的机会，但通过其特殊的市场地位，使之能够较竞争对手或潜在经营者先行收集最新数据，亦会形成暂时性的数据排他。如果市场是动态竞争，数据优势并不在于长期累积，而在于数据收集的速度和多元性，掌握先机的平台即占据竞争优势。[2]

数字平台合并后是否进行原料封锁，导致数据集中到特定平台，影响市场有效竞争。数字平台动态市场的特性，潜在竞争者范围超出预期，必须将技术发展因素纳入分析，分析市场预测与技术市场。在 Facebook/WhatsApp 案和 TomTom/Tele Atlas 案中，欧盟对未来数据利用的服务拓展、潜在技术发展等市场认定较为保守。在 Facebook/WhatsApp 案中，欧盟认为 Facebook 收集的数据在市场上并不具备独特性，其他数字平台也能收集类似数据。然而如此评估实际上忽略了数据内涵，拥有海量数据并非代表已取得市场力量。数字平台利用数据在市场上获得竞争优势，其重点是能够实时从海量数据中提炼出价值。[3]执法机关需要重点评估市场界定、潜在竞争者与未来市场竞争预测，在市场分析和预测方面分析实际交易金额和经济规模，在此之上进行综合判断以求分析结果更加合理。

（三）学习效应

数据协助数字平台改善提升商品质量，为数据影响市场力量抗辩因素。海量数据虽然会带来竞争优势，但是数据质量与可利用性对建立信息

---

〔1〕　参见殷继国：《大数据市场反垄断规制的理论逻辑与基本路径》，载《政治与法律》2019年第10期。

〔2〕　参见时建中：《共同市场支配地位制度拓展适用于算法默示共谋研究》，载《中国法学》2020年第2期。

〔3〕　参见［英］阿里尔·扎拉奇、［美］莫里斯·E.斯图克：《算法的陷阱：超级平台、算法垄断与场景欺骗》，余萧译，中信出版集团2018年版，第204页。

力、强化市场力量更为重要。通过机器学习反馈协助数字平台强化改善并创新商品，吸引更多用户并滚动收集分析数据。[1]学习效应会因数据收集最初目的已逐步实现，而让学习曲线日趋平缓。此时数字平台如果仅持续针对同一目的收集数据，不再调整，即会降低数据价值。如果平台能够突破最初数据利用目的，将已收集但未加以分析的数据，通过数据交叉比对分析作为构建新型商业模式的基础。在 Microsoft/Yahoo! 案中，平台必须具备规模经济才有机会获得有效信息促进算法自我学习。因此算法与广告技术的结合提高服务利用率，逐步累积机器学习需要的数据量。在 Microsoft/LinkedIn 案，针对 LinkedIn 数据集对 CRM 服务机器学习研发有价值的数据。如果 Microsoft 或其他 CRM 服务提供者收集 LinkedIn 数据进行 ML 研发，对个别 CRM 服务的市场竞争有帮助。LinkedIn 的数据是具备学习效应的数据，由于市场上 CRM 类型多元，需要用于 ML 的数据也多元，LinkedIn 仅为其中一种数据源，针对特定产业的 ML 形成市场力量。数字平台利用其数据汇集地位，快速收集数据的算法优势，通过有效分析及决策资源的投入利用，将数据分析结果用于市场策略，以取得一定市场影响或优势地位的力量。海量数据、高速处理、多元数据以及价值转换是一个有机体，如果欠缺最终价值转换的能力或机会，则未必能够产生平台市场力量。[2]

三、创新抗辩

从美国谢尔曼法开始，竞争法的法律文字使用了诸多不确定的法律概念，立法目的因而成为执法标准和个案利益衡量的依据。然而，兼容并蓄的立法目的之中，竞争秩序、自由与公平竞争、消费者利益，其主从或轻重关系，无论从立法史的考察或学说论述，皆有争议。相对于芝加哥学派，以经济效率为反垄断法核心目标的美国主流见解及不同观点逐渐凝聚。其中，新布兰迪斯学派及秩序自由主义分属于美国新秀及欧洲老将，前者主张复古，后者推陈出新，二者的核心思想又有共通之处。欧美竞争

〔1〕 参见刘元春：《论路径依赖分析框架》，载《教学与研究》1999 年第 1 期。
〔2〕 Michael Mattioli, "Disclosing Big Data", Minnesota Law Review, Vol. 99, No. 5 (2014).

思想的互动，欧洲受到美国的影响，反省自身经验而发展竞争法，其中提供了重要理论的秩序自由主义，承继并转化了谢尔曼法防止大型企业危害民主社会的立法思维。受芝加哥学派的影响，由欧盟引入更经济的模式，秩序自由主义作为欧盟竞争法的传统理论。美国近十年来对于国内经济力量逐渐集中的反省，催生了新布兰迪斯学派，核心要求颠覆芝加哥学派典范下的理论主张，而回到谢尔曼法的立法初衷，与欧盟法的传统思考却又完全吻合。秩序自由主义和新布兰迪斯学派对芝加哥学派的交叉并非巧合，实际上是经济活动对于社会各层面的实际影响，致使芝加哥学派以消费者福利为依归，让经济的归经济的想法或有不足之处。秩序自由主义和新布兰迪斯学派的引入与分析：市场竞争相关经济与非经济因素的联结互动，是无法也不应忽视的，故反垄断法难以效率为唯一考量。

在平台经济背景下，平台垄断问题日益凸显，但主导反垄断理论多年的芝加哥学派对此应对失利。面对平台经济领域的垄断问题，芝加哥学派仍然固守自由放任主义，坚持采取不干预的"鸵鸟策略"。基于对实践问题和芝加哥学派自由放任主义的反思，新布兰迪斯运动应运而生，在应对数字经济垄断实践中迅速发展。新布兰迪斯学派开始对芝加哥学派过于宽松的反垄断思想的批判和抨击，[1]最终演化为广受关注的反垄断立法运动。

面对 Facebook、Amazon、Apple 及 Google 等科技巨头日益严重的垄断问题以及芝加哥学派理论的软弱无力，一股社会思潮在 21 世纪的美国悄然萌生并迅速扩展，即要求抛弃芝加哥学派放任自由的经济学思想基础，重新回归前任美国最高法院布兰迪斯大法官强力反垄断的做法。布兰迪斯大法官以对大企业的强硬反垄断态度而闻名，任职的二十多年曾深刻影响美

---

〔1〕 See Barry Lynn. Cornered: the new monopoly capitalism and the economics of destruction, John Wiley & Sons, Inc, 2010, pp. 1-30. See Lina M. Khan. AMAZON's ANTITRUST PARADOX, Yale Law Journal, January, 2017, pp. 720-805. See Tim Wu. THE CURSE OF BIGNESS: ANTITRUST IN THE NEW GILDED AGE. New York, N. Y.: Columbia Global Reports, 2018, pp. 154-156.

国的反垄断实践。[1]美国部分学者及实务界人士以其名义掀起了一场声势浩大的运动，即"新布兰迪斯运动"（New Brandeis Movement），核心诉求是反对和制裁科技巨头日益严重的垄断行为，不断强化美国反托拉斯法的实施力度。由于这场运动有一批学者的参与，进而形成了较为广泛的学术和社会影响力，逐渐超越社会运动的范畴而成为新布兰迪斯学派，并形成了具有一定共识基础的新布兰迪斯主义（New Brandeis Philosophy）。[2]

严格意义上，新布兰迪斯学派并不是一个形态完整的学术组织，而是在同芝加哥学派的论辩中具有相似观点的学者自发形成的一个学术阵营。虽然少有学者明确宣称自己是新布兰迪斯学派的成员，但从思想基础和理论主张的角度，巴里·林恩（Barry C. Lynn）、莉娜·可汗（Lina M. Khan）、乔纳森·泰伯（Jonathan Tepper）及丹尼斯·赫恩（Denise Hearn）均被视为新布兰迪斯学派的中坚力量和重要成员。[3]该学派的系列主张在美国国会得到一定的支持，是该学派近年对学术和社会产生重大影响的一个原因。比如，"新布兰迪斯运动"获得美国参议院临时议长奥林·哈奇（Orrin Hatch）的支持。此外，2017年底，国会议员罗·卡纳（Ro Khanna）与其他几位国会民主党人（Rick Nolan，Mark Pocan，David Cicilline以及Keith Ellison）成立了"国会反托拉斯小组"（Congressional Antitrust Caucus），关注美国经济力量集中对种族和性别不平等的影响，以及导致的民主与政治不平等问题。[4]虽然这些学者中甚至极少有人宣称自己属于新布兰迪斯学派，但各方共同的立场是反对芝加哥学派将反垄断理论建立在过于狭窄的经济学基础之上，并试图寻找一个更为多元、广阔的社会政治基础，最终落脚于通过竞争性的市场结构保障公民福利。新布兰迪斯学派的理论主张

---

〔1〕 参见韩伟：《新布兰代斯学派：数字经济反垄断的可行路径?》，载 https://mp. weixin. qq. com/s/4BKVwKaxx_ DTp9LGQ6SDHA，最后访问日期：2021年7月28日。

〔2〕 See Florian Kraffert. Should EU competition law move towards a Neo-Brandeis approach?，European Competition Journal, 2020, VOL. 16, NO. 1, p. 56.

〔3〕 See Florian Kraffert. Should EU competition law move towards a Neo-Brandeis approach?，European Competition Journal, 2020, VOL. 16, NO. 1, pp. 68-74.

〔4〕 参见韩伟：《新布兰代斯学派：数字经济反垄断的可行路径?》，载 https://mp. weixin. qq. com/s/4BKVwKaxx_ DTp. 9LGQ6SDHA，最后访问日期：2021年7月28日。

构成了美国此次反垄断立法运动的思想基础。

　　面对平台经济领域的垄断问题，新布兰迪斯学派认为网络效应以及少数"守门人"企业的崛起已经改变了传统市场的竞争状况。新进企业想要同科技巨头展开有效竞争或挑战其市场地位，即便不是完全不可能，也面临着重重困难。[1]科技巨头的算法共谋、歧视性交易及数据滥用等行为已经成为实践中亟待解决的重要问题。而此前芝加哥学派将反垄断基础仅仅建立于经济学之上，显然过于狭窄，需要引入更为宽泛的政治、社会基础，同时应考虑消费者、中小企业、工人及普通民众的利益，捍卫建立民主、自由等基本价值。新布兰迪斯主义的核心思想可以归纳为以下三点。[2]

　　首先，"公民福利"在反垄断法中居于核心地位。在评估企业的每个竞争行为时，决策者应当考虑该行为对公民可能造成的影响。这里的"公民"包括工人、消费者、生产者以及在美国境内或将移居于此的所有人。平台反垄断规制不仅仅考虑平台企业的经济效率，更需要考虑国家利益和社会利益。"公民福利"的背后是思想基础的变动，芝加哥学派基于经济效率理论拒绝对数字平台进行过多干预，而新布兰迪斯学派则主张回归到多元社会领域从而强化反垄断监管。

　　其次，实现这种公民福利的最优途径，就是创造并维持一个开放且具有竞争性的市场结构。只有对企业不断扩大市场份额的并购行为进行严格限制，才能够达致此种市场结构。为实现开放而竞争的市场结构，有必要采取措施拆分独占某一地域市场的垄断企业、限制以获取更高市场份额为目标的合并、确保市场中有企业相互竞争，同时打破卡特尔，并限制股东之间横向持有竞争对手股份。如此以来，新布兰迪斯学派重在打破通过股份并购即企业托拉斯而形成的垄断。除此之外，如果合并后市场中企业主体过少，则应通过拆分的方式恢复原状；同时，纵向并购必须受到限制。

　　　　────────────

　　〔1〕　See Maurice E. Stucke&Ariel Ezrachi, The Rise, Fall, and Rebirth of the U. S. Antitrust Movement, HARV. BUS. REV. (Dec. 5, 2017). https：//hbr. org/2017/12/the-rise-fall-and-rebirth-of-the-u-s-antitrust-movement.

　　〔2〕　See Florian Kraffert. Should EU competition law move towards a Neo-Brandeis approach?, European Competition Journal, 2020, Vol. 16, No. 1, pp. 74-75.

所有这些措施的指向在于，避免企业通过并购行为形成"太大而不能倒"的市场地位。无论是竞争者数量还是对竞争对手的持股比例标准，均是绝对的，不依赖于经济分析。

最后，除企业并购外，仍有必要规制自然垄断和寡头垄断。事实上，当一家企业拥有30%以上的市场份额时，即应当被视为具有市场支配地位，有必要对其采取规制措施。如此以来，执法机构能够确保企业不会设置进入障碍进而影响其他企业自由进入市场（由于此类规制仅仅限于私营企业行为，新布兰迪斯学派亦建议政府有义务保证市场的进入自由，如优化专利法的监管措施）。反垄断规制内容也应当包括价格，禁止企业进行掠夺性定价。市场应当受各国当下居于主导地位的价值和原则所指导。如前所述，30%门槛的比例标准是绝对的，不需要任何法律或经济学研究的支撑。

在规制标准上，新布兰迪斯学派以"公民福利"取代了居于主流地位的"消费者福利"标准，以对市场结构的重视纠正了芝加哥学派的以市场行为为中心。同时，强调政府应强化对自然垄断和寡头垄断行业的规制，实际上增强了政府在维持竞争性市场结构中的功能及责任。由此可见，新布兰迪斯学派是一次对芝加哥学派全面而彻底的重构，在平台经济时代提出了有关市场竞争的全新主张。美国、欧洲不约而同地采取了"特殊主体+特定义务"的新规制模式，无疑代表着结构主义思想在平台经济时代的复苏。新规制模式代表着立法思想从芝加哥学派开始转向新近兴起的新布兰迪斯学派，立法内容更多地体现着后者的理论主张。

创新作为一种企业合并的抗辩理由。合并带来积极的创新效应，在创新驱动的动态市场环境中，高市场份额的取得也许仅是短暂的，市场力量由于高度的创新活动使其作用范围受到限制。[1]影响市场动态的因素是市场阶段，创新可以使市场迅速进入市场或迅速改变市场份额，合并很难影响成熟的市场，而是会影响动态市场。预期的市场增长程度和创新会约束

---

〔1〕 Federico, Giulio and Langus, Gregor and Valletti, Tommaso M., Horizontal Mergers and Product Innovation (February 26, 2018). Available at SSRN: https://ssrn.com/abstract=2999178 or http://dx.doi.org/10.2139/ssrn.2999178.

企业之间的协调行为。[1]在 Microsoft/Skype 案中，Microsoft 因同时具备 Windows 操作系统、Office 工具软件以及 Internet Explorer 浏览器的市场优势，合并后 Microsoft 在其搭配的操作系统、软件或浏览器嵌入 Skype，排除市场竞争或最终导致竞争对手退出市场。由于市场上可以取代 Skype 的服务很多，消费者通信服务具有新兴且不断发展的特性，未来都跨平台发展，从计算机设备移转到其他设备。未来五年到十年将从传统模拟式的通信服务推进到数字化的通信服务，亦即可以提供消费者通信服务的平台，无论在数量或类型上都会有很大的变动，需要在商品市场判断上考虑未来科技创新发展的趋势，作为评估潜在竞争的基础。欧盟认为，在通信服务市场的创新周期非常短，尽管拥有90%的市场份额，但是创新驱动的竞争压力成为平衡市场力量的重要因素。

企业带来的"效率提升"效应都能促进创新。[2]评估数字平台的市场地位不一定必须关注价格竞争，在考虑价格竞争时也应当考虑创新竞争。[3]平台规模、消费者利益以及数字平台的发展依赖于市场创新，执法机关需要根据数字平台的动态与静态影响，侧重于动态的创新竞争而非静态的价格竞争。[4]数字平台通过开发创新产品，可以在短时间内创设新型数字市场。但是，将创新因素作为抗辩因素纳入合并控制体系，将合并产生的创新效率加入权衡抵消限制竞争效果，由于创新研发活动的不确定性，企业开发出新产品难以预测以及固定成本下降等效益无法在短期内反馈至消费者，执法机关对创新因素也呈现左右摇摆的态度。

因此，关于创新损害在合并审查中的考量，"坚持创新驱动发展"摆在了我国"十四五"时期各项规划任务的首位，我国《反垄断法》也将"鼓励创新"嵌入第 1 条的目的条款中。同时，《关于平台经济领域的反垄断指南》进一步将抽象的立法目的条款真正与具体制度衔接起来，在实践

---

〔1〕　Innovationen—Herausforderungen für die Kartellrechtspraxis，2017.

〔2〕　参见陈爱贞、张鹏飞：《并购模式与企业创新》，载《中国工业经济》2019 年第 12 期。

〔3〕　Ariel Ezrachi and Maurice E. Stuckle，"Digitalisation and its impact on innovation"，2020.

〔4〕　参见 [美] 克里斯蒂娜·博翰楠、赫伯特·霍温坎普：《创造无羁限：促进创新中的自由与竞争》，兰磊译，法律出版社 2016 年版，第 226 页。

过程中进行展开。[1] 第一，需要弱化既有商品市场的作用，反垄断法不仅适用于商品市场已经存在的情形，也适用于新商品的研发竞争，将从事新商品研发的企业合并，以及既存企业与新创企业合并纳入反垄断规制范围。第二，强化创新损害审查力度，数据驱动型企业合并导致创新损害纳入审查中，市场力量的强化展现在非价格竞争层面，除分析既有商品的改进是否受到影响外，还需要审查创新研发是否受到损害。如果认为商品正在研发阶段，缺乏市场份额，即会错放限制竞争的合并。因此，当被收购方为潜在竞争者时，执法机关需要重点审查合并是否会扼杀创新。第三，在创新驱动型产业中，以市场份额判定市场力量的作用有限，而相关市场界定仅仅是协助竞争评估的工具，应重视时间因素对相关市场的影响，动态创新使得市场份额处于变化中，无法将其作为限制竞争效果评估的因素，仅作为分析市场力量的参考。合并对创新的损害主要体现为单方效果层面，目前仅关注价格因素对竞争的影响，应该评估新产品的创新研发是否受损，而合并产生的创新效率作为抗辩因素，避免禁止合并或者长期动态效率无法实现的风险。

四、隐私抗辩

数据收集与利用的限制存在契约关系、法律规范或针对特定数据类型的限制。在 Google/DoubleClick 案中，由于 DoubleClick 与客户签订了限制数据利用的合同，认定 DoubleClick 的数据利用限制，使其不会成为 Google 在广告服务市场的潜在竞争对手。在 Microsoft/LinkedIn 案中，LinkedIn 数据利用实际上受到对用户的隐私相关的法规限制，利用范围有限。然而，无论是合同、隐私法规的限制都有机会打破限制而进行创新服务，主要是数据的价值是否值得打破现有网络效应并创造新的网络效应。在 Facebook/WhatsApp 案中，WhatsApp 受到原有服务对用户隐私的保证，限制其对数

---

〔1〕 对平台经济领域开展反垄断监管的原则之一就是要激发创新创造活力，监管重点在经营者集中部分，需要分析技术创新的频率和速度、商品的生命周期、是否存在或者可能出现颠覆性创新等因素，来评估经营者对市场控制力的影响。考量现有市场竞争者在技术和商业模式等创新方面的竞争，对经营者创新动机和能力的影响，对初创企业、新兴平台的收购是否会影响创新。

据收集和利用的范围，但是 Facebook 已打破审查时的合并计划，数据带来的市场价值超过了 WhatsApp 维持隐私保证而创造的网络效应。[1]在动态竞争且具有技术发展与变化特性的数字市场，打破现有策略或网络效应建构新的网络效应，相较于其他传统产业市场而言更加容易。对数据收集与利用限制需要详细评估技术可行性、数据利益、合并价值等因素。[2]

LinkedIn 的数据集及其子集并非发展 CRM 机器学习的必要资源，市场上有其他供货商可以提供替代性的数据，且 Microsoft 的 CRM 竞争者也已经在其 CRM 产品发展 ML。第一，LinkedIn 的数据集并没有在上游市场具备强大的市场力量。由于 Microsoft 必须遵守欧盟数据保护法，限制了其未来利用 LinkedIn 数据集的能力，LinkedIn 仅能在其隐私权政策范围内利用用户数据。在《一般数据保护条例》（GDPR）生效后，用户对个人数据掌控的权利更强，进一步限制 Microsoft 对数据的利用。第二，即使 LinkedIn 的数据集有机会发展成 CRM 机器学习的必要数据，市场上其他 CRM 竞争者也早已开始提供用户 CRM 机器学习的应用。就 CRM 机器学习需要的数据类型而言，LinkedIn 数据集属于第三方数据，其是否有价值需要看利用服务的产业，并非对所有产业都具有关联性且同等重要。不只是数据质量，数据量以及多元化对 ML 都十分重要。市场上已存在许多用于 ML 的替代性数据，使 LinkedIn 数据集对 CRM 服务竞争者而言，仅是有价值但非单一的数据源，虽然对不同 CRM 厂商而言数据替代性有别，仍使 LinkedIn 数据集短期内不会被封锁。

个人信息保护法对数字平台取得市场力量的影响。Microsoft 是否在合并后就 LinkedIn 完整数据集进行市场封锁。Microsoft 因为其服务适用个人信息保护法与《一般数据保护条例》（GDPR）规范，限制了其合并后对 LinkedIn 持有的数据利用的范围，以及持有数据的数字平台对用户数据的控制力。数据驱动型平台竞争，如果涉及的数据主要是用户数据，合并使

---

〔1〕　"Facebook/WhatsApp"，COMP/M. 8228.
〔2〕　[美]亚历克斯·莫塞德、尼古拉斯·L. 约翰逊：《平台垄断：主导 21 世纪经济的力量》，杨菲译，机械工业出版社 2017 年版，第 73 页。

数据集中对数字平台是否具有的一定的强化市场力量的作用，因个案市场适用的个人信息保护法而有别。合并前数字平台与用户在隐私保护政策的约定，数字平台并非没有调整的机会，只是必须依据适用的规范，在充分尊重用户的条件下重新约定。数字平台必须评估重新约定对合并后竞争地位的影响，与重新约定需要负担的成本之间的平衡，作出最有效率的评估。

第三节　公共利益豁免的外部平衡

企业合并带来的经济效率超过合并造成的竞争损害，合并抗辩主要评估分析合并产生的积极效应与竞争损害效果，并在二者之间进行权衡比较，以确定合并的净社会福利。企业合并产生单边或协调效果，对相关市场竞争造成严重损害的，执法机关将禁止合并，但合并有利于社会公共利益的可不予禁止。但是，问题在于公共利益是限制竞争效果的抵消因素还是予以直接豁免的考量因素。

一、公共利益：限制竞争行为正当性的豁免理由

反垄断法上的公共利益具体指向包括竞争秩序、消费者利益、整体经济利益等方面，却与自由竞争机制并列甚至是对立。[1] 限制竞争效果合并的公共利益抗辩路径有两条，第一，将公共利益辩护并入效率抗辩。公共利益被认为是合并产生的效率体现，通过权衡合并效率收益与限制竞争效应，以评估企业合并的净福利。第二，公共利益作为竞争评估之外的直接豁免因素，而不在竞争评估内发挥作用，当竞争评估合并应予禁止时，再考虑公共利益豁免，但并非根据效率抗辩的适用要件判断。由于公共利益与效率抗辩制度存在内在冲突，[2]效率抗辩制度的适用要件为，效率须是合并特有的、可证实并能够传递给消费者的。显然企业合并中的效率通

〔1〕 参见［英］迈克·费恩塔克：《规制中的公共利益》，戴昕译，龚捷校，中国人民大学出版社2014年版，第89页。
〔2〕 参见刘桂清：《反竞争经营者集中的公共利益辩护：路径选择与制度建构》，载《政法论坛》2016年第5期。

常是在相关市场获得的成本节约。公共利益，如金融稳定、国防安全、国际竞争力、环境保护等，是通过合并实现社会共同追求的中观或宏观利益，但是二者之间的间接关系导致难以衡量公共利益及其对效率提升的影响，由于公共利益与企业合并的效率存在差异，将公共利益纳入效率抗辩无疑将破坏合并控制体系的内在一致性，强行将其嵌入效率抗辩只会自相矛盾。当缺乏公共利益豁免机制时，反垄断执法机关审查案件，对行业管制机关的公共利益诉求只能纳入效率范畴考量，也超出了竞争分析框架。即便社会主流价值观念普遍认同的公共利益事项，仍有相当的模糊性和不确定性。公共利益是对相互冲突的利益之间权衡的结果。合并审查表面上来看仅是执法机关与企业之间的公私对立，实际上还有竞争优先还是公共利益优先的公益之间的冲突，在限制竞争与潜在效益以及相关法价值之间作出衡平选择。[1]当然，这并非意味可以任意扩大自由裁量的空间，需要把公共利益的价值冲突转换为程序约束来打破僵局，因为程序具有的结构开放性和过程紧缩性，可以限制执法机关的自由裁量权，维持法的稳定性和自我完整性，可以使法律系统具有可塑性。[2]

二、数字平台合并的公共利益豁免

以公共利益为由豁免严重限制竞争的企业合并，是竞争政策向其他产业政策在个案中的妥协和让步。公共利益则是一种相反的张力，代表国内的其他政策向反垄断制度的渗透，表现出一种强烈的政府干预。合并审查框架下公共利益概念的内涵虽然有大致的方向，但是外延非常宽泛，加大了执法机关滥用豁免裁量权的风险。如果没有适当的约束机制，执法机关将无法准确掌握豁免标准，以公共利益为名放行损害市场竞争的合并。对公共利益予以法定化和具体化，在具体指南或规章中列举典型的公共利益事项，包括环境保护、数据安全、国防安全和国际竞争，对其进行价值排序。同时设置一个有限制条件的兜底条款，防止公共利益被虚置和自由裁

---

〔1〕　参见叶卫平：《反垄断法的价值构造》，载《中国法学》2012年第3期。
〔2〕　参见蒋悟真：《反垄断法中的公共利益及其实现》，载《中外法学》2010年第4期。

量权扩张。

作为新型生产要素，数据量的多少并不等于相应的市场价值，数据唯有与劳动、知识和管理三个生产要素相结合，在资本和技术要素的调节下，才能转换为现实的生产要素。[1]在"用户反馈"和"货币反馈"双循环的促进下，必然产生拥有海量数据的大型数字平台，将数据本身直接作为竞争商品的核心，通过提供商品收集海量数据，利用商业策略、机器学习等方式控制必要数据，巩固或提升其市场地位。数字市场竞争要素呈现出多维现象，拥有数据优势的数字平台未必获得市场力量，须就平台竞争要素进行全面评估。数字市场利用网络效应建构市场进入壁垒，但就竞争效果的对称评估而言，对普遍存在多点连接的平台，数字市场会出现逆向的网络效应。数字平台虽然可用拒绝授权的方式让竞争对手难以收集数据，但对用户而言，与拥有海量数据的平台交易降低了其交易与搜索成本。然而，数据收集具有规模报酬递减的特点，当收集量达到一定程度后，平台的价值将不再增加，多元数据让用户有了更多的产品选择，未必会对无法收集数据的竞争对手产生封锁效果。

数据集中是平台经济发展的充分必要条件，数据只有在被利用、分析、流动的过程中才能产生价值，这也是数据作为生产要素由市场评价、按贡献分配的逻辑基础。数据要素市场的关键环节也即实现数据再利用的数据流通机制，[2]需要鼓励数据集中与开放，在规模经济基础上实现数据的确权、定价与交易，为数据治理赋能，推动数据共享和必要的垄断。阿里巴巴、腾讯、字节跳动、滴滴、百度等国内大型数字平台，在满足人民日益增长的需要、促进新旧动能转换、推动经济高质量发展等方面发挥了重要作用，成为中国企业走向世界的名片。然而，字节跳动旗下产品在美国遭遇强制下架的事件，凸显出国内数字平台面临复杂的国际竞争环境。在中美经贸摩擦长期存在的背景下，国内的市场竞争将会更加激烈，需要

---

〔1〕 参见谢康、夏正豪、肖静华：《大数据成为现实生产要素的企业实现机制：产品创新视角》，载《中国工业经济》2020年第5期。

〔2〕 参见许可：《数据爬取的正当性及其边界》，载《中国法学》2021年第2期。

在竞争政策中纳入对产业政策的考量，实现"以国内大循环为主体、国内国际双循环相互促进"的新发展格局。在数字地球空间，国内与国外的边界变得相对模糊，除了国内、国际两个传统的工业经济循环产生了数字世界的经济循环，数据生产要素的产生、利用以及市场机制也是一种循环。因此，需要考虑国内数字平台是否在参与国际竞争时获得公平的市场对待，降低大型数字平台利用市场力量对平台竞争市场的限制。[1]对于数字平台的反垄断规制，鼓励创新与规范发展应当并重，[2]加强反垄断监管与"做大做强"平台经济并不矛盾。这并不意味着国家改变了对平台经济的支持态度，相反，加强合并审查恰恰是为了更好地规范和发展平台经济，引导、促进其健康发展，提高我国平台经济的整体国际竞争力。[3]

---

〔1〕　参见张晨颖、李兆阳：《竞争中性政策的逻辑、构建与本土化实施》，载《河北法学》2020年第6期。

〔2〕　余超：《加强反垄断监管是为了更好发展》，载《人民日报》2020年12月25日，第7版。

〔3〕　秋林：《实现平台经济更加规范更有活力更高质量发展》，载《人民日报》2020年12月26日，第6版。

第五章
数据驱动型企业合并的
救济制度

合并救济制度是在禁止与批准合并之间的折中制度，在合并审查中权衡效率与竞争，在降低竞争损害的同时提高合并产生的效率。而恢复竞争秩序是法律救济从主观权利演进到客观权利的过程，因此需要政府予以干预调整市场失灵，然而合并救济是以可能违反义务为条件，并非针对权利主体损害的救济。[1]

第一节　合并救济制度的功能定位：弹性缓和机制

合并控制旨在防范企业合并后形成市场力量，而对市场竞争造成实质损害，提前规制具有高集中度的市场结构，执法机关强制事先申报评估可能影响的相关市场竞争，对合并案最终的批准、禁止或附条件等法律判断本质上涉及对相关市场未来发生变化的预测，有效避免合并损害竞争，降低市场产生单方效应、协调效应的概率。[2]随着平台经济的发展，数字市场更加强调平台、数据、算法的三元融合价值，数字平台合并日渐成为适应平台经济发展之必须，可以直接判断双重效应的案件随之减少，难以识别和衡量的案件将占未来数字市场合并案件的多数。此时，僵化的决定批准/禁止制度容易出现误判，需要发挥合并救济制度的弹性机制来缓和两种极端选项。

不仅如此，救济制度对数字平台合并还有独特价值，设置限制性条件关注快速发展的新创企业，它们在未来会挑战拥有市场力量的寡头平台。大型数字平台收购已形成网络效应或能够收集数据的新创平台。即便现阶段营业额很低，但新创平台的数据价值、网络效应和潜在竞争力等因素使合并交易额通常会非常高，该类合并会产生积极的经济效率，相反，也会降低市场上的潜在竞争。在审查这类合并时，即使执法机关考量技术和市

---

〔1〕　参见张世明：《经营者集中审查附条件批准的理论检视》，载《天津法学》2020年第4期。

〔2〕　韩立余：《经营者集中救济制度》，高等教育出版社2011年版，第43页。

场发展因素，更新相关市场界定和市场力量参照因素，然而很难全面评估数据驱动型企业合并的竞争效果。在我国平台经济正处于从增量竞争到存量竞争、从小平台原子式竞争到大平台寡头垄断的发展阶段，大型数字平台为了争夺用户注意力和数据，采取用户单归属策略、平台力量的跨市场滥用、差异化定价、猎杀性收购等行为，更有必要打破寡头垄断困局，推动数字市场竞争。由于网络效应和转移成本的存在，只有新创平台能够基于其他数据或创新商业模式提供优质商品，才能突破占据市场力量的大型数据平台的封锁。然而，新创平台在发展初期缺少平台扩张的资本，大型数字平台投资和收购为新创平台的发展提供了资金基础。为了保留新创平台的技术或实现规模技术，可以附加限制性条件的方式批准合并，在监管沙盒（regulatory sandbox）内扶持新创平台成为竞争对手。为减少监管的不确定性，反垄断监管沙盒的成功促进了创新，给合并控制产生额外的收益。同时，应该提高沙盒的透明度并完善其程序规范。

执法机关通过附加限制条件，批准合并的同时要求拟议交易经营者履行一定的结构性或行为性救济，确保合并衍生的经济效率不因错杀而丧失，亦可通过与当事人协商救济措施的过程中，设计出最能避免市场竞争损害的限制性条件。合并救济目的在于有效恢复竞争（restore competition），而非对合并后的企业进行价格规制。[1]合并救济措施的效果评估与合并控制的审查标准密切有关，旨在禁止合并产生的实质损害市场竞争效果（substantially lessening competition，SLC），故救济措施也应立足于防止企业合并发生竞争损害效果。

实际上，合并救济制度演进与日益增多的企业收购活动密切关联，执法机关在处理案件过程中衍生出了多项救济措施。[2]但是，在合并救济制度适用初期，执法重点集中在合并产生的竞争损害，对于合并救济是否成

---

　〔1〕　张世明：《捍卫普罗米修斯：反垄断法的自由竞争品格》，载《人大法律评论》2019年第2期。反垄断法的制度与实践是根植于市场本身，在尊重市场并认识到市场不足的条件下进行的调整机制，其本质上是市场思维的有机组成部分，根本价值在于恢复市场有效竞争。

　〔2〕　Waller, Spencer Weber, "The Past, Present, and Future of Monopolization Remedies", Antitrust Law Journal, Vol. 76, No. 1 (2009).

功，剥离资产的成活率和能否恢复市场竞争等问题不置可否。随后，美国联邦贸易委员会对既往合并救济案例进行回溯性研究并发布了《资产剥离研究》（1999），[1]并在 2003 年出台了《合并救济指南》。[2]2004 年，美国司法部反托拉斯局也发布了《合并救济指南》。[3]随着美国司法部反托拉斯局与联邦贸易委员会于 2010 年对《美国横向合并指南》的修订，两机关分别于 2011 年和 2012 年对合并救济指南予以更新。[4]在 2018 年，美国司法部 Makan Delrahim 宣布撤销 2011 年《合并救济指南》，重新启用 2004 年《合并救济指南》。[5]2020 年，美国司法部反托拉斯局在最新发布的《并购救济手册》中强调，由于确定性和有效性，可以避免执法机关持续监管企业，结构性救济成为首选救济措施，行为性救济适用于促进结构性救济的情形，或如果选择结构性救济会显著丧失效率，而行为性救济能够有效修复损害并有效实施。欧盟同样对以前适用合并救济措施的案例进行复评并发布《合并救济研究》，[6]并在 2008 年发布了《合并救济措施通告》。[7]目前，合并救济制度已经与合并申报、合并审查、竞争效果抗辩共同构成了合并控制体系。

合并救济制度提供了一项弹性机制，基于严谨的法律逻辑与经济分析，在控制合并竞争损害的同时兼顾效率，解决合并救济选择、适用和监督过程中的灵活性与确定性问题，限制执法机关审查过程中的自由裁量

〔1〕 U. S. Federal Trade Commision, William J. Baer, "A Study Of The Commison's Divestiture Process", 1999.

〔2〕 Negotiating Merger Remedies Statement of the Bureau of Competition of the Federal Trade Commission, Joseph J. Simons Director (2003).

〔3〕 Antitrust Division Policy Guide to Merger Remedies, U. S. DO J Antitrust Division, October, 2004.

〔4〕 Antitrust Division Policy Guide to Merger Remedies (2011). Negotiating Merger Remedies Statement of the Bureau of Competition of the Federal Trade Commission, Richard Feinstein Director, January 2012.

〔5〕 Makan Delrahim, "It Takes Two: Modernizing the Merger Review Process", vailable at: https://www. justice. gov/opa/speech/file/1096326/download, 最后访问日期：2019 年 12 月 21 日。

〔6〕 DG COMP, European Commission, "Merger Remedies Study" (Public version), October 2005.

〔7〕 Commission Notice on remedies acceptable under the Council Regulation (EC) No 139/2004 and under Commission Regulation (EC) No 802/2004 (2008).

权，维持市场竞争。执法机关只有在竞争损害确定发生时才能选择合并救济，[1]同时适用救济措施时应坚持比例性、实效性、负担与成本、透明度与一致性原则，[2]以最少限制的方式弥补竞争损害，且不能用于其他目的。合并救济应当明确适用前提和目标，在执法机关预设的框架内预留灵活操作空间。

合并救济是为了最大化发挥经济效率，恢复合并前原有的市场竞争秩序，禁止过度救济期望，进一步改善市场竞争，采取严苛或宽松的救济措施刻意促进竞争，反而会抵消合并带来的效率。即合并救济本质上作为预防性救济，直接目的是预防竞争条件不当变动，最终目的是预防有效竞争过度损害。[3]合并救济不在于补偿竞争者对手或提供特定经营者协助，而是立足于恢复市场竞争环境，对并非存在违法行为的情形予以禁止，企业合并拟议交易经营者申报合并时，执法机关才处理案件并与当事人协商，依循恢复市场未受损害前的秩序是合并控制体系的整体制度安排。虽然合并措施应纠正限制竞争行为，但救济目的不应在于增加合并前的竞争而是要使市场恢复至未合并前的竞争秩序。

第二节　数据驱动型合并救济措施的类型

合并救济措施通过附加结构性或行为性的条件抵消合并对市场竞争产生损害，恢复企业合并前的市场竞争。美国和欧盟主要反垄断司法辖区将合并救济类型分为结构性救济、行为性救济和综合性救济，当兼采结构性救济与行为性救济时，被称为综合性救济，其本身并非独立。我国《经营者集中审查规定》规定了结构性救济、行为性救济以及二者相结合的综合性救济。尽管有些国家未运用结构性救济与行为性救济的措施，甚至衍生了其他类型的措施，不过其实质仍以二者分类为基础。结构性救济是通过

---

[1] OECD Policy Roundtables on Standards of Merger Review.

[2] ICN Merger Working Group：Analytical Framework Subgroup.

[3] 参见韩伟：《合并救济目的之厘清——基于域外视角的考察》，载《武陵学刊》2011年第4期。

剥离参与合并经营者的有形资产或无形资产来影响市场结构的救济方式，鉴于其可以直接改变市场竞争结构，并不需要对市场的长期监管，因此逐渐受到执法机关的青睐。行为性救济是附加当事人一些明确性的义务或遵守特定行为，[1]其也有一定的适用空间。结构性救济与行为性救济的分类逻辑与"结构—行为—绩效"（S-C-P）范式密切相关。[2]

一、结构性救济

规制合并产生的限制竞争问题的救济方式分为两种，调整企业组织架构或规制企业行为。[3]资产剥离被认为是最适宜合并案件的一种救济类型，原因在于资产剥离手段涉及将合并方的部分资产转让出去，在市场上创造新的竞争对手以恢复至合并前的市场竞争。企业合并在结构上是较具可识别性的，同时，使用资产剥离手段在后续监督管理上可节约成本和时间，因此资产剥离被认为是更具有执行性、效率性与预测性的救济措施。

（一）剥离独立资产

在确定资产剥离作为救济措施后就需要确定剥离范围。是一个完整、可立即营运的企业体还是仅分割部分资产？分割资产的范围是仅限于引发市场竞争问题的部分，还是扩张至其他未引起竞争损害的商品？一般而言，对于分割资产的主体并没有特别偏好与指示，只要能恢复竞争到原先状态即可。

为了使拟议交易的买方获得独立运营的全部资产，并且买方可以实际利用资产，从而创造一个新的经营者以恢复市场竞争。为实现合并救济目的，剥离资产需要具有存活性和竞争性，有形与无形资产都可以作为一项既存业务单元，而不需要特别资产混合。[4]如果既存业务单元可以在市场

---

〔1〕　参见王晓晔：《反垄断法》，法律出版社 2011 年版，第 285 页。

〔2〕　参见臧俊恒：《合并救济措施研究》，载《经济法学评论》2016 年第 2 期。

〔3〕　参见王晓晔：《反垄断法》，法律出版社 2011 年版，第 284 页。

〔4〕　既存业务单元可提供足以确认相关产品的提供者，证明资产在相关市场竞争的可能性。相较于个别选择与组合的剥离资产，以既存营业单元为客体的剥离较容易成功，理由在于既存营业事业单位除有形资产外，往往同时搭配有人员、客户名单、信息系统、无形资产以及相关产品的管理基础设施，可提高财产价值。

上获得，执法机关没有必要强行剥离该资产。[1]如果既存业务单元需要取得整个生产线的产品（Full Line of Products）才能有效竞争时，则整合企业具有的规模经济的全部单元。同时，资产剥离安排很可能被买方或卖方策略性破坏，由于执法机关存在对数字平台的信息不对称问题，数字平台可能会隐匿关键资产。实际上，剥离收购方、被收购方或者同时剥离双方的资产都会成为执法机关的选项，重在选择资产范围，而不是资产的所有权人，即以资产能否有效恢复竞争为标准。

（二）剥离非独立资产

尽管通过剥离独立业务单元有利于解决竞争损害，然而，如果精准搭配非独立业务成为资产组合也有益于恢复市场竞争秩序时，应避免不必要的资产浪费。

第一，知识产权、技术、数据剥离。当市场竞争的关键资产为知识产权、技术、数据等无形资产时，需要将其剥离给其他买家，除资产客体为无形资产外，其他方面均与有形资产剥离相同，但是知识产权、技术、数据剥离可以是出售，也可以以许可授权的形式实现。比如，两家拥有同一类型数据的数字平台合并时，结构性救济措施通常会涉及数据的出售或授权，以及是否允许数字平台持续持有利用该数据的权利。如果许可，则让数据的买方无法排除数字平台利用该数据，而丧失产品的差异性与竞争力。因此，执法机关在剥离计划中要求数字平台须放弃所有与该数据相关的权利。不过，关键数据有助于实现数字平台效率，但当数字平台难以在剥离后和资产买方达成协议时，执法机关会考虑让数字平台保留该关键数据，再以非专属授权的方式，将关键数据授权给买方。这种情况，通常出现在当关键资产是数据生产要素而非最终产品的情形，从剥离能否让买方得以创造产品差异性及竞争力的标准来看更为重要。第二，转让少数股权。少数股权合并的竞争影响区别于一般的企业合并，少数股权合并带动了合并方的涨价动力，由于合并使得各方同时持股，有利于提高市场透明

---

〔1〕 参见金美蓉著：《合并救济中剥离资产的选择》，载《法学评论》2014年第2期。

度和削弱竞争对手的动力，便利了企业之间协调的达成和维持，影响从事封锁行为，而产生的效率却低于一般合并。执法机关要求合并方转让少数股权切断各方之间的联系，要求当事人对少数股权放弃某些权利，使经营者摆脱收益权与治理权的限制，恢复市场竞争秩序。

二、行为性救济

行为性救济是指加诸当事人一些明确性义务或遵守特定行为。[1]例如，要求当事人和买家签订明确的原料供应时间，或是禁止被告将来不得在市场上从事特定行为，禁止机密数据外泄，禁止再雇用被剥离公司的员工等。行为性救济的手段、范围与类型十分广泛，通常用来辅助执行结构性救济、处理纵向合并和管制产业，在这些情形下特别适合使用行为性救济。然而，受限于行为性救济的监督成本、间接成本、限制潜在竞争和约束经营者以应对未来市场变化的能力，一般情况下执法机关不适用。但是，行为性救济并非毫无优点，当完全禁止合并将会失去效率且采用结构性救济亦会损耗此利益时，行为性救济就有了适用空间。

（一）防火墙条款

防火墙条款的设置是用来避免信息传播，封堵企业内部信息的流通与分享。[2]防火墙条款的主要功能是禁止合并后企业敏感信息的交换，降低相关市场中上下游企业的协调成本，导致企业更容易在合并后提高市场价格。设置防火墙条款需要较多成本监控以及禁止信息流通，单纯以防火墙条款作为结构性救济较为困难。在当一家企业并非技术控制另外一家企业，却通过持股关系发挥控制影响，进而收集竞争对手的敏感信息时，以前多以结构性救济措施处理，如直接要求剥离相互持股的股份或移除合同。虽然结构性救济简单明确，但并非唯一选择，现在借助严格的防火墙条款亦可达到目的，从而丰富了执法机关与当事人之间的协商工具。同

---

[1] 参见王晓晔：《反垄断法》，法律出版社 2011 年版，第 285 页。
[2] 参见刘武朝：《经营者集中附加限制性条件制度研究——类型、选择及实施》，中国法制出版社 2014 年版，第 51 页。

时，防火墙条款也可以搭配资产剥离救济，设置防火墙条款切断拟剥离资产与保留资产的团队之间交流敏感信息。然而，防火墙条款产生的监管成本、设计成本和效率抵消等问题导致执法机关很少适用。

（二）反报复条款

反报复条款是为了配合结构性救济措施而设置的，禁止合并后企业对与其竞争对手交易的客户或第三人进行商业报复，避免不当限制市场竞争。在 2010 年 United States vs. Ticketmaster 案[1]中，执法机关要求 Ticketmaster 不得在合并后，对使用或考虑使用竞争对手订票服务的演出场地的所有人进行报复，或以场地所有人不使用竞争对手订票服务，作为提供现场表演活动的条件，或禁止与其他提供现场表演活动经营者签约，作为其提供订票服务的条件。此外，反报复条款也阻止合并后的企业歧视和报复向执法机关提供监督信息的相关主体。因此，反报复条款防止潜在投诉人被打击，同时确保行为性救济不会被规避。

（三）非歧视条款

非歧视条款是禁止企业合并后在交易条件上偏袒被合并企业，执法机关要求企业应该一视同仁地对待所有交易相对人，促进公平竞争。不过，在利用该条款时，执法机关需要注意合并企业有无以实质效果等同歧视的手段规避要求。例如，要求企业须提供所有下游市场交易相对人合理交易价格的措施，往往可利用交付质量、交付期限或售后服务等非价格因素保护被合并的下游企业。即便执法机关要求合并方承担价格与非价格两方面因素的义务，当上下游企业合并后，下游经营者的价格已经是内部会计价格，如果上游经营者设置一个非歧视性和不利的条件弱化其他下游竞争者，也将不利于下游市场竞争。

（四）市场进入条款

随着平台经济的发展，平台、数据或算法融合起到了必要设施的作用，合并操纵此类无形资产会排除其他竞争者。市场进入条款是指，企业

---

[1]　2010-2 Trade Cases. 77，113（D. D. C. 2010）.

以公平与合理的价格授权第三人开放其控制的网络或平台等基础设施，维护合并后的市场竞争秩序。企业采用纵向合并方式控制必要设施，但是执法机关并不会禁止此类合并，而是令企业开放基础设施以便利潜在进入。与传统资产剥离方式在市场上创造新竞争者的目的不同，分割无形资产是为了促进新竞争者进入市场能力，降低市场进入门槛。某些市场力量的形成源自关键技术和数据，如果能够要求当事人公开数据或技术，让潜在进入者克服技术壁垒参与市场竞争，也是一种救济措施。但由于强制授权的救济方式需要一段技术学习时间，无法立即在市场上产生新竞争者取代被并购的企业，也因此无法立即拥有市场份额。在资源开放方面，通过第三方连接其重要基础设施或资源，以形成市场上的另一有效竞争力量。执法机关要求开放技术授权或承诺连接，通常是因为担心合并后市场高度集中，造成潜在进入封锁，因此要求企业开放资源，开放渠道包含了研发、生产、营销、销售、服务等，然而这些资源链接都很难确定被完全兑现。

（五）透明化条款

透明化条款是指执法机关要求经营者公开披露重要信息，以便监控企业有无违反约定或有无价格歧视等损害市场竞争的行为。然而透明化条款和其他部分行为性救济一样，均面临建构上和监督上的问题，当事人以策略性方式刻意隐匿重要信息而不公开，对特定产业而言，透明化条款也会被经营者利用实施协同行为。

行为性救济是针对企业的资产和权利等资源的设限与开放，如对技术或专利权的授权、股权行使的设限、基础设施的连接等。但是无论是资源的开放还是权利设限，需要持续的监督机制使得经营者遵守承诺，以确实可以协助恢复至合并前的竞争水平。实际上，行为性救济的种类也并非前述类型，其本身具有极强的开放性。

（六）行为性救济在数字市场的适用

在 Microsoft/LinkedIn 案中，Microsoft 利用其在计算机 Windows 操作系统的市场力量，将 LinkedIn 服务预安装在搭载 Windows 操作系统的计算机设备中，将 Microsoft Office 与 LinkedIn 服务结合，然后通过协议方式在符合隐私保护法的范围内整合利用彼此数据，封锁了 LinkedIn 的竞争服务与 Microsoft 的软件连接，影响了竞争服务与 Microsoft 产品之间的互动。因此，欧盟针对合并产生的封锁效应，附加市场进入、非歧视、反报复等行为性救济。

市场进入条款，数字平台五年内必须承诺将允许设备制造商（OEMs），对 Windows 计算机有权决定不安装 LinkedIn 应用程序，保证 OEMs 能够与第三方 PSN 自由地合作。即使预安装 LinkedIn，用户也能直接卸载程序。第三方 PSN 服务即可针对不同的 Office 产品开发与 Microsoft 想要通过 LinkedIn 嵌入相关功能类似的加载服务，确保用户可在 Microsoft 商店获取第三方开发的 PSN 服务加载程序，可在整合 LinkedIn 功能的 Office 程序中独立运作，确保竞争的 PSN 服务提供商可以接入 Microsoft Graph 服务接口，在用户同意下连接至 Microsoft 云端服务的数据。软件开发者通过数据串联，吸引更多用户足够明显地利用其提供的 PSN 服务。无论是 PSN、CRM、SI 还是网络广告，都是高度数据集中的商品。即使广告服务部分，合并后市场状态变化不大，仍有出现数据集中的状态。

非歧视条款，确保第三方 PSN 服务不受歧视地连接 Office 加载程序及所有 Office 应用程序编程接口，包括所有可进行服务加载的产品。预安装或支持第三方生产与 Windows 兼容的应用程序不会遭受来自 Microsoft 的歧视。

反报复条款，在 OEMs 未预安装 LinkedIn 程序的情况下，Microsoft 不会采用事后机制，在用户购买设备后促使其安装 LinkedIn 应用程序。例如，通过销售 Windows 操作系统提示用户安装 LinkedIn 应用程序，将 LinkedIn 相关应用程序嵌入 Windows 系统更新或升级项目。但欧盟并未剥夺 Microsoft 通过正常销售渠道推广 LinkedIn 应用程序。

执法机关在数据驱动型企业合并审查中，设计并适用行为性救济恢复市场竞争。由于数字平台合并的限制竞争效果主要表现在数据封锁、算法封锁、连接封禁，从而阻碍市场创新。合并后的数字平台也希望保留关键技术与数据要素，以提高自身效率实现规模经济，因而通过开放数据流量入口和算法接口等开放救济促进市场竞争，一同适用禁止非歧视和反报复等设限救济，确保开放救济功能的发挥。

三、配套保障措施

目前，执法机关对于企业合并救济，主要是以资产分割的结构性救济为主，行为性救济倾向于辅助资产剥离，单独适用情形较少。同时，为了使救济内容确实被履行和遵守，亦演进出买家前置（Up Front Buyer）、先行修正（Fix-It-First）、皇冠宝石条款（Crown Jeuel Provision）与资产分持条款（Hold-Separate）等配套保障措施予以因应，许多合并救济手段搭配适用组成协商内容。配套措施的适用旨在保障合并救济能够有效监督和实施，缩短救济时限，快速恢复市场竞争秩序。[1]实际上，虽然结构性救济的选择、适用和监督存在诸多问题，但也并未影响到结构性救济依然受到执法机关的重视，其关键在于配套保障措施针对结构性救济对症下药，克服阻碍因素的制约。由于个案情况不同，执法机关在设计时仍需根据实际情况调整，个别救济措施的适用也存在缺陷，因此，设计救济措施时应综合考虑执行内容的可行性。

（一）先行修正

先行修正与买家前置均并不是单独的合并救济措施，而是在资产剥离过程中先行采取措施，在解决竞争问题前不能实施合并，确保资产剥离成功。二者的性质为附解除条件的义务，当义务未实现时条件自动解除，附条件批准决定自动失效。[2]因为策略或时间压力关系，申请合并的当事人希望可以略过审查程序或加速审查时间，免除执法机关的各项流程，事先调整合并交易内容以获取合并批准的准许，这种由当事人事先单方调整竞争疑虑的方式，称之为先行修正，是美国司法部反托拉斯局一贯偏好的手段。先行修正性质上属于结构性救济，以资产分割为救济内容，是当事人在美国司法部反托拉斯局对其正式发出指控前，单方面决定救济内容，以

---

〔1〕 参见臧俊恒：《合并救济措施类型化研究》，载《经济法论丛》2017 年第 1 期。
〔2〕 参见张世明：《经营者集中审查附条件批准的理论检视》，载《天津法学》2020 年第 4 期。

消除执法机关的竞争疑虑。常见方式是当事人自行出售限制竞争疑虑的部门或与子公司有关的表决权股份和资产，甚至自行改组当事人在董事会中的席位数量。同时，如果先行修正的内容需要执法机关事后较长时间的监督，则这样的救济不易被执法机关接受，因为先行修正的程序已省去执法机关的介入，没有作出正式的协议裁决，内容均由当事人自行调整，买家人选也由当事人自行选择，之后如果存在违约情形，执法机关只能提起诉讼，如果还需要执法机关事后监管，则与先行修正目的不符。适用先行修正可以节省当事人的协商成本，省去当事人配合第二次请求（Second Request）和协议命令的义务，避免不必要的错误和分割成本。先行修正限于结构性救济时才适用，对于合并后仍然需要持续监督的行为性救济则不适用。[1]因此，先行修正由当事人自行调整交易方案，避免将精力搁置在与执法机关的持续博弈中，有利于提高合并效率。

（二）买家前置

买家前置（Up-Front Buyer）是指在资产剥离过程中，当事人需在约定的时间内找到适当买家并签署资产转让协议，被执法机关认可后才允许实施合并或批准决定。[2]与先行修正不同，买家前置是由于执法机关对当事人难以寻找到适当的买家存在担忧，因而在当事人找到合适的买家之前，（美国）执法机关不会批准该合并，[3]（欧盟）即使批准也不允许实施合并。[4]以往适用救济措施时，当事人仅需要同意在一定时间内分割资产，即可进行合并。采用买家前置提高了确定性，确保分割资产适合买方，降低了剥离资产失败的风险，提供执法机关评估机会。评估资产是否确实具有可实施性和能否被有效利用，买家的竞争能力也会被列入执法机关的考

---

〔1〕 参见韩伟：《经营者集中附条件批准下的买家先行与定资先行》，载《现代经济探讨》2013年第4期。

〔2〕 参见叶军：《先行修正和买家前置规则比较研究》，载《中外法学》2015年第1期。

〔3〕 Negotiating Merger Remedies, Statement of the Bureau of Competition of the Federal Trade Commission, （2012）.

〔4〕 Commission notice on remedies acceptable under Council Regulation （EC）No. 139/2004 and under Commission Regulation （EC）No. 802/2004 （2008）.

量要素，促使当事人积极履行。当买家前置会推迟原合并完成时间时，当事人为早日完成交易避免时间耗费，会重视协议时间。[1]在合并案完成前，执法机关建议分割范围是现正运营、可独立运营的企业或资产，因为非独立运营的企业或者零碎资产的成活率较低，执法机关倾向于剥离已独立运营的商业单元。但是当拟议交易方知道合并方有买家前置条款的约束时，利用策略性手段让分割资产低价出售，或争取更多的分割资产。

（三）皇冠宝石条款

皇冠宝石条款是指在原本协商的内容外额外约定，如果当事人无法在一定时间内完成分割或找到适当买家，就必须提供原企业内更具吸引力和价值的资产作为剥离内容。当事人如果无法在确定时间内找到合适买方，执法机关将赋予管理人来出售资产，或许可管理人剥离一组更具吸引力的资产。皇冠宝石资产，可能是来自引发竞争问题的资产，也可能是来自未引发竞争问题的资产。皇冠宝石条款可提供诱因给当事人努力去完成协议内容，但是让潜在资产购买方有进行策略性操纵剥离过程的诱因，如潜在购买方数量较少，当其知道皇冠宝石条款存在时，将可能刻意延迟出价，以期能够获取更有价值的资产。然而皇冠宝石条款的分割范围却往往不易协商，这就是为何美国司法部反托拉斯局并不偏好皇冠宝石条款的原因，其认为采用皇冠宝石条款的结果意味着不是在协议的最初接受一个不具有效益的救济措施，就是在事后超过必要程度的救济，过犹不及的剥离协议并不恰当。因此，皇冠宝石条款应该在高度不确定剥离资产的市场具有可销售性或生存性时才建议使用。在适用皇冠宝石条款时非常谨慎，同等条件下买家前置条款更易适用。但是在 2010 年《美国横向合并指南》第 IV 点 B 项中，美国司法部反托拉斯局改变观点认为如果有助于合并方尽快找到适当的资产承购方，将允许当事人实行皇冠宝石条款。另外，在合并方拟采取的是较具有创新而非传统的剥离措施时，皇冠宝石条款更可能是恢复市场竞争的备选措施。

当执法机关对资产剥离存在担忧时，买家前置可以促进当事人积极履

---

〔1〕　Merger remedies Draft for consultation，CMA，11 June 2018.

行义务，皇冠宝石条款亦复如此。[1]皇冠宝石条款，是指为符合条件的合并案件提供替代救济方案，以在消除执法机关对首选救济方案能否顺利实施的担忧的前提下，按照合并方提出的首选方案批准合并。[2]首选救济方案与替代方案都能够解决合并限制竞争问题，只是因为首选救济方案存在执行瑕疵，[3]通过增加资产和激励合作的皇冠宝石条款提高剥离资产的可售性，促进当事人积极履行救济义务，消除执法机关的担忧。[4]皇冠宝石条款设置需要以附加限制性条件解决竞争问题为前提，否则应当直接批准或禁止合并。[5]

（四）资产分持约定

一般在当事人签订协议命令或裁决后，执法机关通常会在协议中附加资产分持条款，指当事人必须在约定的资产确实移交给买家前，确保该资产脱离于母公司的控制且独立运作，以及被妥善保存和给予必要维持，确保分割资产在经济上具有可销售性和竞争力。在以前没有采用买家前置和先行修正等配套措施时，资产分持约定经常出现在协议命令中解决剥离期内的问题，但执法机关采用买家前置后能够在早期就确认买方，一定程度上压缩了资产分持条款的适用，[6]但是大量的资产剥离案件仍是在企业合

---

〔1〕 通常，适用买家前置条款的合并也可选择皇冠宝石条款，执法机关根据不同情形择一即可。不同之处在于，皇冠宝石条款还可以适用于行为性救济，将资产剥离作为备选方案解决行为性救济的实施与监督的问题。

〔2〕 参见叶军：《经营者集中反垄断审查之皇冠宝石规则研究》，载《中外法学》2016年第4期。

〔3〕 实践中，执行风险表现为，资产剥离涉及第三方权利造成剥离障碍，潜在买家较少，难以找到适当买家，当事人存在违约的道德风险等。此外，当采用行为性救济存在执行风险时，也可将资产剥离作为皇冠宝石条款。尽管实践中，真正执行备选方案的情形并不常见，多数当事人能够履行首选方案的义务，这也正体现了皇冠宝石条款的激励价值。

〔4〕 参见叶军：《试论经营者集中反垄断控制之皇冠宝石规则的构建》，载《社会科学》2015年第10期。

〔5〕 Carl Shapiro and Michael Sohn, "Crown Jewel Provisions in Merger Consent Decrees", 12Fall-Antitrust, p. 27.

〔6〕 DG COMP, European Commission, "Merger Remedies Study" (Public version), October 2005. 当资产剥离适用先行修正与买家前置条款时，由于早早确定买家签订了资产转让协议，便不再采用资产分持义务。

并后再进行资产分割，所以资产分持条款的作用依然重要。资产分持约定可提供执法机关选择机会，即便之后变更分割内容，也不致使资产存在较大的不可恢复性。特别是当买家前置人选迟迟无法确定前或分割程序耗时较长时，资产分持约定就能发挥保留资产的作用。然而资产分持条款也有适用界限，当被分隔出来的企业在尚未出售之前，不可能期待该企业能在市场上有积极的表现和立即取代被合并企业的地位，甚至还面临流失顾客和员工的情形，因此保持分割目标尚须有其他配套措施的搭配。[1]

资产分持条款成为执法机关最受青睐的救济措施，构建起了剥离内容、剥离时间、分割范围和资产配置体系，但资产分割也无法放之四海而皆准，合并救济对于寡头垄断市场难以促进市场竞争。行为性救济设计上较有弹性，可根据个案设计多元方式，其缺陷就是事后监督与执行成本较大。执法机关通过设计合并救济措施的辅助配套保障措施完成协商内容，买家前置的安排、皇冠宝石条款的约定以及先行修正的采用，均偏向于适用资产分割时的结构性救济，目的在于资产分割需要强调资产的可出售性和可利用性，只是配套条款的安排会过度地给当事人施加义务。

第三节　数据驱动型企业合并救济措施的选择

为了在维持竞争的同时保留合并的效率，合并救济成为执法机关进行合并控制的法律工具。结构性救济和行为性救济是通过限制合并后经营者的行为或效果以降低竞争损害后果的救济措施类型，结构性救济偏好成为主要执法机关的首选主流，然而结构性救济本身的优势和行为性救济先天的缺陷不可忽视。合并救济措施的选择遵循传统的"S-C-P"范式，体现出单方效应和协调效应的影响。[2]

---

〔1〕　参见叶军：《经营者集中反垄断控制中的资产分持规则研究》，载《比较法研究》2015年第 6 期。

〔2〕　参见白让让：《我国经营者集中的反垄断审查与执法者的"行为性救济"偏好分析——兼论专利密集领域的执法困境》，载《经济研究》2019 年第 2 期。

一、合并救济措施的选择因素分析

目前美国、欧盟等反垄断司法辖区主要利用结构性救济，而将行为性救济作为补充。我国则将行为性救济作为批准合并的附加条件，执法机关认为合并救济的目的是防范企业合并形成市场力量而造成实质竞争损害，为了实现合并控制目的采取的救济措施应能有效恢复竞争，而非对合并后的价格进行监管。结构性救济通过资产重置改变市场结构，以恢复市场竞争程度与竞争数量；而行为性救济则通过合并方承诺，避免市场力量滥用或限制竞争。合并救济的目的虽然在于恢复合并前的竞争水平，然而执法机关与企业之间的目标不同衍生了很多问题，在资产剥离过程中，企业尽量减少资产剥离与未来可能的竞争以获得更大利润，而执法机关对企业的强制剥离行为则是基于抑制企业市场力量以增加消费者剩余。执法机关与企业之间的信息不对称导致是否剥离、大小与种类都存在问题，资产剥离后的不可恢复性增加了执法机关在利用剥离要求时隐含的风险。然而这并非反证行为性救济有利，事实上，行为性救济正是因为经营者行为自我设限的承诺，表面上符合承诺设限，实质上却规避了这些问题。同时，行为性救济需要执法机关持续长期监督，将耗费大量成本。因此，执法机关通常主张行为性救济不如结构性救济，因为行为性救济牵涉一些管制政策，而结构性救济则相对确定。

（一）内在效益分析

合并救济旨在控制合并造成的负面效应将经济效率发挥到最大化，救济措施应恢复至合并前的市场竞争。执法机关考察合并救济措施审查方案时，应遵循合比例性（Proportionality）、实效性（Effectiveness）、救济措施的潜在负担与成本（Potential Remedy Burdens and Costs）、透明度与一致性（Transparency and Consistency）。[1]救济措施应具有比例性和效率性，在衡量救济措施利弊后，以最小限制手段实现合并救济目的。评估各种合并产生的综合影响和可接受的风险，并且具有实际可行性和执行性，在预期时

---

〔1〕 ICN Merger Working Group ：Analytical Framework Subgroup.

间内化解竞争损害且加以监督。合并救济措施的潜在成本为，救济措施会影响经济效率，尤其是长期的行为性救济直接干预市场产生的影响成本（Remedy Impact Costs）。例如，限制企业合并后不得涨价，可能造成对该市场的可投资性与利润回收产生一定问题。执法机关为了执行合并救济措施产生的直接成本（Operating Costs），如监督收集信息、雇用受托人等。为抵消合并产生的限制竞争影响，执法机关对企业采取的救济措施可能会降低企业合并所获得的效率（Merger Efficiencies or Other Benefits Foregone）。结构性救济特别是资产剥离因其一次性恢复市场竞争结构直接消除合并造成的竞争损害，相对于行为性救济措施是较佳的方式。

行为性救济面对不断变化的市场条件，可能抑制企业潜在有利于竞争的行为，且利用行为性救济措施的期限长短难以确定，而结构性救济则较为明确且耗费较少的成本。结构性救济对于抵消竞争损害具有直接性、永久性与有效性，并且可避免如行为性救济所需要的持续监督与执行成本。此外，执法机关在个案中也会共同使用结构性救济与行为性救济，除非行为性救济不需要监督或监督极少，否则很少单独适用行为性救济。事实上，反映在成本方面，行为性救济劣于结构性救济的原因在于，合并后监督企业遵守救济措施的直接成本较高，因存在仲裁程序的其他市场参与者消耗的成本，企业合并后用以规避救济措施消耗的间接成本，因其难以设计以抵消市场竞争损害的疑虑，尤其是在明确性与可行性方面。因此，执法机关一般较偏好结构性救济多于行为性救济。行为性救济难以明确监督与执行，难以确保解决实质竞争损害。行为性救济的限制行为可能衍生其他不良反应，如价格上限的设定可能使质量下降；为规避救济措施，而导致市场竞争扭曲。即使是明确的救济措施，因监督与执行需要大量的成本，执法机关倾向于结构性救济。[1]合并救济重在维持合并前的竞争秩序，而非将救济措施用于改善市场非因合并产生的限制竞争效果，期望市场竞争环境比合并前更好。执法机关采取过于严格或非必

---

〔1〕　Richard, A. and Epstein, "Monopolization Follies: The Dancers of Structural Remedies under Section 2 of the Sherman Act", Antitrust Law Journal 76. 1 (2009).

要的救济措施，反而会降低效率以致损害消费者福利，因此，执法机关应认真审查合并导致的限制竞争效果，避免轻易采取过于严格或不必要的救济措施造成的风险。[1]

在救济措施适用上，执法机关倾向于结构性救济。然而，在此情况下，行为性救济亦有适用之处，特别作为补充结构性救济措施的做法。并非所有情况均以结构性救济为最佳方案，结构性救济存在较高的潜在错误成本，错误地决定资产剥离将导致救济失败，而且一次性改变市场结构的特点导致一旦执行便难以回复。在纵向合并案件上，市场快速发展且未来发展难以判断，针对数字市场的动态变化特性，行为性救济可以提供灵活的救济方案。然而，行为性救济不应该无限期地实施，且应定期矫正，以确保救济措施仍然适用，而非对市场竞争成为不必要的限制。除此之外，在某些情形下，结构性救济与行为性救济的区分也并非如此明确，有些行为性救济，如不可撤销的知识产权的授权行为，则具有类似结构性救济的结果。[2]

收益性与有效性是设计救济措施的重要因素，除此之外，结构性救济可以降低合并后的监督与执行成本，行为性救济的设计与执行均需要一段时间，在执法机关资源有限的情况下，结构性救济应当优先于行为性救济的适用，为了使结构性救济有效且及时实施，执法机关会采取先行修正、买家前置或皇冠宝石条款，以降低救济措施无效的风险。

由于结构性救济具有有效性，且无须行为性救济长期监督执行成本，亦花费较低的成本和风险，因此，在利益权衡下结构性救济更具有效率。尽管如此，结构性救济也有其较为僵化的弊端，行为性救济具有弹性灵活的特点，因应不同合并案的情形使合并救济措施更加完整有效。行为性救济针对合并企业的价格、业务和经营的行为限制，即对企业间交易或竞争行为进行干预，不但可能未实现救济成效，反而进一步限制竞争。由于合

---

〔1〕 参见臧俊恒：《合并救济措施研究》，载《经济法学评论》2016 年第 2 期。

〔2〕 Waller, Spencer Weber, "The Past, Present, and Future of Monopolization Remedies", Antitrust Law Journal 76.1 (2009).

并竞争问题日趋复杂，执法机关力求全面涵盖合并后可能的限制竞争行为，设计广泛的救济措施，却因不够具体与明确反而造成执行困难，致使企业得以规避。

（二）外在因素考量

救济措施的选择需要同时分析内在效益和外在因素，进行情景化理解设计出恰当的救济措施。

第一，通过救济在企业利用合并实现降低成本与规模经济的同时，也能抵消合并后企业市场力量不当被扩大而产生排除限制竞争影响。规模经济是实现社会效率和资源优化配置的基础，商品成本会随产量增加而逐渐降低，每一个相关市场都存在最低效率规模，当企业无法达到此标准时，其将无法进入或存在较高的进入成本。[1]因此，规模经济作为进入壁垒，潜在进入者不仅需要考虑其生产成本，而且也需要计算其在进入该市场后的价格变动情况，使其进入行为是有利可图的。传统工业经济中的规模经济非常重要，但是由于数字市场更加需要规模经济，数字市场可以容纳的数字平台数量有限，执法机关倾向于直接批准数字平台合并以获得规模经济。即便合并可能产生限制竞争的影响，执法机关也尽量使用行为性救济而非结构性救济。数字市场并非单纯追求较多数量的寡头平台，而是通过合并将数据集中于少数平台中，进而实现数据规模经济。

第二，横向合并后相关市场内经营者的数量减少，市场份额和市场集中度明显增加，执法机关倾向于剥离合并方的重叠资产，以降低合并方的市场份额或者增加其他竞争者的市场力量。[2]对产生协调行为的合并救济，可以通过资产剥离降低市场集中度或转让少数股权切断企业间的联系达到目的。纵向合并是指某一商品不同生产环节的企业合并，通过上下游企业合并实现生产一体化，但合并后的企业可能通过必要设施、价格歧视、排斥其他企业等行为使自己的下游单位得到优惠，纵向合并能否封锁

---

〔1〕　参见［美］赫伯特·霍温坎普：《联邦反托拉斯政策：竞争法律及其实践》，许光耀、江山、王晨译，法律出版社 2009 年版，第 581 页。

〔2〕　参见白雪、林平、臧旭恒：《横向合并控制中的资产剥离问题：基于古诺竞争的分析》，载《中国工业经济》2012 年第 1 期。

市场取决于合并方在横向市场内的市场力量。除资产剥离外，还可通过设置禁止义务与开放义务促进市场竞争。在纵向合并中，可以通过具体的行为性救济解决封锁效应问题，丰富了执法机关在纵向合并中可选择的救济措施类型。[1]

第三，数字市场竞争的核心要素是创新，技术革新使数字市场竞争动态变化。数字市场不同于传统工业经济，其创新更加频繁，商品迭代周期较短。如果说工业经济时代的关键生产要素是土地、资本、劳动等，那么平台经济时代的关键要素则为数据。当需要附条件批准合并而设计救济措施时，应当考虑在数字市场中的资产剥离主要是剥离无形资产，但数据资产范围更有定论，并且剥离数据可能会影响创新，因此结构性救济在数字市场适用存在失灵的情形。总体上，创新与平台规模经济存在一定关联，虽然新创平台同样拥有较强的创新能力与动力，但企业合并有利于实现数据整合与技术研发。在采用行为性救济向其他企业开放资源的前提下，不至于剥离平台数据损害规模经济而影响创新效率实现。[2]另外，行为性救济能够灵活应对不断变化的数字市场，当创新导致市场竞争状况发生转变时，可以变更或终止原有的救济。

二、合并救济措施的选择

结构性救济通过明确相关的具体内容，以清晰的执行标准可一次性执行完毕，并且监督成本较低，相较于行为性救济具有明显的优势。而行为性救济的内容通常阐述模糊，较长的实施期间衍生高昂的监督成本，反而造成执法机关过度干预市场而扭曲竞争。[3]然而，抽象地讨论结构性救济优于行为性救济看似正确却缺乏实际意义。为了实现法律适用确定性的制度逻辑，立法者探寻技术修辞下行为的本质并据此对之类型化，只有当实践积累并形成稳定的案例群，找到科学、合理、具有可操作性的分类标准

---

〔1〕 参见刘水林：《反垄断法实施的协商制研究》，载《法商研究》2015年第3期。

〔2〕 参见袁日新：《互联网产业经营者集中救济的适用》，载《河北法学》2014年第1期。

〔3〕 Baer, William J, "Reflections on Twenty Years of Merger Enforcement under the Hart-scott-Rodino Act", Antitrust Law Journal 65.3 (1997).

并且能够把类型化的思维活动用法律语言表达出来时，类型化的工作才有可能真正完成。然而类型化分析本身并没有不包含价值判断，只有在个案判断时才分析有效解决竞争问题的具体救济措施的适当性，而并非先验地基于救济措施优劣而作出判断。[1]解决限制竞争损害需要设计搭配合适的救济措施，但是并不能先验性地判断孰优孰劣，非此即彼的回答会导致误判。结构性救济优先的假设忽视了结构性救济的缺陷与行为性救济的优势，这种假设不恰当地使中性的经济工具干预合并救济。精准预判资产剥离产生的竞争约束作用是困难的，任何资产剥离都无法完全确保竞争恢复。而所有竞争评估都是对未来的假设，资产剥离也有失败的可能，且资产剥离的长期影响和后果的不可逆性等问题可能导致错误成本更高。

　　第一，行为性救济更适宜解决不确定性问题。[2]实践中，与其他法律部门相比，反垄断立法、执法和司法工作面对的情况更加复杂，受经济水平、政治环境、文化观念等外部因素的影响，实施预期与结果之间存在巨大偏差，由此导致反垄断法的不确定性问题。反垄断法的本位利益具有显著的经济性与受益对象的不确定性等特征，导致反垄断法的制定与实施经常产生外部性，[3]法律修订速度难以适应市场经济的现代性要求而产生结构性冲突。而在此情况下，法律就必然无法依照预设的轨道推行。企业合并的竞争评估存在偏差和不确定性。实质减少和排除竞争并非严格的救济概念，行为性救济缺乏明确内涵和可量化的衡量标准。合并救济适用的逻辑基础是具有或可能具有排除限制竞争效应，因此，据此采取救济措施的竞争损害发生的概率不确定，结构性救济的不可逆性并非最优选择，灵活变化的行为性救济恰可以适应不确定性。第二，行为性救济更能适应市场竞争的动态变化。合并救济本身的错误在所难免，因此需要设计必要弹

---

〔1〕 The FTC's Merger Remedies 2006 - 2012 A Report of the Bureaus of Competition and Economics, January 2017.

〔2〕 参见金美蓉：《论经营者集中救济措施中的知识产权许可》，载《中外法学》2017 年第 1 期。

〔3〕 参见郑鹏程：《论经济法制定与实施的外部性及其内在化》，载《中国法学》2003 年第 5 期。

性，根据合并后的市场竞争情况随时调整，避免过度干预市场竞争。特别是在数字市场，即便案发时救济是适当的，也可能因市场快速变化而变得毫无必要。企业合并引发的竞争损害通常是暂时的，结构性救济一旦实施就不具有可逆性，行为性救济却可以随时调整。[1]第三，行为性救济可与时俱进地增设法律工具。结构性救济限于资产剥离，行为性救济可以不断推陈出新。并且，行为性救济能够为结构性救济提供必要替代和补充，一经实施便可产生类似结构性救济的效果，例如，非歧视地向第三人许可使用数据必要设施或知识产权。在数据驱动型企业合并交易中，数据开放救济成为重要的备选方案。

合并控制旨在有效维持市场竞争，执法机关会考量各种潜在有效的救济措施，根据个案差异，结构性救济、行为性救济及综合性救济都是恢复市场竞争的选择。合并救济制度让我们忽略了还有其他不同解决方案。市场主义导致救济制度设计陷入追求减少事后规制中。然而，合并控制本身即为国家对市场的直接干预。结构性救济虽然重要，但执法机关不宜预先作出孰优孰劣的结论。[2]

规模经济和网络效应的存在使科技巨头占据市场力量，生产固定成本高的行业中经常出现自然垄断。数字市场，拆分科技巨头并恢复市场竞争的要求屡见不鲜，但结构性救济很少被使用。被认为是成功拆分的1984年的AT&T案，可以作为科技巨头拆分的借鉴。算法和数据是科技巨头商业模式的核心，不同子企业间的相互依赖将使其很难独立，导致它们向用户收取费用，而不是专注于收集数据。无论是拆分还是剥离，管理拆分都是困难的，可以寻求其他不会给用户带来太大风险的替代救济措施。

对于平台经济而言，将所有平台企业都作为公用事业进行监管，会妨碍市场竞争；对所有平台企业只适用反垄断法，难以有效约束"守门人"行为。[3]如果不采取激进的措施，在现有法律和分析框架内，执法机关可

---

〔1〕 Merger remedy evaluations Report on case study research, CMA, 18 June 2019.

〔2〕 参见叶军：《经营者集中反垄断控制限制性条件的比较分析和选择适用》，载《中外法学》2019年第4期。

〔3〕 参见周汉华：《论平台经济反垄断与监管的二元分治》，载《中国法学》2023年第1期。

以采用更多措施规制科技巨头垄断问题，考虑使用新型事前监管工具，增强数字平台市场的竞争过程。[1]行业监管、结构性拆分、互联互通和公用事业，可以通过立法规制科技巨头。[2]

虽然行业监管可以让垄断者利用规模经济和网络效应，但这是以牺牲未来竞争和创新为代价的，并增加了滥用市场力量的可能性。拆分企业会抑制市场力量滥用，但也会阻碍企业效率。货币处罚不会阻止未来的反竞争行为，因为垄断者可以将成本转嫁给终端用户。在数字市场中，执法机关面临着行业高度集中的压力，为了避免在监管和强制拆分之间作出霍布森选择，政策制定者经常采用不同的监管策略：强制互操作性可以增加竞争，同时保持规模和范围经济。扩大基础设施原则的适用范围，如果结构性救济仍然优于行为性救济，那么结构性分离是可行的方案，禁止企业进入某些行业，而不一定要求将其拆分，从而消除竞争损害；加强合并审查，都是拆分的合适替代方案，在恢复竞争方面更为有效。与其使用最具惩罚性的救济措施，不如找到最有利的救济措施。尽管其自身都存在问题，但它们避免了企业拆分产生的效率低下，不仅损害消费者利益，也无助于市场竞争。此外，替代方案都非常适合数字市场，以基础设施、互联互通与平台中立为理论基础建构专门性规制，应对科技巨头超级滥用市场力量的相关行为，[3]因此更可能成功。

第四节　数据驱动型企业合并救济措施的适用

在创新驱动的数字市场，商品更新迭代频繁带动相关市场动态变化，新创平台可凭借关键数据、算法技术创新演进为大型平台，市场份额较高的数字平台也会由于数据与算法技术落后而在市场竞争中处于劣势地位。

---

〔1〕　Coyle Diane, "Practical Competition Policy Implications of Digital Platforms", Antitrust Law Journal, Vol. 82, No. 3 (2019).

〔2〕　Ganesh Sitaraman, The Regulation of Foreign Platforms, 74 Stan. L. Rev. 1073 (2022).

〔3〕　郭传凯：《超级平台企业滥用市场力量行为的法律规制：一种专门性规制的路径》，载《法商研究》2022 年第 6 期。

数字平台不同于传统工业经济的特性，决定了竞争效果评估、救济措施的选择及适用与传统工业经济大相径庭。行为性救济自身特征适合数字市场的救济选择，要求开放其关键数据和基础网络，有针对性地解决数字平台拒绝接入产生的市场封锁效应，利用无歧视条款确保其他平台能够以合理的条件参与相关市场竞争，执法机关以透明度和防火墙条款监督数字平台，围绕数字平台资源的设限与开放设计恰如其分的行为性救济，使其在处理数字平台合并时更加灵活适应动态市场，避免过度干预市场主体的合并行为。因此，在数字市场采取行为性救济更加满足平台经济发展和执法需要，而结构性救济在动态竞争市场会面临较高的实施成本和错误成本等内在困境。[1]

一、斗鱼/虎牙合并案中的合并救济适用分析

在斗鱼/虎牙合并案中，国家市场监督管理总局反垄断局对其进行合并审查并拟附加限制性条件，但目前仅提及腾讯针对两起交易附加限制性条件的《关于虎牙公司与斗鱼国际控股有限公司合并案附加限制性条件承诺方案草案》（以下简称《承诺草案》），提出腾讯/虎牙的合并交易与斗鱼/虎牙合并交易的竞争效果相似。在虎牙与斗鱼合并前，腾讯已对虎牙、斗鱼开展了一系列并购，虎牙与斗鱼合并从形式上是游戏直播市场上横向竞争对手的合并，但实质上是腾讯分别收购虎牙和斗鱼（部分）控制权交易的延续，和进一步对下游已经取得（部分）控制权的游戏直播平台（虎牙和斗鱼）的整合。[2]因此，腾讯利用其在网络游戏市场的地位对游戏直播行业带来的封锁效应，封锁下游游戏直播平台的许可资源；利用其在数字游戏内容市场的优势，影响主播资源在游戏直播平台的分布，进而封锁游戏直播平台的主播资源。而腾讯封锁网络游戏直播许可资源，将直接对下游数字游戏直播服务市场产生实质竞争损害，提高数字游戏直播服务市

---

〔1〕 参见孙晋：《谦抑性理念下互联网服务行业经营者集中救济调适》，载《中国法学》2018年第6期。

〔2〕 即腾讯除作为虎牙和斗鱼的股东之外，还是上游资源的供应商，其收购和整合虎牙和斗鱼的核心不在于横向合并，而在于行业纵向整合。需要特别明确的是，腾讯作为该系列交易的真正主导方和交易相关方，其本身也是救济措施的义务主体。

场的进入壁垒。在纵向封锁效应之后，游戏直播服务市场前两位竞争者的合并产生单方效应和协调效应。同时，腾讯利用在上游游戏市场的优势地位进行纵向整合，进一步加剧合并交易带来的单方效应和协调效应。大型数字平台不断整合形成产业生态圈，[1]要解决腾讯对斗鱼和虎牙的一系列收购和整合交易衍生的限制竞争效果，关键在于解决腾讯对下游游戏直播市场的纵向整合（而非简单的游戏直播市场的横向合并），将导致其有更大的能力和动力对下游直播平台进行游戏直播许可资源的封锁。封锁效应只有通过确保原料开放与可获得，才能真正解决限制竞争效应。同时，在虎牙/斗鱼合并之前，腾讯已经取得虎牙、斗鱼的单独或共同控制权，涉嫌应当申报但未依法申报。执法机关正在对腾讯收购虎牙未依法申报案件进行调查，但并未提及腾讯收购斗鱼股权的交易是否也涉嫌未依法申报。执法机关针对腾讯收购和整合虎牙、斗鱼的交易作出的附条件批准，将是我国首次以附条件方式通过的数字平台企业合并，有利于推动《反垄断法》在数字平台和平台经济领域的执法。但是，如果仅附加有名无实的限制性条件，将对数据驱动型企业合并交易产生较高的假阴性成本，即头部企业的纵向与横向整合不会面临处罚，即使存在竞争问题，也不会被附加实质性限制条件，这将对数字市场竞争生态产生负面影响，与中央要求强化反垄断和防止资本无序扩张的要求不符。

（一）《承诺草案》不能解决限制竞争效应问题

数字市场更新迭代的技术与商业模式颠覆了传统的工业经济生态，而数字平台网络相互不兼容和开放策略扩大了网络效应的正反馈循环，导致数字平台市场呈现高度竞争与垄断共生的局面，市场结构异化为单寡头竞争性垄断市场，其本身并不会妨碍竞争，且不会因剥离垄断企业而被消除，数字市场的特性决定了竞争性垄断结构的均衡不会消除。[2]《承诺草案》的主要内容仅仅是保持虎牙和斗鱼的相关业务独立，而不对腾讯实施

〔1〕 参见陆峰、张妮、樊会文：《互联网企业并购整合的政策思考》，载《中国科学院院刊》2014年第2期。
〔2〕 参见傅瑜、隋广军、赵子乐：《单寡头竞争性垄断：新型市场结构理论构建：基于互联网平台企业的考察》，载《中国工业经济》2014年第1期。

的上游封锁行为进行限制，也由于上游市场封锁提高了潜在进入壁垒，无法解决腾讯收购整合虎牙、斗鱼交易带来的纵向封锁问题，交易仍将推动游戏直播市场向腾讯集中。

第一，《承诺草案》无法解决或有效减少腾讯对游戏直播平台进行游戏直播许可资源的封锁，最主要的限制性条件是保持虎牙和斗鱼的网络游戏直播业务独立。该措施在单纯的横向合并交易中可能会有效，但是在包含纵向和横向并购的交易中，无法仅通过保持业务独立而解决核心的纵向问题。表面上来看，《承诺草案》在虎牙和斗鱼的游戏直播业务方面提出了业务独立，貌似解决虎牙和斗鱼合并交易带来的单边效应和协同效应，但实际上是绕开了交易中最核心的纵向封锁问题。腾讯除是虎牙和斗鱼的控制股东外，同时还是虎牙和斗鱼所在的游戏直播行业的最重要的上游资源占有者。因此，通过投资虎牙和斗鱼，即使二者暂时保持业务独立，腾讯也仍将有更大的动力增强其利用优势对游戏直播许可资源封锁，支持自有游戏直播平台的发展，扩大其在网络游戏直播服务市场的寡头地位，排除其他竞争对手。

第二，《承诺草案》无法解决或有效减少腾讯对主播资源方面的限制。"在尊重和遵守相关的行业职业道德准则、商业惯例及做法，以及合同法及其相关法律法规的前提下，交易方和集中后实体将尊重游戏主播自由选择直播平台的权利。"但是忽略了在游戏直播市场中游戏主播实际受制于腾讯的情况。鉴于腾讯游戏的市场力量和对主播依赖的 MCN 机构的布局和控制，由于主播开展直播业务需要取得网络游戏直播许可，腾讯通过对其他平台封锁游戏直播许可资源的方式，即可有效地使优质主播遵守腾讯施加的各类限制，实质上剥夺主播选择平台的自由，导致主播很难加入其他平台。

第三，纵向限制的承诺。如果拟议交易同时涉及横向和纵向的救济，需要在剥离横向重叠业务或保持横向重叠业务独立之外，同时针对纵向封锁问题的切实承诺，要求交易方和集中后的实体向下游用户提供产生封锁效应的资源。为了解决腾讯收购和整合虎牙、斗鱼交易带来单边或协同效应，必须考虑到一系列交易中横向与纵向交织的特点。即如果单纯要求虎牙和斗鱼的业务独立，而不对腾讯实施的上游封锁作任何限制，则现有的其他竞争对手将受到资源封锁，变相提高了潜在进入壁垒。相反，开放腾讯游戏直播资源，增加其他游戏直播经营者的竞争活力，降低市场进入壁垒，形成对虎牙和斗鱼的有效竞争约束，缓解交易给网络游戏直播服务市场带来的单边效应和协同效应。因此，打破纵向封锁，保障网络游戏直播许可资源的开放性，是全面抵消合并交易对网络游戏直播服务市场损害的必要手段。

（二）承诺期限和监督安排

行为性救济持续的时间期限和后续的报告监督安排对于保证其有效性至关重要。在横向合并中，附加保持业务独立的限制性条件的目标有两类：其一，为了相关业务或资产剥离，而在一个较短的期限内由受托人监督执行待剥离业务或资产独立运营，同时通过在限定期限内剥离该业务或资产，使市场竞争恢复到竞争性的状态；其二，在不进行业务或资产剥离的情况下，在较长时间内保持业务或资产独立运营，保持市场竞争性状态。[1]在我国合并救济实践中，行为性救济的持续时间平均为5.7年（排除单纯为了资产或业务剥离目的而进行的短期资产分持的案例），以保证该限制性条件能够产生实际约束效果。自2019年以来，网络游戏直播服务市场整体形成了虎牙和斗鱼的寡头竞争局面，市场上其他游戏直播业务竞争者仅剩哔哩哔哩（腾讯持股约为13.3%）、快手（腾讯持股约占20%）、CC直播（网易旗下直播平台）和字节跳动直播产品。而腾讯系的直播平台占据80%~90%的市场份额，市场集中度较高。[2]在此情况下，要通过合并救济恢复市场竞争，则必须给予其他直播平台充足的时间进入市场和发展业务。

（三）虎牙和斗鱼游戏直播的业务独立

第一，管理独立。《承诺草案》提出交易方各自的董事会及高管团队

---

〔1〕　在第一种情形下，保持业务独立的期限可以相对较短，最终目标是在限定期限内尽快将相关业务或资产剥离。但在第二种情况下，需要设定较长的期限使市场竞争格局发生变化，如果期限设定过短，则完全无法给予市场和其他竞争者必要时间以使市场格局产生显著变化，维持竞争性状态。

〔2〕　数据来源于哔哩哔哩、快手等公司的年度财报，数据截止时间是2020年5月。

应按照其各自的商业考量、业务管理模式及市场惯例，相互独立地依市场机制运营其网络游戏直播业务。并且，腾讯、斗鱼和虎牙的游戏直播业务的董事会成员不得相互兼任对方的董事会成员或高管。然而，此草案避开了腾讯的游戏业务版块实际上是虎牙和斗鱼的重要上游资源。腾讯完全可以通过派遣游戏业务版块的人员进入虎牙和斗鱼的董事会或高管团队，从而实现对其核心商业政策和经营策略等敏感信息的交换。第二，财务独立。《承诺草案》提出虎牙与斗鱼的财务团队应独立于腾讯的财务制度及工作模式。但实际没有对腾讯、虎牙和斗鱼施加任何额外的实质性义务。第三，定价独立。《承诺草案》提出在限制期内，虎牙与斗鱼的网络游戏直播业务的定价团队各自独立定价及制定定价策略，保持双方之间的价格竞争。但是，企业运营中价格仅是其中一个维度，在过往的合并救济案例中，除定价独立外，也会附加保持生产独立、采购独立、销售独立、研发独立等义务，保证业务运营真正的独立。网络游戏直播市场提供零价服务，本身没有实体商品，由于零收费和打赏金额的自由化，各方之间并不存在价格层面竞争。[1]第四，防火墙条款。《承诺草案》提出交易方及集中后的实体应当建立防火墙，以避免竞争性敏感信息的交换。但是信息隔离的范围仅限于网络游戏直播业务的人员，避开了腾讯其他与网络游戏直播紧密相关的游戏业务板块。

二、确认新型行为性救济

（一）开放必要数据

数字平台的双边市场特性结合多元供需衍生出数字生态系统，数字平台扮演中介，提供搜索、储存的必要设施，平台竞争的核心已从网络效应扩散到平台收集、分析及利用数据的能力，平台由于多方参与将用户数据一并收集，交叉分析形成规模经济，数据质量和经济效益都远高于单一数

---

[1] 该市场主要在内容多样性、主播特色、营销宣传等非价格维度竞争。然而真正实现业务资源独立至少需要包括：主播、内容资源的独立，采购内容、电竞赛事资源的独立，虎牙、斗鱼、企鹅电竞的用户数据不能互连，营销宣传的独立。

字平台的数据集。[1]数字平台合并后拒绝或中止提供竞争对手使用其拥有或控制的必要设施或以差别交易条件提供给竞争对手。随着数据生产要素在平台经济发展中愈加重要，必要数据是平台进入相关市场和竞争的必须，且市场上没有其他可替代数据可由竞争者或潜在竞争者收集。[2]在 Google Search（Shopping）案中，Google Search 对搜索网页进行特别排序以提高自身购物比价服务流量的行为，大型数字平台作为数字市场流量入口的地位已经无法避免，利用算法技术在用户无法直接感知的前提下操纵市场竞争。但是市场上仍有其他数字平台可作为流量入口，将大型数字平台界定为必要设施存在难度。

　　数字平台拒绝与其他竞争对手开放共享数据，如果平台仅仅是单纯拒绝与竞争对手交易不至于产生限制竞争问题，然而如果拥有必要数据时，当新创平台欲进入相关市场则拥有必要数据的数字平台有协助竞争对手利用数据的义务。但是，数字平台开放必要设施给竞争对手使用的门槛相当高，传统必要设施的使用是竞争且排他的，必要设施持有人开放给竞争对手使用势必降低其投资意愿，[3]由于数据利用通常具有非竞争性与非排他性，新创平台亦可自行收集数据，但是不应完全排除数据成为必要设施的可能性。[4]

　　数字平台通过排他性条款限制竞争对手收集必要数据，拒绝将必要数据提供给竞争对手。[5]理论上，在市场上有竞争优势的数字平台并没有协助其他平台参与竞争的义务，只有在数据是特定服务、不可或缺，而当拒绝开放数据将导致竞争对手难以参与竞争时，有必要讨论是否强制数字平

　　〔1〕　参见［英］马丁·摩尔、达米安·坦比尼编著：《巨头：失控的互联网企业》，魏瑞莉、倪金丹译，浙江大学出版社 2020 年版，第 39 页。

　　〔2〕　Zachary Abrahamson，"Essential Data"，Yale Law Journal，Vol. 124，No. 3（2014）.

　　〔3〕　Lipsky，Abbott B. Jr.，and J. Gregory Sidak，"Essential Facilities"，Stanford Law Review，Vol. 51，No. 5（1999）.

　　〔4〕　Autorité de la concurrence & Bundeskartellamt（2019）. "Algorithms and Competition"，November 2019.

　　〔5〕　比如，微信拒绝飞书的会议链接，腾讯并未给出合理的理由或提供明显的证据证明其行为在推动创新或者提升消费者福利上带来积极作用。在国内平台竞争案例中，通过技术端口的流量拒绝交易，阻碍了对天猫、虾米、快手、字节跳动、飞书等公司产品的数据开放和共享，影响了数据作为生产要素的评价贡献，凸显了平台经济时代流量竞争的法律风险。

台开放必要数据。即使拒绝开放数据行为会限制竞争，对占据市场地位的数字平台操纵必要设施的行为，强制让其开放数据义务对创新活动也可能产生不利影响。[1]该数据对经营者参与市场竞争不可或缺，但因为技术上、法律上或经济上的障碍导致市场上缺乏其他可以替代的数据，或收集上存在困难，此时数字平台有开放必要数据的义务。[2]必要设施原则开放生产要素的本质与数据共享机理高度一致。随着数据生产要素的重要性日益凸显，必要设施原则将重新登上历史舞台。[3]

（二）数据携带性

欧盟《一般数据保护条例》（GDPR）确立了数据携带权，赋予用户自主获取与转移数据的权利，但是需要根据在不同场景中赋予用户不同程度的数据携带权，[4]以此降低用户使用不同平台的转换成本，抵消平台市场力量产生的网络效应，促进数字平台基于不同的商业模式竞争。换言之，以数据可携带性激发学习效应，通过自身平台整合网络效应，创新对未来市场产生竞争效益。[5]赋予企业有限可携权，强制数据互操作性，将数据格式标准化以提高平台兼容性。[6]数字平台围绕自身构建的生态系统投资并购，创设标准和互操作性，数据可携带性，条款、定价和条件的透明度等新型行为性救济，解决数字平台限制竞争的问题。根据数据全生命周期的价值衍化，建立基于"动态兼容性权益"的数据共享构造。[7]

---

〔1〕 Frischmann, Brett, and Spencer Weber Waller, "Revitalizing Essential Facilities.", Antitrust Law Journal, Vol. 75, No. 1（2008）.

〔2〕 Pitofsky, Robert, et al, "The Essential Facilities Doctrine under U. S. Antitrust Law", Antitrust Law Journal, Vol. 70, No. 2（2002）.

〔3〕 参见牛喜堃：《数据垄断的反垄断法规制》，载《经济法论丛》2018年第2期。

〔4〕 参见丁晓东：《论数据携带权的属性、影响与中国应用》，载《法商研究》2020年第1期。

〔5〕 The Autorité de la concurrence's contribution to the debate on competition policy and digital challenges, 19 February, 2020.

〔6〕 参见曾彩霞、朱雪忠：《欧盟数据可携权在规制数据垄断中的作用、局限及其启示——以数据准入为研究进路》，载《德国研究》2020年第1期。

〔7〕 参见陈兵、顾丹丹：《数字经济下数据共享理路的反思与再造——以数据类型化考察为视角》，载《上海财经大学学报》2020年第2期。

以开放和互操作的技术标准作为竞争促进工具，在数字市场的应用层和网络层上发挥作用。用户通过支付广告和注意力作为获取免费服务的对价，当进行个性化但与其他数据匹配时，数据可携带对数字平台竞争将变得非常有价值。然而，用户缺乏能力将其个人数据积累转换到竞争性的数字平台，数据所有权和可移植性将要求数字平台之间具有可互操作的 API 标准。强化数字平台透明性与公平性，大型数字平台凭借市场力量设置算法参数操控用户的信息，需要平衡平台业务的发展与创新，揭露/明示重要的规则和交易条件，针对数字平台透明度与公平性建立新标准，提供明确易懂并具备可预测性的条款、终止服务事前说明义务、差别待遇披露、数据接入与共享的披露、构建争端解决机制等。[1]竞争评估重视价格，这对用户能否比较价格并转换至关重要，如果价格并非市场竞争的要素，那么应当提高数字平台的透明度，因为用户关注商品质量，但是数字平台要求利用不透明的条款收集用户数据以此投放定向广告，但实际损害了非价格竞争。

三、完善行为性救济制度及适用

（一）行为性救济的复审

选择适用合并救济的逻辑前提在于，企业合并所处的个案市场环境不会发生显著变化，从而按照合并评估时的市场竞争状况制定的救济措施可以在未来实现救济目的。[2]但是执法机关很难预测未来市场环境，尤其是适用期限较长的行为性救济亦是如此，这会导致合并救济不适宜或不必要地继续适用，执法机关需要定期或者不定期地重新评估行为性救济的必要性，以此适应市场竞争的动态变化。这是行为性救济的优势。[3]复审条款特有的优势在与其他传统的权利救济制度的区别中凸显出来。复审条款是嵌入在合并救济实施过程中，审查决定生效并处于实际执行阶段，审查救

---

〔1〕　ACCC Digital Platforms Inquiry Final Report, 26 July 2019.

〔2〕　参见李俊峰：《论经营者集中救济措施的矫正》，载《竞争政策研究》2016 年第 1 期。

〔3〕　参见刘武朝：《经营者集中附加限制性条件制度研究——类型、选择及实施》，中国法制出版社 2014 年版，第 217 页。

济措施依据的客观环境发生了持续性的变动，继续适用原决定将可能偏离救济目的。[1]为了应对市场变化导致救济适用中的不确定性，通过变更、撤销等方式可以更好地实现救济目的。行为性救济往往需要持续较长的时间，相关市场内的环境很有可能会发生实质性变化，需要复审条款以灵活应对行为性救济较长履行时间所产生的不确定性。[2]开展对合并救济的复审可以评估之前适用的分析框架，尽管限制竞争效果通常是由不确定性事件造成的，然而执法机关通常利用价格中心型分析框架进行合并评估进而作出决定，复审能够展现价格与非价格竞争的变动情况，以及实际市场行为与预测行为是否一致。[3]合并救济复审则属于事后跟踪机制，对过往适用救济措施的案例进行回访调查，采取更加宽泛的视野，不限于合并的价格效果，降低假阴性错误风险，评估假阳性错误的风险和成本。复审数据驱动型企业合并，分析其是否提升了数字平台市场力量，合并是否造成非价格竞争损害，数字平台通过隐瞒质量下降和隐私保护降低等方式行使市场力量的程度。

（二）完善争议仲裁条款

当执法机关实行行为性救济时，其同时也需要承担合并后监督当事人的义务，为了降低事后执法与监督成本，执法机关要求当事人在救济协议中增列仲裁条款，由当事人与利害关系人协商解决行为性救济的相关争议，以此提供给市场经营者一项自我纠纷解决机制。合并方承诺，当利害关系人对合并方履行行为性救济出现争议时，将接受利害关系人有关该争议的仲裁申请，启动仲裁程序。[4]之所以排除结构性救济的争议仲裁，源于其实施期限大多在六个月以内即完成，并且拥有诸多实施保障机制，类

---

〔1〕 Kwoka, John E. Jr, "Does Merger Control Work: A Retrospective on U. S. Enforcement Actions and Merger Outcomes", Antitrust Law Journal, Vol. 78, No. 3 (2013).

〔2〕 参见韩伟：《企业合并反垄断审查中的行为救济》，载《东方法学》2013 年第 5 期。

〔3〕 参见［美］莫里斯·E. 斯图克、艾伦·P. 格鲁内斯：《大数据与竞争政策》，兰磊译，法律出版社 2019 年版，第 370 页。

〔4〕 参见王李乐：《再论经营者集中附行为性条件争议仲裁的适用》，载《河北法学》2015 年第 2 期。

似于先行修正、买家前置及皇冠宝石等条款更加速了资产剥离进程，借助仲裁解决处理剥离过程中的纠纷反而拖延了结构性救济的实施。相反，行为性救济普遍不确定，导致在过长的实施期限中容易产生纠纷。行为性救济主要建立在合并方与利害关系人之间，更容易引发争议，从而影响行为性救济的实施与监督。

欧盟《合并救济通知》规定，鉴于行为性救济实施期限较长及其复杂性，应建立有效的争端解决机制，以便使承诺有效执行。[1]《合并救济指南》也明确了仲裁条款在行为性救济争议中的适用。[2]但是，对行为性救济争议进行仲裁依然会与传统的仲裁程序相冲突，反垄断执法机关为了确保行为性救济的执行，会参与仲裁程序，仲裁机关也会尊重考虑反垄断执法机关的意见与建议，由此便失去了仲裁的独立性。[3]另外，仲裁的保密性也受到了挑战。传统上，仲裁机关对当事人之间的商业秘密进行保密，但在行为性救济仲裁案中，由于案件涉及第三人、社会公共利益的实现，需要对仲裁的过程及结果进行公示。

因此，如果将行为性救济争议纳入仲裁程序，反垄断执法机关与仲裁机关之间需加强合作。反垄断执法机关有权参与仲裁的各个环节，同时，应向仲裁机关提供必要协助，如对某些问题进行解释。提供资料信息的支持，必要时监督受托人亦可参与仲裁过程。另外，仲裁机关应及时将争议仲裁案件的进程及结果通知反垄断执法机关，目的在于快速解决争议，将时间与精力置于行为性救济的实施中，而非反复地进行仲裁。最后，反垄断执法机关在进行合并审查时应注意防范当事人策略性地利用仲裁条款，[4]以附加行为性救济的方式通过合并审查，避免合并被禁止或严厉的结构性救济。

---

〔1〕　Commission Notice on remedies acceptable under the Council Regulation（EC）No. 139/2004 and under Commission Regulation（EC）No. 802/2004（2008）.

〔2〕　Antitrust Division Policy Guide to Merger Remedies（2011）.

〔3〕　参见刘武朝：《论经营者集中附限制性条件执行争议的仲裁适用》，载《河北法学》2013年第10期。

〔4〕　参见王李乐：《再论经营者集中附行为性条件争议仲裁的适用》，载《河北法学》2015年第2期。

　　此外，行为性救济的设计需要评估损害理论与救济措施之间的关系，具体的救济措施需要针对限制竞争效果和行为作出，引入市场主体参与测试，以此增强行为性救济的针对性和有效性。[1]价格作为传统工业经济的关键竞争要素，而在平台经济中数据、创新演变为竞争关键因素，资产剥离通常不可行，开放必要设施、非歧视、透明化等行为性救济比结构性救济更适合快速变化的市场，不同行业、不同竞争因素匹配不同救济措施，有效规避行为性救济的固有缺陷，进而降低行为性救济的监管成本。目前，企业合并审查体制呈现全球平行化，[2]如果合并达到了当地规定的申报标准，均需要进行申报，而一项大规模的合并可能同时需要向多个国家进行申报，[3]尤其是在适用救济的案件中，需要同时关注其他反垄断司法辖区的决定。[4]

---

　　〔1〕　参见叶军：《经营者集中反垄断控制限制性条件的比较分析和选择适用》，载《中外法学》2019 年第 4 期。

　　〔2〕　参见李俊峰：《全球平行审查背景下的中国经营者集中救济》，载《当代法学》2015 年第 2 期。

　　〔3〕　参见白艳：《美国反托拉斯法/欧盟竞争法平行论：理论与实践》，法律出版社 2010 年版，第 348 页。

　　〔4〕　比如，在 Thomson Corporation/Reuters Group PLC 案中，双方合并导致的数据集中，形成市场进入壁垒。数字平台由于具备跨国性，其同时在美国和欧盟进行合并审查，即使数据构成进入壁垒，通过附加行为性条件批准合并可以抵消市场竞争损害。而美国司法部反托拉斯局和欧盟提出的限制性条件内容类似与 EC 要求数字平台承诺的内容类似，强制开放市场进入与竞争的必要数据，防止因进入壁垒过高阻碍市场有效竞争。

第六章

监控资本主义下
反垄断法的新时代

回顾竞争法的发展历史，科技巨头与既往资本主义下的石油和金融等企业的区别在于人民的权利意识。科技巨头利用数据分析、预测、控制用户，监控资本主义时代正处于反垄断法的弱执法期，致使市场被科技巨头控制。监控资本主义与资本主义大相径庭，从第一次工业革命开始发展出资本主义理论与竞争观。亚当·斯密发现市场会自然朝向单一或少数企业垄断；马克思提出，资本家不断累积资本，持续投资的循环，少数资本家垄断市场；进入第二次工业革命，美国率先通过第一部反垄断法，哈佛学派奉行结构—行为—绩效范式，布兰迪斯大法官认为完全自由的市场终将走向垄断。1970 年之后，芝加哥学派主张的消费者利益标准，型塑了美国反垄断法消极的态度。在第三次工业革命诞生出的数字资本主义，科技巨头成为全球市值前五的大企业，[1]数据资本的经济特性在网络效应、学习效应与规模经济的作用下，将人类推向监控资本主义。当今，反垄断执法是控制科技巨头垄断的有效手段，但在芝加哥学派的影响下，新布兰迪斯学派作为反垄断法重构的倡议者，表现出监控资本主义的变革。新布兰迪斯学派取得了政治决策的话语权，批评芝加哥学派过时，监控资本主义下蜕变中的反垄断法应强化政府干预强度、维持市场竞争，扭转芝加哥学派对科技巨头的放任。

第一节　监控资本主义时代的来临

资本主义的发展历史表明，伴随着每次工业革命与科技进步，促进了商业模式的变革与资本累积逻辑的创新。数据资本的经济特性在网络效应、学习效应与规模经济的作用下，用户免费提供数据以换取零价服务，

---

〔1〕 参见蓝江：《一般数据、虚体、数字资本——数字资本主义的三重逻辑》，载《哲学研究》2018 年第 3 期。

成了科技巨头的盈利工具，监控资本主义走上历史舞台。[1]科技巨头以创新的商业模式提供免费服务，但用户权利却在发展中日益式微。在监控资本主义下，数据成为监控资本家的生产要素。自由放任导致数字市场充斥各种服务，科技巨头形成了生态系统，构成了当代资本主义的核心。未来世界万物相连，第四次工业革命将监控资本主义植根在社会中，推翻了历来资本主义的社会基础，人类的思维与价值观不断潜移默化，也在无形中培育了监控资本主义。

一、谢尔曼法的目的：从布兰迪斯到博克

谢尔曼法模糊的语言，导致在适用上呈现出了不同的执法范式。在芝加哥学派出现之前，反垄断执法的标准，虽因客观背景、经济形势和执政理念有所变化，但整体上是布兰迪斯大法官反对经济集中的观点。

结构主义对企业集中的担忧，依靠本身违法原则来简化证明，将市场力量与市场份额、市场集中度联系起来。尽管反垄断法以限制竞争行为作为损害赔偿的条件，但法院却依赖市场结构来评估行为的竞争后果。结构主义时代的代表性案件包括，美孚石油案（1940 年），将价格固定作为本身违法行为；美国铝业案（1945 年），通过市场地位判定垄断行为和主观意图；布朗鞋案（1962 年），严格审查横向和纵向合并，防止初期的竞争损害；费城银行案（1963 年），对超过集中度的横向合并确立了强有力的推定；20 世纪中期，将搭售、联合抵制和纵向品牌内非价格垄断协议视为非法。

如果将结构主义时期的反垄断法解释成布兰迪斯大法官的胜利，30 年后，芝加哥学派夺取了这一胜利。[2]新布兰迪斯学派和芝加哥学派都将反垄断视为布兰迪斯和博克之间的竞争，争论的焦点为竞争政策应该倾斜向于消费者还是大企业。

随着博克、波斯纳和斯蒂格勒等芝加哥学派学者的倡议，美国最高法

---

〔1〕 参见 ［美］约翰·B. 福斯特等：《监控式资本主义：垄断金融资本、军工复合体和数字时代》，载《国外社会科学》2015 年第 1 期。

〔2〕 参见沈伟伟：《迈入"新镀金时代"：美国反垄断的三次浪潮及对中国的启示》，载《探索与争鸣》2021 年第 9 期。

院对相关理论的肯定，反垄断法进入了以效率为主的时代。以司法自制的理念包装简明的标准，相对于多元目的反垄断会增加执行上的不确定性，实务上更愿意使用其理论。具有里程碑意义的案件有，Brunswick 案（1977年），规定了反垄断损害的要求；GTE Sylvania（1977年），放弃了对纵向品牌内非价格限制的禁令，转而支持合理原则；BMI 案（1979年），价格固定行为摆脱本身违法原则的限制；Matsushita 案（1986年），法院不应根据间接证据推断竞争对手之间的协议；Baker Hughes 案（1990年），对竞争效应进行经济分析；Trinko 案（2004年），限缩了反垄断法适用于拒绝交易的方式。一场由芝加哥学派推动、博克领导的知识革命，导致了各个行业的市场高度集中，不断增长的市场力量扭曲了财富分配。芝加哥学派的反垄断法显然不能自我矫正市场力量，执法机关也没有认识到日益增长的市场力量。在经济增长放缓的背景下，反垄断就变得十分空洞，将经济收益分配给大企业，而不是共同富裕，因此，监管越来越难以维护。

新布兰迪斯学派与布兰迪斯大法官的早期思想一脉相承，希望恢复20世纪中期的反垄断法，现在翻开反垄断的一页是有益的。2021年，美国总统任命了3名新布兰迪斯学派的学者[1]负责竞争政策，标志着反垄断改革取得了显著成绩。

二、反垄断运动的知识框架：经济集中影响民主自由

新布兰迪斯学派关注经济集中导致的政治后果，强调反垄断与民主制度的联系，科技巨头损害的不只是市场竞争，还包括许多与竞争行为无关的因素。新布兰迪斯学派通过规制产业集中来维护民主自由，除对民主的威胁外，市场力量集中导致经济损害，将财富从工人阶级和中产阶级转移到顶端。政治和经济上的弊端在反垄断哲学中存在意识形态基础，当前许多社会问题源于日益集中的市场。[2]

---

〔1〕　美国司法部反垄断事务负责人的乔纳森·坎特、美国联邦贸易委员会主席的莉娜·美国汗和白宫国家经济委员会的吴修铭。

〔2〕　Daniel A. Crane, "Antitrust as an Instrument of Democracy", Duke Law Journal Online, Volume 72 October 2022.

反垄断运动对将经济监管描述为在拆分和自由放任之间进行选择。布兰迪斯大法官认为，反垄断的核心理念在于维护一个与民主兼容的经济体制，反垄断必须反对经济集中，促进经济民主。然而，里根对反垄断理论的修改，允许大企业主导市场，将资本从民主社会的束缚中解放出来。[1]

面对科技巨头垄断，新布兰迪斯学派认为，执法机关的自由放任服务了大企业，而不是社会整体利益，批评芝加哥学派过于狭隘的效率标准，主张改变路线来促进社会利益，反垄断是构建民主社会的关键工具和哲学基础。[2]

新布兰迪斯学派将现在的产业集中与20世纪初相比，反垄断对经济集中的政治影响是重要的因素。经济集中对民主体制的威胁，反垄断法成为最后的制衡手段。当企业规模不断扩大，越过规模经济后即会形成规模不经济，经济集中更易受国家管控。新布兰迪斯学派对大企业的警醒，来自经济集中而非其绝对规模，经济集中将影响政治、社会和经济结构，而不只是市场运作和经济效率。

社会结构变迁是推动法制转型的内生动力，反垄断可以带来经济利益[3]和政治利益。[4]除引发对经济效率的担忧外，经济集中加剧了收入不平等，进而威胁民主。芝加哥学派将反垄断基础仅建立于经济学之上，显然过于狭窄，需要引入更为宽泛的社会基础，同时考虑消费者利益。欧美平台法案对数字平台的界定，均采用以用户数量或营业额为基础的绝对标准，不再依赖于抽象而复杂的经济分析，反映了舍弃芝加哥学派理论的迹象。在保护对象上，将多元主体包括在内，朝着建立更广泛的利益主体和社会基础方向努力。

---

〔1〕 Jonathan B. Baker, "finding common ground among antitrust reformers", Antitrust Law Journal, Vol. 84, No. 3（2022）.

〔2〕 参见〔英〕马丁·摩尔、达米安·坦比尼编著：《巨头：失控的互联网企业》，魏瑞莉、倪金丹译，浙江大学出版社2020年版，第113页。

〔3〕 Lina Khan, The New Brandeis Movement: America's Antimonopoly Debate, 9 J. Eur. Competition L. & Prac. 131, 131（2018）.

〔4〕 Tim Wu, The Curse of Bigness: Antitrust in the New Gilded Age 23（2018）; Lina M. Khan, The End of Antitrust History Revisited, 133 Harv. L. Rev.（2020）.

第二节 从数字资本主义到监控资本主义

从数字资本主义走向监控资本主义，科技巨头的市场力量并非一蹴而就，而是在多种因素中构建出的生态系统，数字产业成为各国竞争的利益。美国在芝加哥学派的影响下造就 GAFA 在全球蔚为流行，资本主义发迹的欧洲却在此时决定对抗平台垄断。许多针对芝加哥学派的批评也因监控资本主义而起。监控资本主义席卷 21 世纪，以新布兰迪斯学派为首的反垄断改革风起云涌。

一、监控资本主义的立论基础

监控资本主义，将监控作为投资转换为利润的机制。作为一种新型交易，用户行为被转换为数据，转换成价值行为剩余，用来提升算法技术并发展预测产品，分析用户的行为模式，形成未来行为市场，科技巨头通过交易用户未来行为的预测作为商业模式，实现其快速发展。数字资本主义在自由放任的趋势下，逐渐走向监控资本主义，科技巨头垄断在现行反垄断法下只能分析传统的竞争损害，忽略了监控资本主义带来的挑战。许多针对芝加哥学派的批评也因监控资本主义而起。

当然，反垄断也并非意味大就是不好的，特殊行业自然会倾向于垄断，尤其在数字市场。政府并非要拆分，而是设计一个公共规制范式，防止科技巨头滥用市场力量。在监控资本主义下，许多垄断行为，实际上是垄断用户数据，对于用户而言，因其不具有货币价格，不用付费，只将其当作企业收集数据的机会。新布兰迪斯学派从根本上挑战了芝加哥学派。其一在于垄断着重分析竞争的结构与过程而非结果，消费者利益目标重在特定市场结果，过度放大了效率的影响而忽视了市场力量导致的损害。其二对垄断的认知不同：新布兰迪斯学派相信只有政府干预可以保证市场不会被私人控制。

反垄断法不断适应经济变化，当它适应了新的商业惯例，政治制度开始接受变化时，将导致两个转变的发生。芝加哥学派受到了后芝加哥学派的经济批判和新布兰迪斯学派的政治批判。美国政府认识到了改革的必要性，决定重构反垄断规则。[1]

二、规制目的：从效率结果转向竞争过程

不同的时代思潮演化成不同的反垄断法目的，反垄断法本身使用了诸多不确定的法律概念，立法目的就成为执法标准和利益衡量的依据。[2]然而，多元立法目的的主从轻重关系存在争议。[3]相对于芝加哥学派以效率为目标，不同观点逐渐凝聚。新布兰迪斯学派，在批评芝加哥学派的理论主张与分析方法的同时，提出回归谢尔曼法的立法初衷。然而，如何将非效率因素嵌入反垄断法目标中，新布兰迪斯学派重视竞争过程本质，不同于芝加哥学派专注于竞争结果。[4]

通过规制科技巨头，确保市场竞争过程，新布兰迪斯学派将竞争过程作为立法目标。结果导向型的效率目标与以行为导向的法律规制产生巨大冲突。博克对谢尔曼法的解读，背离了反垄断法保障民主和经济自由的目标。新布兰迪斯学派表面上是对科技巨头的担忧，实质上是对芝加哥学派唯效率论的反思。芝加哥学派认为，经济工具通过执行单一目标，提高了反垄断执法的确定性。但实际上并非如此，推定行为合法，由原告负举证责任，反而形成了多数被告胜诉的稳定结果。效率标准对损害竞争者的行为视而不见，仅要求市场结果并非不利于消费者，对多数行为采用合理原则审查，从而使法院过度分析短期价格效果，而未能分析长期非价格因素。

相对于结构学派，针对市场结构影响行为和绩效，新布兰迪斯学派主张重塑反垄断法的目的和执法标准，保护市场结构与过程，就是反垄断法的目的；损害竞争结构与过程的行为，就是损害竞争。最直接改变市场结

---

[1]　Lina Khan, The End of Antitrust History Revisited, 133 Harvard Law Review 1655 (2020).

[2]　Maurice E. Stucke,"Reconsidering Antitrust's Goals", Boston College Law Review, Vol. 53, No. 2 (2012).

[3]　孟雁北：《数字经济时代反垄断法"反什么"——以〈反垄断法〉立法目标切入》，载《探索与争鸣》2022 年第 7 期。

[4]　Marshall Steinbaum, Maurice E. Stucke, "The Effective Competition Standard：A New Standard for Antitrust", The University of Chicago Law Review, Vol. 87, No. 2 (2020).

构的行为就是结构性救济，亦称为新结构学派。

　　通过将反垄断法的目标重新转移到结构与过程之上，并非要完全回归到传统的结构—行为—绩效范式，而是，如果在评估竞争时缺乏对结构的理解，分析结果将是不全面的。竞争最好的守护就是竞争过程，分析市场结构与竞争过程可以更好地理解竞争。培育竞争过程也减少了政府干预，关注过程要求政府创造良好的市场环境，而不是直接干预市场。当价格中心型分析框架不足以分析市场动态竞争时，分析结构与竞争过程就十分重要，保证分析框架适用于分析数字市场竞争。

三、损害理论：从价格中心到结构与过程

　　芝加哥学派在数字市场存在两个理论困境：一是价格中心型分析框架将竞争等同于消费者利益，没能把握住科技巨头的市场力量结构。针对产业结构的调查主要依赖价格与产出等标准，[1]价格成了衡量竞争的准则，竞争损害就是证明消费者利益受到了损失，如果依然借助价格和产出评估竞争，就很难分析出科技巨头造成的竞争损害。科技巨头采取不会直接导致短期价格或产出效应的手段行使市场力量而损害竞争，反映出反垄断法未能跟上数字经济的步伐。[2]即使保护消费者利益是优先目标，现行框架也没有完成任务，高度集中的市场结构损害了长期利益。数字市场的特性不是单向的因果公式，而是取决于权重不同而对市场产生不同影响。消费者利益包含产品质量、多样性与产品革新，[3]多元利益的基础是所有权与控制权的分散，最终还是结构问题，最好的办法就是竞争过程与开

---

　　〔1〕　远离结构主义是 20 世纪反垄断法最显著的变化。价格分析取代了基于结构的竞争观，体现于反垄断准则与实施过程。结构主义向价格理论的转向对反垄断分析导致以下情况：进入壁垒的范围因此变窄，在位者因规模经济、资本需求和产品差异化享有的优势并不构成进入壁垒。

　　〔2〕　促进竞争的措施更容易在市场变得缺乏竞争之际，而非市场已经缺乏竞争之后发挥作用。新布兰迪斯学派要求执法者在初期就停止对竞争施加潜在限制。但芝加哥学派对市场力量与高集中度的态度共同反映与创造了效率的笃信削弱了执法力度。执法者已经抛弃了评估企业如何聚集与行使市场力量。

　　〔3〕　Denicolò Vincenzo and Polo Michele，"The Innovation Theory of Harm：an Appraisal"，Antitrust Law Journal，Vol. 82，No. 3（2019）.

放市场。

二是相信市场的自我矫正功能。[1]尽管平台经济领域的反垄断问题频发，芝加哥学派的自由放任主义拒绝干预，认为大型企业会受到潜在竞争的威胁，无法采取超额利润的定价；即使短期内存在进入壁垒，长期亦将自我修正为充分竞争的配置，政府如果干预错误则无法修正，造成市场机制的不当限制，反而创造市场力量。芝加哥学派对市场的误信导致法院提高了原告的举证责任，与谢尔曼法及克莱顿法的精神相左。因此，包容审慎理念为平台实现"赢者通吃"的局面埋下了隐患，最终导致科技巨头衍生出资本绑架与无力监管的困局。[2]

在科技巨头的免费端围绕非价格因素进行竞争；在付费端围绕数据收集展开竞争，数据可在不同市场作为关键生产要素。如果非价格因素主观且难以量化，后续评估也将出现偏差。由于无法根据价格评估需求弹性，执法机关可根据质量降低、种类减少、创新减少等非价格因素评估用户需求。[3]数字经济时代，识别促进竞争和限制竞争行为越来越困难，在限制竞争行为排除竞争者的同时，其也会带来效率，这正是芝加哥学派的法理基础。但在数字资本主义时代，数字资本主义就是依靠数据生产要素实现盈利的新型政经体系。[4]科技巨头提供的零价服务，在价格中心型分析框架下，限制竞争行为需要具有反竞争效果，但零价已无法衡量反竞争效果，也难以证明对消费者的损害。科技巨头仍有持续的创新、优化质量、研发投资，在难以证明竞争者会带来创新的情况下，很难证明科技巨头造成限制竞争效果，致使平台垄断市场的情形根深蒂固。

〔1〕 LinaM. Khan, "Amazon's Antitrust Paradox", Yale Law Journal, Vol. 126, No. 3 (2017).

〔2〕 参见肖红军、阳镇、商慧辰：《平台监管的多重困境与范式转型》，载《中国人民大学学报》2022年第4期。

〔3〕 Maureen K. Ohlhausen, Alexander P. Okuliar, "Competition, Consumer Protection, and the Right (Approach) to Privacy", Antitrust Law Journal, Vol. 80, No. 1 (2015).

〔4〕 参见孟飞、程榕：《如何理解数字劳动、数字剥削、数字资本？——当代数字资本主义的马克思主义政治经济学批判》，载《教学与研究》2021年第1期。

四、法律责任：从行为主义回归结构主义

新布兰迪斯学派认为可以采用多种手段遏制垄断。自芝加哥学派占据反垄断法的主流地位以后，属于结构主义的拆分措施远离于实践领域。此次数字平台立法，欧盟《数字市场法》和美国《终止平台垄断法案》均涉及拆分责任。[1]在美国联邦贸易委员会对 Facebook 的诉讼中，主张剥离或重建业务，并明确将 Instagram 和 WhatsApp 作为恢复社交市场竞争的目标。该行业本身具有很高的进入壁垒，使新进入者难以竞争，这就是当竞争威胁出现时，收购竞争对手比试图竞争更容易，这是拆分 Facebook 的核心。无论立法还是司法实践，均反映出拆分责任在科技巨头垄断的回归趋势。拆分作为维持竞争性市场结构的重要手段，科技巨头建立起庞大的生态系统，扮演着多个数字服务入口的"守门人"角色。由科技巨头形成的垄断性市场结构，通常存在两条规制路径：反垄断执法或管制方式。从平台公共性出发，提出以反垄断规制为主、行业监管则起补充作用的规制方案，[2]将科技巨头作为新型公用事业进行管制，[3]对科技巨头的中介性业务和商业性业务进行结构性分离[4]已被提上日程。

科技巨头通过牺牲利润追求增长，跨行业整合建立起市场力量，产业日益向巨头集中，希望通过反垄断法来规制数字市场，防止形成市场支配地位。或通过管制，以公用事业管制的形式实施，既让企业能够以低成本获得资金，引入科技系统，又让社会承担建设与运营中央系统的成本，从而保护消费者免受自然垄断的损害。

相对于消费者利益标准以竞争行为的效果判断，新布兰迪斯学派的有效竞争标准，提出违法推定的做法，可窥见竞争法改革回到规则的倾向。

---

〔1〕 欧盟《数字市场法》第 16 条规定，在"守门人"企业出现系统性不合规行为的情况下，可以考虑采取结构性救济措施的救济方式，如拆分企业或剥离相关业务。美国《终止平台垄断法案》的立法目的在于解决平台自营业务和企业用户业务产生的利益冲突问题，要求符合条件的平台剥离自有品牌、产品和业务。

〔2〕 参见张晨颖：《公共性视角下的互联网平台反垄断规制》，载《法学研究》2021 年第 4 期。

〔3〕 参见高薇：《平台监管的新公用事业理论》，载《法学研究》2021 年第 3 期。

〔4〕 Lina M. Khan. The Separation of Platforms and Commerce, 119 Colum. L. Rev. 973 (2019).

限制竞争行为如果损害竞争者利益，不能以消费者利益而合理化，将反垄断的保护对象扩及经济结构。利用结构性救济应对科技巨头垄断。

因此，新布兰迪斯学派呼吁采取反垄断执法行动，应对科技巨头竞争问题，强调从事后竞争评估和救济转向严格的事前监管。数字平台纵向合并的预防性限制；事前公共承运人或公用事业管制，将科技巨头的行为视为公用事业，设立平台监管机构来制定事前行为规则。可以在消费者福利标准的现有框架内使用现有权力，确保科技巨头向竞争者开放，将注意力集中在颠覆性技术创新的范围和动态的消费者投资收益上。反垄断执法需要以两种方式进行改变，将分析重点从价格转向投资和创新，对平台市场生态系统进行评估。颠覆性的技术变革是否有可能驱逐占主导地位的现有企业，因为这显然是科技巨头的主要竞争动态，具有卓越技术或服务的进入者能否在可行的最小规模上克服进入壁垒？预测未来的技术较困难，但可以确定既有的行为，证明技术竞争动态压力，或表明试图减少这种压力。考虑企业在创新方面的支出，在动态竞争环境中，关注平台及其直接竞争对手进行投资和创新的动机，考虑将上游市场和邻近市场纳入不同用户群体的交叉补贴结构。反垄断执法机关在消费者福利框架内运用其现有权力，处理平台竞争问题。尽管这需要放弃标准工具包，逐案分析平台的创新动机，证明持续创新作为战略选择变量的重要性。每个平台都围绕自身构建的生态系统进行投资和创新。事后执法不足以解决科技巨头使用的技术问题，以最大限度地减小破坏性竞争的威胁。

第三节　监控资本主义时代的竞争观

新布兰迪斯学派主张以确定性的规则为基础具有诱惑力，也同样存在问题，数字经济反垄断争论背后的自由主义与干预主义之争仍将持续。[1]新布兰迪斯学派对激活数字市场的各项议题发挥了积极作用，但是在目标

---

〔1〕　参见吴汉洪、王申：《数字经济的反垄断：近期美国反垄断领域争论的启示》，载《教学与研究》2020 年第 2 期。

和方法上都无法有效指导反垄断法的实施。[1]

一、结构性推定的不足

（一）结构性推定对市场界定的依赖

比如，在合并案件中，当合并导致市场集中度显著增加时，就利用结构性推定的方法，理论基础就是从市场份额到假定的反竞争效应的映射。[2]市场份额高，表示达到一定程度的市场份额，就会触发结构性推定，不需要证明价格上涨，将禁止合并。当市场份额低的，价格上涨被认为也是低的，合并将被批准。[3]

在反垄断案件中都必须界定相关市场。如图 6-1 所示，两组同心圆：第一行，外圈是实线，内圈是虚线，表明宽的市场界定，右箭头指向一个表示份额低的框，第二行与之相反。但是，市场的宽窄由市场界定过程决定，这是结构性推定的核心。[4]宽窄箭头表示市场界定的结果，进而决定是否触发结构性推定。但是无论如何界定市场，都需要根据相关信息作出判断。结构性推定在于，反竞争效应是推定出来的，而不是根据案件信息来证明。然而，只有当对合并提出质疑的一方在市场界定上获胜，并且该决定需要证明反竞争效应时，才会触发结构性推定。

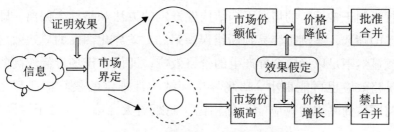

图 6-1　结构性推定的触发过程

---

〔1〕 参见江山：《美国数字市场反垄断监管的方法与观念反思》，载《国际经济评论》2021年第 6 期。

〔2〕 Louis Kaplow, "Why (ever) Define Markets", Harvard Law Review, Vol. 124, No. 2 (2010).

〔3〕 David Glasner & Sean P. Sullivan, The Logic of Market Definition, 83 Antitrust L. J. (2020).

〔4〕 Louis Kaplow, "On The Relevance of Market Power", Harvard Law Review, Vol. 130, No. 5 (2017).

假设并不等同于已经证明的影响，一些关键信息在结构性推定过程中被省略，导致结果更差。如果相关市场不是根据其对反竞争效应推断的影响来选择，那么结构性推定本身是荒谬的，要么与假设相矛盾，要么基于反竞争效应以外的因素。结构性推定建立在市场界定的基础之上，但无论如何界定，结构性推定都是毫无意义的。因此，市场界定应该选择更好的那个，[1]根据信息预测反竞争效应，以便根据该预测来选择市场界定。市场界定过程不可避免地舍弃信息。在将其输入（与反竞争效应有关的信息）转化为输出（市场界定）时，通常会降低对反竞争效应的最佳预测。信息损失意味着，有时会批准模型表明是限制竞争的合并（尽管有显著的反竞争效应，但是选择了宽的市场），有时会禁止模型表明是良性的合并（尽管没有显著的反竞争效应，但是选择了窄的市场）。[2]

（二）结构性推定与反竞争效应不匹配

市场界定过程的不连贯表明，结构性推定无法提供反竞争效应的有效指示。在合并分析中使用市场份额，从一开始就本末倒置了。核心问题不是市场界定，由于受时间、资源和预测合并效果的方法限制，一些简化是不可避免的，但是市场份额只能作为合并分析的副产品。

第一，同质商品的单边效应。市场重新界定带来无用的 HHIs 和 △HHIs，没有能够预测影响价格的公式。结构性推定建立在市场界定基础上，在没有干扰机制正常运行的情况下，结构性推定的方法和指标会偏离，即使进行简单的筛选，案例很容易判断错误。第二，差异化商品的单边效应。市场份额显然不足以确定合并产生的价格效应。即使在市场份额较高的情况下，价格效应也可能很小。市场界定和结构性推定的核心特征都完全失败，与同质商品单边效应的设置相比，差距更大。第三，对于协同效应，

---

〔1〕 另一种选择是逆向工程：首先使用适当的分析确定是否禁止合并，然后选择导致或支持该结果的任何市场界定，无论是通过结构性推定还是其他方式，都忽略了有关如何正确界定相关市场的内容。

〔2〕 市场界定过程包含两个环节：一是将所有信息映射到市场份额，二是将市场份额映射到反竞争效应的水平，不同于从信息到反竞争效应的直接映射。市场份额向量并不是反竞争效应的充分展现。此外，将所有信息映射到市场界定本身就是狭义的，这不仅是因为法官接受的市场具有限制性，还因为即使允许加权平均，仍然只能使用加权的市场份额，导致丢失重要信息。

我们正在想象一种假设的垄断，因为这是企业寻求效仿的。在窄的市场，HHIs 和 △HHIs 以及其他市场份额指标也完全无关。同质商品市场的需求弹性是关键的，市场份额只是没有考虑在内。因此，市场界定和结构性推定的集中度阈值都偏离了重点，结构性推定的市场界定前提完全不合适。

社会需求推动了科技巨头反垄断态度的转变，分析框架的不成熟和不确定，由此可能带来的执法不严谨，是反垄断执法中需要改进的地方。[1]结构性推定和经济工具都利用市场份额，然而模型并没有将市场份额视为原始数据，执法机关试图从中分析竞争效应。相反，模型是企业成本和消费者需求的决定因素。结构性推定侧重于市场份额而不是变化，即使后者与反竞争效应呈正相关。该假设仅取决于具有高市场份额的收购方，而不考虑该份额是否大幅增加，这一因素与合并产生的反竞争效应相关。

（三）结构性推定的举证责任倒置

在结构性推定案件中，通常采用举证责任倒置，然而不存在与结构性推定相关的举证责任倒置的规范，有时模糊或令人困惑，甚至相互矛盾。传统观点认为，结构性推定提供了一条更容易禁止合并的途径，而不是必须证明有足够的可能产生反竞争效应。[2]如果仅当政府利用结构性推定时，结构性推定是强制性的。与此相关的是，在结构性推定需要的市场界定时，政府直接寻求证明反竞争影响，则含义不太清楚。市场界定在预测反竞争效应方面毫无意义。因此，要么结构性推定是可选的，这样政府确实会赢，要么选择了一个较大的市场，那么政府必然会输，无论反竞争效果如何，结构性推定都是强制性的。对市场界定进行逆向工程，任何假设都与反竞争效应的最佳估计相一致，触发结构性推定是一种较差的操作，它使信息处理复杂化，干扰了准则和司法的透明度和问责制，破坏了分析工具、政策制定和法律的发展。

---

[1] 参见李剑：《平台经济领域的反垄断法实施——以经济效率目标为出发点》，载《中外法学》2022 年第 1 期。

[2] Herbert Hovenkamp, Carl Shapiro, "Horizontal Mergers, Market Structure, and Burdens of Proof", Yale Law Journal, Vol. 127, No. 7 (2018).

二、拆分科技巨头

（一）拆分的历史：现在和过去

资本主义的发展持续在新的资本累积逻辑中运作，而监控资本主义则发展出特有的资本来源。三轮反垄断浪潮均源自生产要素垄断，新一轮的产业革命，伴随企业巨头对核心生产要素的垄断，分别是资源、技术和数据。历次反垄断大旗均伴随着创新浪潮和新型产业的崛起。当前对科技巨头的反垄断已经开始，未来一轮新型产业正在孕育，如果本轮反垄断行之有效，则未来数据要素的释放将催生新一轮产业巨头。纵览美国三轮反垄断历史，核心生产要素的垄断往往还伴随着资本垄断。对企业自身而言，垄断特定生产要素后，企业往往也会凭借其独占性优势累积资本，继而进一步收购对自身有威胁的竞争对手。

AT&T 的拆分是美国反垄断史上最成功的结构性救济，在策划科技巨头拆分时将会带来帮助，因为电信行业更类似于技术，而不是石油生产。然而，AT&T 作为电信企业还是与科技巨头的商业模式存在差异的，有许多方面不适用于科技巨头拆分。AT&T 案的不足之处标志着在科技巨头的未知领域，在没有任何先例的情况下自行形成解决方案。当然，AT&T 从无到有也创造了许多解决方案。[1]

不同的资产在业务结构中具有不同的重要性，因此应对其进行分类处理。反垄断拆分历史涉及的企业多数来自制造业，然而，科技巨头严重依赖技术和数据，网络效应和免费模式是其核心特征，在任何拆分科技巨头案中，都应将其作为考虑因素。

历史上，每次合并潮之后都会出现企业巨头的拆分，整个商业周期走向终结。监管以反垄断的名义出手，拆分大企业以响应民众诉求，但其本质上是促进动能转换，原来的大企业影响力实际上并未被削弱，但同时会给经济动能腾出发展空间。本轮周期必须拆分科技巨头，以实现新旧发展

---

〔1〕 Maham Usman，"Breaking Up Big Tech：Lessons From AT&T"，University of Pennsylvania Law Review，Vol. 170（2022）．

动能的转换。每一次的并购、反垄断、拆分的轮回，都伴随着产业的推陈出新，从钢铁石油、汽车到科技巨头，产业结构都出现了调整升级，这些被拆分的企业经过竞争、聚合、拆分后成为世界一流企业，继续在全球统治着各自领域，同时为未来的新产业腾出发展空间。[1]

（二）拆分是答案吗？

拆分科技巨头比 AT&T 拆分更为复杂。拆分相互依赖数据的科技巨头，企业仍然可以使用专有数据，却损害了没有数据的第三方。由于科技巨头内部的深度整合，如果没有专有数据，企业的商业模式就无法生存，原本适合拆分的一部分不得不被拆分。[2]即使可以将专有数据作为单一资产保存，这也无法解决拆分的问题。网络效应将使数据作为一个整体变得更有价值，无论哪一个实体能够继续持有数据，其业务都不会受到实质性影响。因此，拆分并不一定能够促进竞争。如果由此产生的企业无法生存，那么消费者还将受到拆分的损害。[3]

从规制历史和立法趋势看，美国和欧盟都对拆分保持谨慎，优先使用行为性救济措施。[4]但是，在制定有效的拆分方案时，剥离后的监督至关重要。由于数据是企业的核心资产，通常不会与竞争对手共享数据或算法，因此剥离企业很容易加入"甜心"条款，从而在市场上占据有利地位，阻碍了拆分的目标。此外，分离后的企业依赖相同的算法，但将在不同的市场竞争，即使 Google 将被拆分，在市场上仍将拥有与其拆分前相同的地位。因此，如果被剥离的企业不能完全独立，表明拆分无法解决该问题。

科技巨头免费向用户提供服务，通过广告收入获取利润补充运营成

---

〔1〕 Lina Khan, The Separation of Platforms and Commerce, 119 Columbia Law Review 937 (2019).

〔2〕 Ex-post Assessment of Merger Control Decisions in Digital Markets Final report, Document prepared by Lear for the CMA, 9 May 2019.

〔3〕 参见王晓晔：《数字经济反垄断监管的几点思考》，载《法律科学（西北政法大学学报）》2021 年第 4 期。

〔4〕 参见曾雄：《防止平台资本无序扩张的反垄断规制模式：行为主义还是结构主义?》，载《现代经济探讨》2022 年第 10 期。

本。市场广告端的收入取决于用户数据，使得平台可以零价向用户提供产品。如果将平台两端拆分，那么在不向用户收费的情况下，产品很难盈利。尽管剥离具有不同商业模式的部分或简单地取消合并在理论上很简单，但拆分科技巨头存在许多细节问题。美国特别强调不能削弱科技巨头的国际竞争力，因此整体上倾向于依靠市场力量达到监管目的。[1]

第四节　监控资本主义下如何监管科技巨头

数字革命在资本主义体系中催生出的理论思潮，呈现出数字革命时代虚拟网络形式、数字生产劳动等方面的生产与生活变革。[2]欧盟数字服务法与数字市场法均将大型数字平台定义为"守门人"，对科技巨头祭出积极管制的手段。美国公布数字市场调查报告，并提出五部法案，限制科技巨头的反竞争行为。将科技巨头划分出来，采用高强度的干预模式，与芝加哥学派的主张背道而驰。重构数字平台的破坏性创新并非全然否定该视角的贡献，但除了消极等待破坏式的极限时刻，对于科技巨头造成的问题仍需正视。数据资本主义兴起以来，GAFA 在全球无止境的并购多数是为了逃离主管机关的审查。拆分固然是针对科技巨头最强有力的手段，但迄今对科技巨头的执法才进入起步阶段，难以一蹴而就。

一、科技巨头的三元悖论

经济学家罗德里克认为，世界经济存在三元悖论，一国政府只能在经济全球化、政策主权和民主政体三者之中任选两个，而无法做到同时选择。[3]关于科技巨头的辩论是罗德里克的三元悖论的变体。每种模式都寻

---

〔1〕 参见唐健：《拜登执政以来美国对科技巨头的监管：动因、举措与挑战》，载《当代世界与社会主义》2022 年第 4 期。

〔2〕 参见杜敏、李泉：《当代西方数字社会主义的理论探索》，载《国外社会科学前沿》2023 年第 1 期。

〔3〕 参见〔美〕丹尼·罗德里克：《全球化的悖论》，廖丽华译，中国人民大学出版社 2011 年版，第 10 页。

求发展路径，而不是依赖自由裁量权来禁止科技巨头。芝加哥学派反对限制科技巨头，因为监管会影响到开放的互联网。新布兰迪斯学派认为应加强对科技巨头的拆分。其实，两种范式均存在严重问题，都没有像其他行业那样将科技巨头视为平台。虽然芝加哥学派对数字市场持乐观态度，但开放的互联网更多的是想象而非现实。新布兰迪斯学派则面临诸多管理问题，主张既不讨论也不解释使企业脱轨的问题，在平台的监管方面，提供了另一种方法来应对科技巨头三元悖论。取代结构性推定，利用非拆分的替代性救济措施，优化互联互通方案，即平台—公共事业范式，通过立法规制科技巨头。监管机关也应考虑建立事前和行业性监管制度。

银行业、通信业、运输业和能源业，长期以来都受到了特殊监管。这些行业通常被称为监管行业、基础设施行业或公用事业。由于网络效应，这些行业呈现高沉没成本、高进入壁垒和规模回报率增加的特征，这些行业往往是自然垄断，单位成本随着产出的增加而降低。受监管行业被认为是政治、经济和社会生活的关键。当财产被用于具有公共利益的方式时，它确实成为公共利益的外衣，并影响整个社会。受监管行业具有公共利益的事实证明了加强监管的合理性，科技巨头与传统的受监管行业类似。科技巨头对通信和商业至关重要，促进下游活动，并趋向于整合的网络效应。它们也构成重大风险。从经济上来看，这些行业属于自然垄断行业，是一系列下游市场活动的促进者，受网络效应的影响。在政治上，企业可以行使相当大的权力，涉及国家利益。因此，这些企业受到不同的监管约束，解决其特定的经济和政治问题。为了适应对科技巨头的监管，将其与受监管行业、基础设施行业和公用事业联系起来，将其称为平台生态，并借鉴这些领域的原则，公用事业式的科技巨头监管不仅可行，而且建立在先例基础上。

平台被认为具有公共重要性。平台监管的历史主要是行业需求的历史，鉴于对银行、通信、运输和能源等基础设施行业的监管历史，因为它们引发的政治经济问题不同于普通商品，需要制定一种不同的方法来监管科技巨头。[1]平台—公用事业范式的前提是，科技巨头涉及国家安全、民主和经济问题，对平台实施监管控制确保平台服务于公共利益。这种替代范式始于普遍适用的行业规则和结构性拆分，而不是逐案确定的监管计划。根据平台—公用事业范式，针对科技巨头采用特定行业的法规。一项针对行业的明确规则更易于管理，它不需要制定和监控个性化的规则或准则，为每个行业内的企业创造了遵守规定的可预测性，而不是任行政部门人员摆布。行业规则更有可能防止滥用行政自由裁量权，行业方法将为企业创造公平竞争环境。

二、取代结构性推定

结构性推定为反垄断改革提供了理论基础。预测反竞争效应是一项成本高、耗时长、复杂且不确定的工作。执法机构希望能够通过简化的方式分析、合并，确定哪些合并具有反竞争效应，从而需要进一步审查。然而，结构性推定因其自身的内在逻辑与反竞争效应经济分析的冲突而存在根本缺陷。因此，结构性推定在许多方面干扰正常的决策，需要将其替换，而不是强化和扩展。直接用公式来预测限制竞争效应，而不是用间接方法来界定相关市场。在多数领域，机构的调查与相关学科的基本教义相矛盾，通过在任何情况下都很难理解的人为准则来管理。

合并制度的严格程度取决于反竞争效应和效率平衡等经验性问题。结构性推定是一个"绊脚石"，而不是一个有效的"拐杖"。除非完全以逆向工程的方式使用结构性推定，否则市场界定只能丢弃信息。市场界定的最佳输入是反竞争效应相关的信息，而直接使用这些信息的最佳方式是对反竞争效应进行评估。结构性推定的举证责任倒置框架提供了一种虚假的安

---

[1] 基于这段历史，促成了一种不同的方法来思考数字平台上的国家安全限制：平台—公用事业范式。在针对特定企业之前，对数字平台的限制应在行业层面实施。虽然通信、银行、运输和能源行业都存在共同的政治经济形态，但它们具有不同的国家安全问题。例如，银行业涉及货币主权和金融稳定问题，但电信业却没有。行业法规关注这些形态。此类法规通常还与事前批准相结合，以确保在美国运营的外国平台准备好遵守整体监管体系。平台—公用事业范式将依赖于结构拆分策略，包括地理、治理和基于活动的拆分，然后再寻求技术官僚标准和审计。拆分规则一直被普遍使用，并且通常被认为比行为性救济更易于管理。

全感。任何建议都应该是对已有问题的合理回应，而不是使用表面上具有吸引力的公式。结构性推定在很多方面并不是其宣称的那样好，市场界定的效果适得其反，并且没有提供一个有用的法律框架。应放弃结构性推定，直接使用适当分析方法，而不是将其仅作为市场界定的输入。

　　寻求简单的反垄断可能会带来严重的危害，而经济学可以取代法律的观点对法律和经济学都有误解。经济模型的脆弱量化是一个出色的仆人，但却是一个优柔寡断的主人。数字经济反垄断应采取动态相机抉择的执法政策，坚持"行为主义+结构主义"的政策取向，将事前结构审查与事后违法行为查处有机结合，在加大对垄断行为查处力度的同时强化结构预防，通过事前监管防止资本无序扩张和过高集中度的市场结构的形成，实行必要的结构性救济政策和数据互操作政策，将维护可竞争性市场结构和竞争性企业的行为有机结合起来。[1]

---

　　〔1〕　参见唐要家、王钰、唐春晖：《数字经济、市场结构与创新绩效》，载《中国工业经济》2022年第10期。

结　语
为资本设置"红绿灯"　依法加强对资本的
反垄断监管

平台经济的特性相互叠加的结果，就是数字市场竞争生态异于一般传统市场之所在，包括其进入壁垒的来源、竞争要素、产品的多样性与差异性以及产业与市场的演化速度均不同。平台经济的发展对所有产业产生广泛渗透，并在数字化的浪潮中扮演关键地位的企业成为平台经济的主要领导者。而随着大型数字平台在全球市场之重要性与日俱增，对市场竞争秩序之威胁也越来越大。企业在数字市场取得竞争优势，能否掌握竞争需要的数据最为关键。近年来的国际执法，重点在于大型数字平台、数据驱动市场取得竞争优势之各项行为，数据驱动型合并在反垄断执法的重要性日益凸显，不仅欧盟对此进行高额罚款，连一向被认为对数字经济较为放任的美国，也发动了一系列查处。但与此同时，数字平台发动的多起并购行为却甚少受到禁止，使反垄断合并控制的有效性受到不少质疑。

近年来，大型数字平台利用资本从事合并的频率与速度极为惊人。在消费者隐私、知识产权等诸多问题上，引发了不少争议。然而，各国监管目前为止主要集中在市场力量滥用的层面，凸显了全球当前主流竞争管制政策上的不足：过度依靠市场行为管制而轻视了市场结构管制。这一点，与美国反垄断法早期发展轨迹十分相似，最早的反托拉斯法只有行为管制而缺少结构管制。一直到 1911 年，Standard Oil 与 American Tobacco 因法院之判决而被强制拆分，以结构性手段解决行为违法造成的市场失灵问题。欧盟竞争法的发展轨迹也相仿，在其最早的竞争法规范中并没有合并控制的相关规定。但是，合并控制产生并演化成以事前规制为主，与其进行基于其在市场结构变化后试图控制厂商的行为，不如事前避免市场结构变化。结构性拆分的事后救济措施，实施的难度与成本均甚高，应尽可能避免。对重大合并案件的事前审查，成了最符合比例原则的手段。为何近年与平台经济有关的合并案很少受到挑战？欧美的发展自有其经济条件、政治等各方面之因素，不完全与竞争倡议有关，其做法也未必适合我国。对于数字平台的合并，数字市场对合并控制带来许多问题，市场界定变得更困难，市场参与者与集中度也就变得更难估算，限制竞争效应偏重非价格层面的影响，而这些影响又常常难以在事前预测。同时，由创新衍生的新竞争者，很快对既有市场巨头产生强大的竞争压力。既有数字平台，虽然各自占据相关的核心市场，相互间也仍是很强的竞争对手。

规制数字平台合并案，审查的诸多环节都需要调整。尤其是数字平台动态竞争，已经演化出几个著名的生态系统，跨市场合并出现的频率会逐渐增加。在数字经济的时代，最重要的竞争市场未必是狭义的横向市场，过度强调横向或纵向的区别并无实益。重点应针对特定合并事件找到适当的审查标准，细化非价格因素限制竞争效果的评估方法。然而，从动态竞争理论出发，大型数字平台在较小市场里看似所向无敌，却面临其他规模相当之大型平台巨大的竞争压力，从立场上来看，对于大型平台从事的收购行动，也就通常采取较为包容的政策。与此同时，大型平台正不断地扩张业务版图，却是不争之事实。诚然，他们彼此间竞争，大型平台也仍为了不在竞争中落后而不断创新。

一、防止资本无序扩张取得重要成效

在平台经济发展背景下，数字平台基于数据汇集地位，以及算法设计及数据分析能力，产生和巩固市场竞争地位。数据力量伴随数字平台的市场特性，使得数据驱动型平台竞争案件衍生的反垄断法适用问题，引发了国际组织和部分国家对数字平台限制竞争问题的研讨，并根据个案积累逐步修改法律和配套规范。我国当前，中央政治局会议和中央经济工作会议均明确要求强化反垄断和防止资本无序扩张，得到了社会的热烈反响和广泛支持。其中平台经济领域的反垄断问题成为关系全局的紧迫议题。2021

年2月7日，国务院反垄断委员会印发《关于平台经济领域的反垄断指南》，成为全世界第一个官方出台的专门针对平台经济的监管指南，有效增强了执法机关规制数字平台实施垄断行为的可操作性和可预期性。由于数字平台竞争环境在不断变动，各国对平台经济发展在反垄断法上的因应仍在持续研究，能够对后续研究有所启发，并作为我国《反垄断法》修改的参考。

2020年，中央经济工作会议是十九届六中全会之后中央召开的一次重要会议。党中央、国务院从构建新发展格局、推动高质量发展、促进共同富裕的战略高度作出的重大部署，在反垄断顶层设计、制度建设、体制机制等方面作出决策。随着制度落地和执法强化，依法查处数字平台垄断行为，为资本扩张设置"红绿灯"，改革开放向纵深推进，反垄断和防止资本无序扩张取得重要成效。

在顶层设计上，2020年中央经济工作会议将"强化反垄断和防止资本无序扩张"列为2021年经济工作的重点任务之一，国家推动平台经济规范健康持续发展的信号频频释放。2021年，中央财经委员会第九次会议强调，从构筑国家竞争新优势的战略高度出发，反垄断和防止资本无序扩张，中央全面深化改革委员会第二十一次会议审议通过了《关于强化反垄断深入推进公平竞争政策实施的意见》，针对数字平台的野蛮生长、无序扩张等突出问题，强调加大反垄断监管力度。中共中央政治局第三十四次集体学习强调，把握数字经济发展趋势和规律，推动我国数字经济健康发展，防止平台垄断和资本无序扩张。2021年10月16日，《求是》杂志发表习近平总书记的重要文章《扎实推动共同富裕》，强调坚决反对资本无序扩张，加强反垄断监管。

在制度建设上，2021年2月7日，国务院反垄断委员会印发《关于平台经济领域的反垄断指南》，为平台经济领域反垄断监管提供了针对性规则，有利于预防和制止平台经济领域垄断行为。与此同时，《禁止网络不正当竞争行为规定（公开征求意见稿）》《关于适用〈中华人民共和国反不正当竞争法〉若干问题的解释（公开征求意见稿）》等有关法律法规不断细化完善。2021年10月19日，《反垄断法（修正草案）》提请全国人民代表大会常务委员会初次审议，为强化反垄断和防止资本无序扩张提供法律依据和制度保障。2021 年 11 月 18 日，国家反垄断局正式挂牌成立，增设反垄断人员编制和司局，为我国规范数字平台行为提供了技术支撑。2022 年 6 月 24 日，第十三届全国人民代表大会常务委员会第三十五次会议通过修改《反垄断法》的决定，自 2022 年 8 月 1 日起施行。

　　在强化执法上，2021 年，国家市场监督管理总局共查处 92 个平台垄断行为，罚款累计超过 217 亿元，其中包括 89 个平台经营者集中案。除此之外，依法查处阿里巴巴、美团、食派客滥用市场支配地位案，对防止平台垄断、规范竞争行为发挥了重要作用。

　　2020 年 12 月 14 日，国家市场监督管理总局公布了阿里巴巴、腾讯、丰巢三起未依法申报违法实施集中案的行政处罚决定书，向社会释放了加强平台经济领域反垄断监管的积极信号，产生了一定的威慑效果。2021 年 7 月 10 日，平台经济领域禁止经营者集中第一案——斗鱼/虎牙合并案被叫停。

　　2020 年 12 月 24 日，国家市场监督管理总局对阿里巴巴"二选一"等涉嫌垄断行为立案调查，有利于规范行业秩序、促进平台经济长远健康发展。2021 年 4 月 10 日，依法对阿里巴巴集团作出行政处罚，这是强化反垄断和防止资本无序扩张的具体举措，是对数字平台企业发展的有效规范，有利于清理净化行业环境，维护市场竞争秩序。同年 10 月 8 日，国家市场监督管理总局依法对美团罚款 34.42 亿元，此举具有重要的威慑和示范作用。

　　此外，2021 年 7 月 24 日，国家市场监督管理总局依法责令腾讯解除网络音乐独家版权，重塑相关市场竞争格局，促进网络音乐产业规范创新健康发展。由于数字平台背后资本的协议控制，数据帝国可能被外国资本掌控，数据安全风险将影响国家安全，规范数字平台资本结构以及限制其资本无序扩张刻不容缓。同年 7 月 2 日，国家对滴滴启动网络安全审查，有效防范关键数据利用在国外上市可能带来的国家安全风险。同年 12 月 3 日，滴滴启动在纽交所退市的工作，并着手港交所的上市工作。

　　当前平台经济的发展进入存量竞争阶段，导致封杀、屏蔽现象愈演愈烈。2021 年 9 月 13 日国新办新闻发布会上工信部表示，保障合法的网址链接正常访问，打破平台"孤岛"，营造规范健康的平台经济秩序，推进互联互通，打破平台构筑的"围墙花园"，是构建新发展格局、建设规范健康的平台经济秩序的应有之义。

在加强反垄断执法的同时进一步培育公平竞争文化。要发挥典型案件示范警示作用，加强反垄断宣传倡导，增强各类市场主体的公平竞争法律意识，引导全社会形成崇尚、保护和促进公平竞争的市场环境，构建企业合规、行业自律、政府监管、社会监督的良好格局。2021 年 11 月 1 日，中国标准化协会发布《平台经营者反垄断合规管理规则（征求意见稿）》，数字平台通过外部监管和企业自律，预防和降低反垄断合规风险，营造平台经济发展的良好生态。

二、平台数据—资本双重无序扩张的形成

2020 年末以来，中央层面召开多次会议，表明国家强化反垄断的决心，监管规范和促进发展两手并重，把握社会主义市场经济规律，推动建立健全平台经济治理体系。平台经济领域的资本无序扩张，如何发挥资本作为生产要素的积极作用，同时有效控制其消极作用？强化反垄断、防止资本无序扩张，关键是要对资本设置"红绿灯"，引导数字平台服务于经济高质量发展大局，严格限制资本无序扩张，遏制资本在平台经济领域的乱象。

数据作为经过数字化转型的生产要素，与土地、资本等传统生产要素一样，单纯的数据也只是一种资源，唯有将数据与劳动、知识和管理要素相结合，在资本和技术要素的整合下，数据才衍生为现实的生产要素。在数字时代，数字平台在金融资本的支持下，凭借数据、算法和用户规模的垄断，成为社会生产的必要设施，稳定而持续地赚取平台垄断利润和金融利润，进而占据持续的市场力量。数字技术推动了平台跨界发展，数字平台为吸引用户、汇集流量，通常表现出开放的态度，但是在获得市场力量之后，将流量封锁在平台生态系统。如果放任资本密集的数字平台热衷"烧钱补贴""流量变现"等资本游戏，采取屏蔽封杀等措施，有悖于国家构建开放共享市场竞争秩序的大政方针，损害了用户的切身利益，甚至带

来数据安全的风险。例如，国际平台经济没有形成我国如此集中的科技巨头寡占。就头部社交平台而言，Facebook 仅仅是一个社交平台，而微信是全渠道平台生态系统。

平台资本的用户思维和数据思维必将走向典型的垄断逻辑，形成"赢者通吃"的寡占市场，市场资源加速向头部平台集中，但并不意味着数字平台可以无序扩张与野蛮生长，各国反垄断执法机关同时对 Google、Facebook、Microsoft 或 Amazon 等数字平台展开反垄断调查。虽然部分案件涉及的具体违法行为类型看似与数据并无直接关联，但掌握数据及分析技术的却是数字平台实施涉案行为的市场力量基础。收集、处理、利用等数据价值链活动对市场竞争造成影响，数据对于竞争的重要性越来越高，数字平台滥用该项关键投入要素，进行封锁与排除平台竞争的诱因也随之增强。执法机关查处涉嫌垄断行为的数字平台，并不意味着否定平台经济的重要作用，而是坚持规范与发展并重，引导资本要素有序健康发展，提高我国平台经济的整体国际竞争力。

三、依法加强对资本的反垄断监管

为资本设置"红绿灯"，依法加强对资本的反垄断监管，有利于提高资源配置效率，对构建新发展格局、推动高质量发展、促进共同富裕具有重要意义。数字经济是推动新一轮科技革命和产业变革的战略选择，数据在被利用、分析、流动的过程中才能产生价值，这也是数据作为生产要素由市场评价、按贡献分配的逻辑基础。为资本设置"红绿灯"，需要切断资本无序扩张的利益链条，利用资本引导共同富裕目标的实现。平台经济作为数据、算法和资本密集型的经济活动，离不开资本的支撑。深化改革，实现高质量发展，需要正确认识和把握资本的特性和行为规律，发挥资本作为生产要素的积极作用，同时有效控制其消极作用。

数字平台对市场竞争的影响是一个持续发展的过程，国际案例与法律发展仍存在许多不确定性。对于平台经济发展下的市场竞争法制或执法是否有必要调整或补充，以符合平台竞争发展趋势的问题，各国看法并非一致。在国际法制政策上，实际仅德国直接修改《德国反对限制竞争法》。

欧盟、日本虽然也对法制予以更新，但并非针对反垄断法本身，而是颁布新兴法律，配合整体的平台经济政策，体系化规制平台垄断。数字平台发展影响市场竞争的问题，虽然对反垄断法部分规则的应用存在适用问题，仍不足以否定反垄断法存在的基础。应逐步分析个案正在市场竞争的特性，设置好"红绿灯"，健全反垄断配套立法体系，实现事前事中与事后处理的平台经济规制体系，夯实公平竞争的法治基础。

数据、算法或技术的开发应用提高了执法机关对相关市场界定、跨市场关联与潜在竞争等问题的难度。数字平台利用数据的方式十分多元，将数字平台分为以数据为商品的平台，或以数据作为生产要素型的平台，在反垄断执法上有实际可操作性，有利于在分析平台竞争案件时分析平台所处的特定市场。对于平台竞争案件的分析，需要一定的调查数据积累，以有效取得与案件更精确的建议。因此，可以采用案例类型化的方式，协助执法机关对个案设计更具体、更有引导性的问题，对初步分析的结果予以调整。目前主要关注与算法利用有关的限制竞争行为，通过新兴执法工具或指南作为辅助。由于平台经济的商业模式变化极大，无论是对市场数据还是对技术层面与发展趋势的分析，都需要引入外部资源或合作，以弥补执法机关对技术性审查的不足，避免对案件的误判。最后，根据平台经济的发展状况、规律和特点，健全数字平台竞争状况监测、预测预警能力，加强垄断和竞争失序风险研判和识别预警，系统规划平台风险防控和治理体系建设，不断提升反垄断监管执法效能。

基于工业经济体系的事后干预难以有效规制数字经济平台的情况，以责任思维核心构架权利范式，赋予市场主体相关权利来保护一定的利益，权利受损则追究侵权主体的法律责任。平台经济模式下的利益结构及作为利益的主客体的类型都发生了变化。为了实现对利益的有效保护，反垄断法保护利益的工具和规制范式也需要与时俱进。数字市场的反垄断规制以监管科技强化事前监管范式，同时弱化事后处罚机制，及时和科学地采取预防性监管和持续性监管，以应对数字经济的竞争损害。数字市场的竞争损害特性决定了责任范式不是恰如其分的制度安排。数字市场的反垄断规制的价值目标和中心在于预防风险发生对公益客体的损害，救济受害者多是辅助手段。在制度设计中，主要通过事前预防责任的分担降低风险损害，以及事后责任制度中公法责任与私法责任的混合责任来进行救济。因此，数据生产要素应当是规制思维，对行为主体的行为予以一定限制或设定规范等办法来保护利益，而非通过赋权。

数字经济的发展，企业着重依赖数据资产，改变了数字市场的竞争关系。资本累积逻辑，便将事物从市场外夺取后赋予价值，再纳入市场交易，监控资本主义衍生出由用户注意力转化成数字市场中高价值的资本，数据成为新型生产要素，凸显出数据资本与传统资本的差异性、累积循环的方式以及数据对企业的价值，充分展现市场的运作有高度影响力。自数据资本主义兴起以来，GAFA等科技巨头过去十年间从事超过700件的收购行为，市场力量高度集中，但是绝大多数只受到普通关注。科技巨头的数据优势不断增长，扼杀性并购，利用海量数据和资本建立起进入壁垒以巩固市场地位，芝加哥学派主张的破坏性进入并没有对科技巨头造成威胁，其规模经济与强大的市场地位，与完全竞争的理论模型背道而驰。新布兰迪斯学派主张加强反垄断执法，强调从事后竞争评估和救济转向严格的事前监管。面对科技巨头限制竞争，各国型塑对科技巨头的规制措施，将科技巨头分级、分类管理，课予其特殊义务和禁止特定行为，维护市场竞争。例如，我国修订《反垄断法》，提出关于平台经济领域的反垄断指南，欧盟的《数字市场法》与《数字服务法》，美国开放应用市场法案、数字广告竞争和透明度法案，《日本独占禁止法》的修改以及《德国反对限制竞争法》4.0的出台。国际上针对科技巨头竞争的政策，考虑数字平台相关市场界定的困难性，改以营业额、活跃用户数等因素界定，从事前规制的角度进行规范，要求数字平台遵循特定义务与行为。针对科技巨头需要采用事前规制、事后规制或同时采用，回应数字产业的各种新兴模式。

参考文献

一、中文文献类

（一）中文期刊类

1. 白让让：《我国经营者集中的反垄断审查与执法者的"行为性救济"偏好分析——兼论专利密集领域的执法困境》，载《经济研究》2019 年第 2 期。

2. 王勇等：《流量博弈与流量数据的最优定价——基于电子商务平台的视角》，载《管理世界》2022 年第 8 期。

3. 陈兵：《因应超级平台对反垄断法规制的挑战》，载《法学》2020 年第 2 期。

4. 陈秀山：《我国竞争制度与竞争政策目标模式的选择》，载《中国社会科学》1995 年第 3 期。

5. 段宏磊：《我国经营者集中分类分级审查制度的构建——以新《反垄断法》第 37 条为分析对象》，载《法商研究》2022 年第 6 期。

6. 李剑：《多产品下的相关市场界定——基于中国经营者集中典型案例的反思》，载《法学》2019 年第 10 期。

7. 丁茂中：《论我国经营者集中控制制度的立法完善》，载《法商研究》2020 年第 2 期。

8. 邓峰：《传导、杠杆与中国反垄断法的定位——以可口可乐并购汇源反垄断法审查案为例》，载《中国法学》2011 年第 1 期。

9. 方兴东、钟祥铭：《互联网平台反垄断的本质与对策》，载《现代出版》2021 年第 2 期。

10. 叶军：《先行修正和买家前置规则比较研究》，载《中外法学》2015 年第 1 期。

11. 叶军：《经营者集中法律界定模式研究》，载《中国法学》2015 年第 5 期。

12. 叶光亮、程龙:《论纵向并购的反竞争效应》,载《中国社会科学》2019 年第 8 期。

13. 叶卫平:《反垄断法分析模式的中国选择》,载《中国社会科学》2017 年第 3 期。

14. 余佳楠:《个人信息作为企业资产——企业并购中的个人信息保护与经营者权益平衡》,载《环球法律评论》2020 年第 1 期。

15. 殷继国:《大数据经营者滥用市场支配地位的法律规制》,载《法商研究》2020 年第 4 期。

16. 张文魁:《数字经济的内生特性与产业组织》,载《管理世界》2022 年第 7 期。

17. 曾彩霞、朱雪忠:《欧盟对大数据垄断相关市场的界定及其启示——基于案例的分析》,载《德国研究》2019 年第 1 期。

18. 周文、韩文龙:《平台经济发展再审视:垄断与数字税新挑战》,载《中国社会科学》2021 年第 3 期。

19. 张江莉:《互联网平台竞争与反垄断规制——以 3Q 反垄断诉讼为视角》,载《中外法学》2015 年第 1 期。

20. 江小涓、黄颖轩:《数字时代的市场秩序、市场监管与平台治理》,载《经济研究》2021 年第 12 期。

21. 张世明:《经营者集中简易案件审查程序评议》,载《人大法律评论》2017 年第 1 期。

22. 赵莉莉:《反垄断法相关市场界定中的双边性——理论适用的挑战和分化》,载《中外法学》2018 年第 2 期。

23. 方小敏:《经营者集中申报标准研究》,载《法商研究》2008 年第 3 期。

24. 侯利阳、李剑:《免费模式下的互联网产业相关产品市场界定》,载《现代法学》2014 年第 6 期。

25. 王磊:《数据驱动型并购创新效应的反垄断审查》,载《北京大学学报(哲学社会科学版)》2022 年第 3 期。

26. 叶军:《经营者集中反垄断控制限制性条件的比较分析和选择适用》,载《中外法学》2019 年第 4 期。

27. 熊鸿儒:《我国数字经济发展中的平台垄断及其治理策略》,载《改革》2019 年第 7 期。

28. 徐翔、赵墨非:《数据资本与经济增长路径》,载《经济研究》2020 年第 10 期。

29. 谢康、夏正豪、肖静华:《大数据成为现实生产要素的企业实现机制:产品创新视角》,载《中国工业经济》2020 年第 5 期。

30. 王勇、刘航、冯骅:《平台市场的公共监管、私人监管与协同监管:一个对比研究》,载《经济研究》2020 年第 3 期。

31. 徐瑞阳:《论经营者集中申报标准实施机制的完善》,载《法学家》2016 年第 6 期。

32. 谢富胜、吴越、王生升:《平台经济全球化的政治经济学分析》,载《中国社会科学》2019 年第 12 期。

33. 韩伟:《经营者集中对创新影响的反垄断审查》,载《清华法学》2022 年第 4 期。

34. 韩伟:《数字经济时代中国反垄断法的修订与完善》,载《竞争政策研究》2018 年第 4 期。

35. 王世强、陈逸豪、叶光亮:《数字经济中企业歧视性定价与质量竞争》,载《经济研究》2020 年第 12 期。

36. 王磊、马源:《新兴互联网平台的"设施"属性及监管》,载《宏观经济管理》2019 年第 10 期。

37. 王晓晔:《我国反垄断法修订的几点思考》,载《法学评论》2020 年第 2 期。

38. 胡凌:《从开放资源到基础服务:平台监管的新视角》,载《学术月刊》2019 年第 2 期。

39. 王晓晔:《我国反垄断法中的经营者集中控制:成就与挑战》,载《法学评论》2017 年第 2 期。

40. 孙晋:《数字平台的反垄断监管》,载《中国社会科学》2021 年第 5 期。

41. 金善明:《〈反垄断法〉文本的优化及其路径选择——以〈反垄断法〉修订为背景》,载《法商研究》2019 年第 2 期。

42. 焦海涛:《个人信息的反垄断法保护:从附属保护到独立保护》,载《法学》2021 年第 4 期。

43. 丁茂中:《数字经济领域"相关市场"界定的守正与变革》,载《法学》2023 年第 7 期。

44. 江山:《美国数字市场反垄断监管的方法与观念反思》,载《国际经济评论》2021 年第 6 期。

45. [德] 卡塔琳娜·皮斯托、许成钢:《不完备法律——一种概念性分析框架及其在金融市场监管发展中的应用》,载《比较》第 3 辑。

46. 孔祥俊:《论互联网平台反垄断的宏观定位——基于政治、政策和法律的分析》,载《比较法研究》2021 年第 2 期。

47. 刘水林:《反垄断法的挑战——对反垄断法的整体主义解释》,载《法学家》2010

年第 1 期。

48. 刘水林：《风险社会大规模损害责任法的范式重构——从侵权赔偿到成本分担》，载《法学研究》2014 年第 3 期。

49. 肖红军、阳镇、商慧辰：《平台监管的多重困境与范式转型》，载《中国人民大学学报》2022 年第 4 期。

50. 林平：《论反垄断科学监管：决策理论分析及政策启示》，载《中国工业经济》2022 年第 4 期。

51. 谢富胜、吴越：《平台竞争、三重垄断与金融融合》，载《经济学动态》2021 年第 10 期。

52. 张晨颖：《公共性视角下的互联网平台反垄断规制》，载《法学研究》2021 年第 4 期。

53. 高薇：《平台监管的新公用事业理论》，载《法学研究》2021 年第 3 期。

54. 唐要家：《数字平台反垄断的基本导向与体系创新》，载《经济学家》2021 年第 5 期。

55. 戚聿东、李颖：《新经济与规制改革》，载《中国工业经济》2018 年第 3 期。

56. 李三希、武玙璠、鲍仁杰：《大数据、个人信息保护和价格歧视——基于垂直差异化双寡头模型的分析》，载《经济研究》2021 年第 1 期。

57. 申卫星：《论数据用益权》，载《中国社会科学》2020 年第 11 期。

58. 李剑：《中国反垄断法实施中的体系冲突与化解》，载《中国法学》2014 年第 6 期。

59. 蔡万焕、张紫竹：《作为生产要素的数据：数据资本化、收益分配与所有权》，载《教学与研究》2022 年第 7 期。

60. 梅夏英：《在分享和控制之间：数据保护的私法局限和公共秩序构建》，载《中外法学》2019 年第 4 期。

61. 梅夏英：《企业数据权益原论：从财产到控制》，载《中外法学》2021 年第 5 期。

62. 王伟：《平台扼杀式并购的反垄断法规制》，载《中外法学》2022 年第 1 期。

63. 李剑：《平台经济领域的反垄断法实施：以经济效率目标为出发点》，载《中外法学》2022 年第 1 期。

64. 兰磊：《反垄断法唯效率论质疑》，载《华东政法大学学报》2014 年第 4 期。

65. 吴振国：《反垄断监管的中国路径：历史回顾与展望》，载《清华法学》2022 年第 4 期。

66. 刘云：《互联网平台反垄断的国际趋势及中国应对》，载《政法论坛》2020 年第 6 期。

67. 龙卫球：《数据新型财产权构建及其体系研究》，载《政法论坛》2017 年第 4 期。

68. 郭凯明、刘冲：《平台企业反垄断、数字经济创新与产业结构升级》，载《中国工业经济》2023年第10期。

69. 李剑：《数字平台管制：公共性理论的反思与经济管制的适用》，载《法学研究》2023年第5期。

70. 王磊：《数据驱动型并购中隐私损害的反垄断审查》，载《当代法学》2023年第3期。

71. 周汉华：《论平台经济反垄断与监管的二元分治》，载《中国法学》2023年第1期。

72. 侯利阳：《平台反垄断的中国抉择：强化反垄断法抑或引入行业规制?》，载《比较法研究》2023年第1期。

73. 金俭：《超越市场力量和垄断力量：平台经济时代的反垄断规制》，载《比较法研究》2023年第1期。

74. 于左、魏昕：《经营者集中申报标准设定：基于"误差—成本"理论》，载《中国工业经济》2022年第11期。

75. 唐要家、王钰、唐春晖：《数字经济、市场结构与创新绩效》，载《中国工业经济》2022年第10期。

76. 刘乃梁：《防止资本无序扩张：平台经济反垄断规制的体系因应》，载《现代法学》2022年第6期。

77. 郭传凯：《超级平台企业滥用市场力量行为的法律规制：一种专门性规制的路径》，载《法商研究》2022年第6期。

78. 杨明：《平台经济反垄断的二元分析框架》，载《中外法学》2022年第2期。

（二）中文著作类

1. ［美］赫伯特·霍温坎普：《联邦反托拉斯政策：竞争法律及其实践》，许光耀、江山、王晨译，法律出版社2009年版。

2. ［德］乌尔里希·施瓦尔贝、丹尼尔·齐默尔：《卡特尔法与经济学》，顾一泉、刘旭译，法律出版社2014年版。

3. ［英］丹尼尔·戈尔等：《经济学分析方法在欧盟企业并购反垄断审查中的适用》，黄晋等译，法律出版社2017年版。

4. ［美］欧内斯特·盖尔霍恩、威廉姆·科瓦契奇、斯蒂芬·卡尔金斯：《反垄断法与经济学》，任勇、邓志松、尹建平译，法律出版社2009年版。

5. ［美］奥利弗·E.威廉姆森：《反垄断经济学——兼并、协约和策略行为》，张群群、黄涛译，商务印书馆 2015 年版。

6. ［西班牙］安德雷斯·冯特·葛拉雷兹等：《欧盟企业合并控制制度：法律、经济与实践分析》，解琳、叶军译，法律出版社 2009 年版。

7. ［美］理查德·A. 波斯纳：《反托拉斯法》，孙秋宁译，中国政法大学出版社 2003 年版。

8. ［美］戴维·J. 格伯尔：《二十世纪欧洲的法律与竞争》，冯克利、魏志梅译，中国社会科学出版社 2004 年版。

9. ［美］戴维·格伯尔：《全球竞争：法律、市场和全球化》，陈若鸿译，中国法制出版社 2012 年版。

10. ［美］莫里斯·E. 斯图克、艾伦·P. 格鲁内斯：《大数据与竞争政策》，兰磊译，法律出版社 2019 年版。

11. 张世明、王济东：《企业并购法贯通论》，中国政法大学出版社 2018 年版。

12. ［德］何梦笔主编：《秩序自由主义》，董靖等译，中国社会科学出版社 2002 年版。

13. 王晓晔：《企业合并中的反垄断问题》，法律出版社 1996 年版。

14. ［德］沃尔夫冈·费肯杰：《经济法》（第一卷），张世明、袁剑、梁君译，中国民主法制出版社 2010 年版。

15. ［法］让·梯若尔：《创新、竞争与平台经济：诺贝尔经济学奖得主论文集》，寇宗来、张艳华译，法律出版社 2017 年版。

16. 白艳：《美国反托拉斯法/欧盟竞争法平行论：理论与实践》，法律出版社 2010 年版。

17. ［美］劳伦斯·莱斯格：《代码 2.0：网络空间中的法律》，李旭、沈伟伟译，清华大学出版社 2018 年版。

二、外文文献类

（一）外文期刊类

1. Maureen K. Ohlhausen, Alexander P. Okuliar, "Competition, Consumer Protection, and the Right (Approach) to Privacy", Antitrust Law Journal, Vol. 80, No. 1 (2015).

2. Wu, Tim, "Blind Spot: The Attention Economy and the Law", Antitrust Law Journal, Vol. 82, No. 3 (2019).

3. Lina M. Khan, "Amazon's Antitrust Paradox", Yale Law Journal, Vol. 126, No. 3 (2017).

4. Denicolò Vincenzo and PoloMichele, "The Innovation Theory of Harm: an Appraisal", An-

titrust Law Journal, Vol. 82, No. 3 (2019).

5. Petit Nicolas, "Innovation Competition, Unilateral Effects, and Merger Policy", Antitrust Law Journal, Vol. 82, No. 3 (2019).

6. Harbour, Pamela Jones and Tara Isa Koslove, "Section 2 in a Web2.0 World: An Expanded Vision of Relevant Product Markets.", Antitrust Law Journal, Vol. 76, No. 3 (2010).

7. Charles A. Miller, "Big Data and the Non-Horizontal Merger Guidelines", California Law Review, Vol. 107, No. 1 (2019).

8. Zachary Abrahamson, "Essential Data", Yale Law Journal, Vol. 124, No. 3 (2014).

9. Rubinfeld, Daniel L. Michal S. Gal, "Access Barriers to Big Data", Arizona Law Review, Vol. 59, No. 2 (2017).

10. Katz, Michael L. and Howard A. Shelanski, "Mergers and Innovation", Antitrust Law Journal, Vol. 74, No. 1 (2007).

11. Baker, Jonathan B., "Beyond Schumpeter vs. Arrows: Antitrust Fosters Innovation", Antitrust Law Journal, Vol. 74, No. 3 (2007).

12. Frank H. Easterbrook, "Limits of Antitrust", Texas Law Review, Vol. 63, No. 1 (1984).

13. Coyle Diane, "Practical Competition Policy Implications of Digital Platforms", Antitrust Law Journal, Vol. 82, No. 3 (2019).

14. Katz, Michael L. and Howard A. Shelanski, "Mergers and Innovation", Antitrust Law Journal, Vol. 74, No. 1 (2007).

15. Gal, Michal S., Rubinfeld, Daniel L, "The Hidden Costs of Free Goods: Implications for Antitrust Enforcement", Antitrust Law Journal, Vol. 80, No. 3 (2016).

16. Baker, Jonathan B., "Taking the Error out of Error Cost Analysis: What's Wrong with Antitrust's Right", Antitrust Law Journal, Vol. 80, No. 1 (2015).

17. Hal R. Varian, "Recent Trends in Concentration, Competition, and Entry", Antitrust Law Journal, Vol. 82, No. 3 (2019).

18. Jonathan B. Baker, "Finding common ground among antitrust reformers", Antitrust Law Journal, Vol. 84, No. 3 (2022).

19. Logan Billman & Steven C. Salop, "Merger Enforcement Statistics: 2001-2020", Antitrust Law Journal, Vol. 85, No. 1 (2023).

20. Louis Kaplow, "Entry and Merger Analysis", Antitrust Law Journal, Vol. 85, No. 1 (2023).

21. Louis Kaplow, "Replacing The Structural Presumption", Antitrust Law Journal, Vol. 84,

No. 2（2022）.

22. Daniel Francis，"Making Sense of Monopolization"，Antitrust Law Journal，vol . 84，No. 3
（2022）.

23. Inge Graef，"Future-Proofing Plural Antitrust Enforcement Models：Lessons From the Un-
tied States and The European Union"，Antitrust Law Journal，Vol. 85，No. 2（2023）.

24. Louis Kaplow，"Efficiencies in Merger Analysis"，Antitrust Law Journal，Vol. 83，No. 3
（2021）.

25. Michal Gal and Daniel L Rubifefld，"Algorithms，AI，and Mergers"，Antitrust Law Jour-
nal，Vol. 85，No. 3（2024）.

26. Steven C. Salop and Jennifer Sturiable，"Fixing fitigating the Fix"，Antitrust Law Journal，
Vol. 85，No. 3（2024）.

（三）研究报告类

1. Big Data ：A Tool for Inclusion or Exclusion? Understanding the Issues FTC Report January
2016.

2. OECD（2015），Data-driven innovation：big data for growth and well-being，OECD Pub-
lishing，Paris.

3. OECD（2016），Big data：bringing competition policy to the digital era.

4. OECD（2017），Algorithms and Collusion：Competition Policy in the Digital Age.

5. OECD（2018），Rethinking Antitrust Tools for Multi-Sided Platforms.

6. Unlocking digital Competition：Report of the Digital Competition Expert Panel，March 2019.

7. The CMA's response to the Digital Competition Expert Panel final report，21 March 2019.

8. Autorité de la concurrence & Bundeskartellamt（2016）．"Competition law and big data"，
10th May 2016.

9. Jacques Crémer Yves-Alexandre de Montjoye Heike Schweitzer，Competition Policy for the
digital era Final report，European Union，2019.

10. Competition and Consumer（Consumer Data）Rules 2019，29 March 2019，The Australian
Competition and Consumer Commission.

11. Big Data and Competition Policy：Market power，personalised pricing and Advertising，16
February 2017，CERRE.

12. 公正取引委員会『データと競争政策に関する検討会報告書』競争政策研究セン

夕一、2017 年。

13. Committee for the Study of Digital Platforms Market Structure and Antitrust Subcommittee Report, 15 May 2019.

14. Ariel Ezrachi and Maurice E. Stuckle, "Digitalisation and its impact on innovation", 2020.

15. Ex-post Assessment of Merger Control Decisions in Digital Markets Final report, Document prepared by Lear for the CMA, 9 May 2019.

16. Report on Competition Policy 2018, Brussels, 15. 7. 2019SWD (2019) 297 final.

17. The CMA's Digital Markets Strategy, July 2019.

18. Digital comparison tools market study Final report, Paper E: Competitive landscape and effectiveness of competition, 26 September 2017.

19. Big data and competition, Rotterdam, 13 June 2017.

20. Digital Services Act, Brussels, 15. 12. 2020 COM (2020) 825 final 2020/0361 (COD).

21. Digital Markets Ac, Brussels, 15. 12. 2020 COM (2020) 842 final 2020/0374 (COD).

22. Control of abusive practices in the digital platform economy, Monopolies Commission, Biennial Report Competition 2020.

23. Autorité de la concurrence & Bundeskartellamt, "Algorithms and Competition", November 2019.

24. Discussing competition policy in the digital era, 2019-08-30, Canada.

25. Investigation of competition in Digital Markets, The House Antitrust, Commercial and Administrative Law Majority Staff Report on Big Tech, 2020.

26. The Autorité de la concurrence's contribution to the debate on competition policy and digital challenges, 2020.

27. Ein neuer Wettbewerbsrahmen für die Digitalwirtschaft, Bericht der Kommission Wettbewerbsrecht 4. 0, BMWi, September 2019.

28. Modernisierung der Missbrauchsaufsicht für marktmächtige Unternehmen, Projekt im Auftrag des Bundesministeriums für Wirtschaft und Energie (BMWi) Projekt Nr. 66/17, Abgabe: 29 August 2018.

29. Innovationen-Herausforderungen für die Kartellrechtspraxis, 2017.

30. Marktmacht von Plattformen und Netzwerken, Juni 2016.

关键词索引